الدعوة الإسلامية

وحياة البداوة

منذ البعثة وحتى حروب الردة

تأليف

الدكتورة شهلة برهان عبدالله

دار الكتب العلمية
DKI

http://www.al-ilmiyah.com info@al-ilmiyah.com sales@al-ilmiyah.com baydoun@al-ilmiyah.com

الكتاب: الدعوة الإسلامية وحياة البداوة
منذ البعثة وحتى حروب الردة

التصنيف : دراسات تاريخية
المؤلف : د. شهلة برهان عبدالله
الناشر : دار الكتب العلمية – بيروت
عدد الصفحات: 240
سنة الطباعة : 2008
بلد الطباعة : لبنان
الطبعة : الأولى

Title :The Islamic call and the bedouin life
at the age of the message
until the end of apostasy movements

classification: Historical studies
Author : Dr. Shahla Burhan Abdulla
Publisher : Dar Al-Kotob Al-Ilmiyah
Pages : 240
Year : 2008
Printed in : Lebanon
Edition : 1st

هذا الكتاب بالأصل أطروحة تقدمت بها المؤلفة إلى مجلس كلية الآداب في جامعة الموصل، وهي جزء من متطلبات نيل شهادة دكتوراه في التاريخ الإسلامي (سنة ٢٠٠٧) بإشراف الأستاذ الدكتور هاشم يحيى الملاح

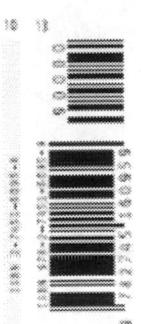

الدعوة الإسلامية وحياة البداوة منذ البعثة

وحتى حروب الردة

أطروحة تقدمت بها

شهلة برهان عبد الـله

إلى

مجلس كلية الآداب في جامعة الموصل

وهي جزء من متطلبات نيل شهادة دكتوراه في التاريخ الإسلامي

بإشراف

الأستاذ الدكتور

هاشم يحيى الملاح

١٤٢٨هـ   ٢٠٠٧م

شكر وعرفان

بعد أن أكملت هذه الرسالة لايسعني إلا أن أتقدم بالشكر والاعتراف بالجميل إلى الأستاذ الفاضل الدكتور هاشم يحيى الملاح الذي تفضل مشكوراً بالإشراف على إعداد هذه الأطروحة وكان لحضوره الدائم ورأيه الرشيد الحاسم الدور الفاعل والبارز في إزالة كل عقبة وقفت في طريق البحث وعلى ما قدمه لي من توجيهات صائبة كان لها الأثر البارز في إخراج هذه الأطروحة بهذا الشكل، فجزاه اللـه خيراً وأمد في عمره وجعله ذخراً للتاريخ الإسلامي.

هذا ولا يفوتني إلا أن أتوجه بالشكر إلى موظفي مكتبة قسم التاريخ، وموظفي وموظفات المكتبة المركزية في جامعتي الموصل وصلاح الدين، لما قدموه لي من عون ومساعدة طيلة مدة الإعداد.

وأخيراً أشكر كل من أسدى لي خدمة في إعداد هذه الأطروحة مهما كان حجمها والشكر والحمد أولاً وأخيراً لله الذي وفقني لإنجاز هذه الأطروحة هذا ومنه وحده التوفيق والسداد.

قائمة بالرموز والمختصرات

ص: الصفحة

ج: الجزء

مج: المجلد

ع: العدد

ت: توفي

هـ: الهجري

م: الميلادي

مط: مطبعة

ط: الطبعة

د. م: دون مكان الطبع

د. ت: دون تاريخ الطبع

المقدمة

إن الرسالة الإسلامية التي جاء بها الوحي على الرسول صلى الله عليه وسلم هي الأساس الذي قامت عليه الدعوة الإسلامية والمعبرة عن روح الفعل الحضاري الذي تمثل في حل المعادلة الصعبة، للموازنة بين معارف الوحي ومدارك العقل، والتي نتج عنها قيام الحضارة الإسلامية. فالرسالة الإسلامية في بدايتها كانت خطاباً موجهاً إلى القلة التي آمنت وأخذت على عاتقها مسوؤلية الإصلاح وإنقاذ الناس من الخلل والزلل الذي كانوا يعيشونه.

والدعوه الإسلامية هي الحدث الأساس والفاصل في تاريخ العرب، فبنزول الوحي شهدت مكة تطورات دينية وسياسية واجتماعية وثقافية هائلة.... الخ.

وكان العرب قبل الإسلام منقسمين من الناحية السياسية والاقتصادية والثقافية والاجتماعية إلى نمطين من أنماط المعيشة: النمط البدوي، ويعيش أصحابه حياة متنقلة وغير مستقرة، والنمط الحضري، ويعيش أصحابه عيشةً مستقرة وغير متنقلة ولكل من هذين النمطين تنظيمات خاصة تحددها طبيعة الحياة التي يعيشونها، كما وله قيمه ومثله الخاصة، وعندما جاء الإسلام أحدث إنقلاباً وتغيراً في هذيين النمطين من الحياة وتبنى الكثير من القيم الصالحة سواءً أكانت قيماً حضرية أم بدوية، كما أثبتنا ذلك في فصول الأطروحة.

وكانت الدعوة الإسلامية بقيادة الرسول صلى الله عليه وسلم ثورة شاملة في حياة العرب، نقلت حياتهم من حالة الإنقسام إلى أمة موحدة متميزة، وكان لها أعظم الأثر وأخطره في مصير العالم والحضارات الإنسانية، وهذه الثورة التي حدثت نحو سنة ٦١٠م وحدت العرب وساعدت على نشأة الحضارة الإسلامية، بحيث استظل الناس كافة بظلها بغض النظر عن العرق واللون والجنس.

فالدعوة الإسلامية دعوة إلى المبادئ الرصينة من الشورى والعدالة والمساواة والحرية ومسؤولية الحاكم أمام الله والناس وقد حمل الرسول صلى الله عليه وسلم على عاتقه مهمة نشر هذه الرسالة وسلك طريق الدعوة إلى الحق

ومقاومة الشر، واتباع اللين مع الناس كافة والشدة في بعض المواقف للدفاع عن المستضعفين، وكفل لكل فرد العيش، ووضع اللبنات الأساسية لتكوين المجتمع والدولة الإسلامية في مكة تلك الدولة التي نستطيع أن نطلق عليها دولة الرسول صلى الله عليه وسلم، ومن ثمّ اتخذت شكلها النهائي في المدينة، هذه الدولة التي يخضع فيها الحاكم والمحكوم للتشريع الإسلامي الذي قام على أساس العدالة، لا تفاضل ولا فرق بين الفقير والغني وذلك لأن الإسلام جعل التقوى أساس التفاضل والتمايز بين الناس، قال تعالى: ﴿ إِنَّ أَكْرَمَكُمْ عِندَ ٱللَّهِ أَتْقَىٰكُمْ ﴾ كما قال صلى الله عليه وسلم: «لافرق بين عربي وأعجمي إلا بالتقوى» فالتقوى والعمل الصالح أصبح هو الذي يحدد مسار الفرد وليس هي اعتبارات أخرى.

يحتل موقف الدعوة الإسلامية من حياة البداوة في عصر الرسالة أهمية ومكانه خاصة ومع ذلك فإنه لا توجد دراسة أكاديمية مستقلة وشاملة لها، واكتفى بعض الباحثين بتقديم معالجات جزئية للموضوع وعدم تقديم عرض مفصل لما حققه الإسلام من التحولات الجذرية في حياة العرب خاصة وحياة الناس عامة في هذا المجال، وعندما ظهر الإسلام في مكة في نحو سنة ٦١٠م وجد أن أهلها متمسكون بقيم ومثل بدوية على الرغم من تحضر أهلها, وهذه القيم والمثل هي مثل وقيم دينية وسياسية واجتماعية وثقافية، فأقر الإسلام الصالح منها وألغى الطالح وعدل البعض الآخر وما اقره الإسلام من هذه القيم والمثل بنصوص القرآن الكريم أو سنة الرسول صلى الله عليه وسلم فهو مباح وحلال، وهو المعروف، أما ما أنكره ودعا إلى إلغائه فهو المنكر والحرام.

إن هذا المنطلق يتطلب أن يعمل الباحث على دراسة هذه القيم والمبادئ التي كان عليها البدو والحضر عند ظهور الإسلام، من أجل إدراك ومعرفة مقدار التحولات التي أحدثتها الرسالة الإسلامية في حياتهم لذا فقد وقع الاختيار على موضوع «الدعوة الإسلامية وحياة البداوة في عصر الرسالة وحتى نهاية حركات الردة» ليكون موضوعاً للأطروحة وأنه مما يؤسف له أن البحوث في هذا المجال قليلة لأن المادة العلمية متناثرة في طيات كتب التفسير والحديث وأشعار العرب قبل الإسلام، لهذا فقد وجدت الباحثه بعض الصعوبات في أثناء إعداد الأطروحة إذ أن دراسة هذا الموضوع تتطلب من الباحثة الإحاطة الشاملة بجميع النواحي الاجتماعية والاقتصادية والثقافية والسياسية والدينية، لنمطي الحياة البدوية

والحضرية، ومن ثمّ دراسة موقف الدعوة الإسلامية منها وما أحدثته من التغيرات والتحولات في هذين النوعين من أنواع الحياة وتوحيدها في إطار واحد متمثل في المجتمع والدولة الإسلامية التي أقامها الرسول صلى الله عليه وسلم.

ولقد انتظم البحث في خمسة فصول مع مقدمة وخاتمه وقائمة بأسماء المصادر والمراجع المستخدمة في الأطروحة، وكل فصل يضم مباحث عدة ومنقسمة إلى عدة محاور سنعرضها كما يأتي.

في الفصل الأول: تناولت نبذة عن جغرافية شبه الجزيرة العربية وصلتها بحياة البداوة، وأوضحت فيه طبيعة الحياة البدوية والحضرية, ومن ثم أشرت إلى أهم تنظيمات الحياة البدوية في جميع النواحي الاجتماعية والدينية والثقافية والاقتصادية تحدثت فيها عن الحياة القبلية ومن ثم عن أهم القيم الاجتماعية كالعصبية والثأر... والخ وكذلك وضع المرأة في المجتمع البدوي والرقيق والعبيد أيضاً، أما التنظيمات الثقافيه فأشرت إلى اهتمامات البدوي بالشعر، والادب والنثر والخطابه.. الخ. وفي التنظيمات الدينيه تطرقت إلى الكلام عن معتقداتهم الدينية والأفكار المنتشرة عندهم كالكهانه والسحر والشعوذة والإيمان بالملائكة والشياطين... الخ، ومن ثم تناولت الحياة الاقتصادية عندهم وإبراز أهم المظاهر الاقتصاديه عندهم، وبعد دراسة حياة البدو من جميع النواحي تحولت إلى الكلام عن أهم تنظيمات الحياة الحضرية، وإلى جانب عرض التنظيمات الاجتماعية والاقتصادية والدينية والثقافية لحياة الحضر قمت بدراسة نقاط الشبه والخلاف بين الحياة الحضرية وبين الحياة البدوية من أجل إبراز التحولات التي طرأت على الحياة البدوية بعد استقرار البدو وإقامتهم في الحضر.

أما الفصل الثاني: فقد تناولت فيه حياة قبيلة قريش في مكة والصراع بين قيم البداوة والحضارة، وأُشرت الى أصول قبيلة قريش البدوية وكيف استقرت في مكة ودرست فيه أهم التغيرات والتحولات التي طرأت عليهم بعد استقرارهم في مكة وتركهم حياة البداوة وقسمتها على قسمين، في القسم الأول تناولت الكلام عن القيم البدوية في الناحية الاجتماعية وإبراز المظاهر الاجتماعية كالعصبية القبلية والتمسك بالعادات والتقاليد والثأر... الخ وكذلك موقفهم من المستضعفين، أما القسم الثاني فقمت بدراسة النظام الحضري لقريش في مكة والتي شملت التنظيمات الإداريه والتجارية والثقافية وأشرت إلى إهتمامات قريش في هذه الناحية بالشعر والخطابة واللغة... الخ إن هذا العرض والتقسيم تطلب من الباحث

دراسة نقطة الصراع بين النظم والقيم البدوية والحضرية التي ظلت قريش تتمسك بها في مكة وفي هذا المحور أوضحت النقاط والمبادىء البدوية التي عاشت مع قريش في ظل استقرارها وتحضرها وأشرت فيها إلى هذه المظاهر من خلال عرض ثنائيات متعارضه كالغنى والفقر، الكرم والبخل، الوفاء والغدر، العقل والجهل، وبعدها وفي محور أخير تناولت الحياة الفكرية في مكة ودعوات أهل الكتاب من اليهود والنصارى والحنيفية ودرست فيها ظاهرة التوحيد وظهور الحنيفية ودورها في تمهيد الأرضيه المناسبه لظهور دعوة الإسلام.

أما الفصل الثالث: فدرسنا فيه الإنقلاب الذي أحدثه الإسلام في مكة موطن الدعوة الإسلامية على يد الرسول القائد محمد صلى الله عليه وسلم، وتناولنا في هذا الفصل نبذة عن حياة الرسول صلى الله عليه وسلم ونشأته إلى نزول الوحي، وأهم المبادئ التي جاء بها الإسلام في العهد المكي ودرست مبادىء الإسلام الأولى، وأوضحت فيه علاقة هذه المبادئ بقيم الحياة الحضرية والبدوية، وتناولت فيها أهم ما أحدثه الإسلام من التغيرات من أوجه متعددة فأشرت إلى التوحيد الذي جاء به الإسلام في مواجهة الشرك، والإسلام في مواجهة الكفر وحاكمية الله في مواجهة حاكمية الأعراف والتقاليد والقيم الجاهلية، وطاعة الرسول صلى الله عليه وسلم في مواجهة طاعة الملأ من روؤساء الأسر والعشائر. وأشرت أيضا إلى مبادئ أخرى كالإيمان بالبعث بعد الموت وكذلك الإيمان بالغيب، والتقوى والعمل الصالح في الإسلام مقابل كثرة الأموال والبنين أي في مجال التفاضل بين الناس. والقسم الثاني من هذا الفصل خصص لقيم الحياة الحضرية في تشريعات الإسلام الأولى وتطرقت إلى الكلام عن محاور مهمة في هذا الفصل ودرست الرسالة الإسلامية كونها رسالة عالمية ومتواصلة منذ آدم وحتى محمد صلى الله عليه وسلم، وأشرت إلى نظرة الإسلام ودعوته إلى المساواة والدفاع عن المستضعفين ودعوته إلى العدل وانتقاد الظلم والإستغلال وكذلك درست في هذا القسم طريقة المسلمين في الدعوة في العهد المكي بالحكمة والموعظة الحسنة وعالجت بعض الأمور المتعلقة بهذه المسألة ومن ثم تطرقت إلى الكلام عن هجرة المسلمين في سبيل الله مشيراً إلى أهدافهم والأسباب التي دعتهم إلى ذلك، وفي هذا الفصل تحدثت أيضاً عن القيم التي أقرها الإسلام ومن ثم نقيضها من القيم البدوية التي كانت تتمسك بها قريش.

أما الفصل الرابع: فقد درست فيه أهم تطور وتغير أحدثه المسلمون بقيادة

الرسول صلى الـلـه عليه وسلم في المدينة ألا وهو تأسيس دولة المدينة, وموقف هذه الدولة من قيم البداوة والحضارة مشيراً إلى إحلال مبدأ الأخوة محل العصبية القبلية، والتشريع أوالقـانون الإسلامي في مواجهة الأعـراف والتقـاليد، ولقـد حـاولت الباحثة إبراز تكامـل العبـادات في المدينة كالصلاة والصوم والحج وفضلاً عما تقدم فقد حلت المعاملات الشرعية محل عقود الاستغلال والغش والربا، وأوضحت في هذا الفصل أيضاً نقطة تحول مهمة تتعلق بمسألة القتال أو الجهاد وكيف أن موقف المسلمين تحول من موقف سلمي إلى موقف حربي في مواجهة عدوان المشركين وظلمهم للمسلمين، ودرسـت أيضـا في هـذا الفصـل الناحيـة الثقافية لدولـة المدينـة وكيف أن القرآن الكريم (كلام الـلـه وشريعته) أصبح هو الموجه لثقافة العرب الموروثة كالشعر والأمثال، الخطابة والأعراف والتقاليد... الخ وعالجت في هذا الفصل نقطة مهمة وهي الحدود والعقوبات التي جاء بها الإسلام وحلت محل بعض العقوبات العرفية التي كانت قائمة على قاعدة الثأر وروح الانتقام.

أما الفصل الخامس: وعنوانه البداوة وظهور أدعياء النبوة وحركات الردة. فقد تكلمت فيه عن عام الوفود في عهد الرسول صلى الـلـه عليه وسلم وخضوع القبائل لدولة الرسول صلى الـلـه عليه وسلم، وكذلك دعوات أدعياء النبوة في عهد الرسول صلى الـلـه عليه وسلم وموقفهم من الدعوة الإسلامية، وفي هذا المبحث عالجت الأسباب التي دعت إلى خروج أدعياء النبوة عن دولة الإسلام وكذلك أهم النتائج التي تمخضت عنها، وكذلك أوضحت في مبحث آخر حركات الردة التي انشقت عن دولة المدنية بعد وفاة الرسول صلى الـلـه عليه وسلم في عهد الخليفه أبو بكر الصديق رضي الـلـه عنه وكيف أن الخليفة أبا بكر أمر بمقاتلتهم وتمكن من القضاء عليهم وقد أوضحت في هذا المبحث أن حركات الردة وخروجها على الدولة يعد مظهراً من مظاهر البداوة ورفض قيم الإسلام لهذا أصر الخليفه أبو بكر الصديق رضى الـلـه عنه على مقاتلتهم والقضاء عليهم.

<u>تحليل المصادر والمراجع</u>

القرآن الكريم وكتب التفسير:

يعد القرآن الكريم المصدر الرئيسي والأساسي لدراسة التاريخ، وماذكره القرآن الكريم هو الأساس المعتمد لسيرة الرسول صلى الـلـه عليه وسلم، ففي الكثير من آيات القرآن الكريم ذكر عدد من الحوادث التي مرت بالمسلمين في مكة

والمدينة، لذلك كان لزاماً على الباحثة الاعتماد على آيات القرآن الكريم والإشارة إليها في جميع فصول الأطروحة، وبالأخص الفصلين الثالث والرابع من الأطروحة. وإلى جانب القرآن الكريم كان من الضروري الاستعانة بكتب التفسير التي تعالج تفسير الآيات القرآنية، وقد شرح المفسرون الآيات عموماً، وخص بعضها في الكلام عن أسباب نزولها، وألفوا في ذلك كتباً اختصت بهذا الجانب، ومن أشهرها تفسير القرآن الكريم لابن كثير (ت ٧٧٤هـ) وقد استفادت الباحثة منه في مواقع عديدة.

وكتاب الجامع لأحكام القرآن للقرطبي (ت ٧٥١هـ) وقد استفادت الباحثة منه في تفسير آيات الأحكام والحدود كثيراً، ولاسيما في الفصل الثالث، فضلاً عن تفسير الجلالين للإمامين جلال الدين المحلي وجلال الدين السيوطي (ت ٩١١هـ) الذي استفادت منه الباحثة في تفسير بعض الآيات في الفصلين الثالث والرابع.

كتب الحديث:

لقد اعتنى أهل الحديث بجمع أخبار الرسول صلى الله عليه وسلم وأقواله، وذكروا معلومات عن سيرته، ومن الكتب القديمة المعتمدة في الحديث كتب الصحاح ولاسيما صحيح البخاري ومسلم، وكذلك كتب السنن لكل من أبي داوود والترمذي والنسائي، إذ تضمنت فصولاً عن حياة الرسول صلى الله عليه وسلم وأعماله وأحكامه وعلاقاته، لذا فقد استفادت منها الباحثة كثيراً في جميع فصول الأطروحة.

كتب السيرة النبوية:

إن أقدم وأوسع كتاب وصلنا عن حياة الرسول صلى الله عليه وسلم هو سيرة الرسول صلى الله عليه وسلم لابن إسحاق (ت ١٥٠هـ) وهي السيرة التي وصلتنا بتهذيب عبدالملك بن هشام (ت ٢١٨هـ) وقد أمدت هذا الكتاب الباحثة بروايات كثيرة ومتنوعة، ويعد المصدر الأساسي للبحث خلال عصر النبوة، إذ أسهب في الحديث عن حياة الرسول صلى الله عليه وسلم فأغنت رواياته مواضع كثيرة من البحث، فكان الاعتماد عليه على نطاق واسع، ولاسيما في الفصلين الثالث والرابع من البحث، والذي قدم لنا معلومات عن حياة الرسول صلى الله عليه وسلم ودوره في مجالات الحياة السياسية والدينية والاقتصادية والاجتماعية منذ

ولادته وحتى وفاته في العهدين المكي والمدني.

وفضلاً عما تقدم، فقد استفادت الباحثة في هذا المجال من كتاب الطبقات الكبرى لابن سعد (ت ٢٣٠هـ) وقد أمد هذا المصدر المهم الباحثة بمعلومات كثيرة عن النواحي الاجتماعية والاقتصادية في عصر الرسالة.

وعلى الرغم من أهمية المصادر الآنفة الذكر، فإنها لم تغن عن الرجوع إلى المصادر الأخرى المتنوعة مثل كتاب (المعارف) لابن قتيبة (ت ٢٧٦هـ) وكتاب السهيلي (ت ٥٨١هـ) الروض الآنف في شرح السيرة النبوية لابن هشام.

كتب تأريخ العام:

يعد كتاب (تأريخ الرسل والملوك) لمحمد بن جرير الطبري (ت ٣١٠هـ) من الكتب المهمة إذ أمدت الباحثة بروايات كثيرة ومتنوعة في الفصل الخامس عند حديثه عن حركات الردة في أواخر حياة الرسول صلى الله عليه وسلم وبداية عهد الخليفة أبي بكر الصديق رضي الله عنه. ونستطيع أن نقول بأن الباحثة اعتمدت في هذا الفصل كثيراً على هذا المصدر لما قدمه من معلومات عن دعوات أدعياء النبوة في عهد الرسول صلى الله عليه وسلم وحركات الردة وكيفية القضاء عليها في عهد الخليفة أبي بكر الصديق رضي الله عنه.

وإلى جانب تأريخ الرسل والملوك للطبري فقد استفادت الباحثة من عدد من كتب التأريخ العام وكان من أهمها تأريخ اليعقوبي (ت ٢٨٠هـ) وكتاب (الكامل في التأريخ) لعزالدين بن الأثير (ت٦٣٠هـ). وكذلك استفادت الباحثة من كتاب (فتوح البلدان) للبلاذري (ت ٢٧٩هـ)، ويعد كتابه فتوح البلدان من بين المؤلفات الهامة المهتمة بالناحية الاقتصادية والاجتماعية والإدارية والتأريخية أيضاً، وقد استفادت منها الباحثة في الفصل الأول ومواقع متفرقة في فصول أخرى من الأطروحة.

كتب الأنساب:

ومن المصادر المهمة التي استفادت منها الباحثة كتب الأنساب وكان كتاب (جمهرة نسب قريش وأخبارها) لزبير بن بكار (ت ٢٥٦هـ) من أبرز هذه المصادر، وكذلك كتاب (جمهرة أنساب العرب) لابن حزم (ت ٤٥٦ هـ) وكتاب (نهاية الأرب في معرفة أنساب العرب) للقلقشندي (ت ٨٢١ هـ) وقد قدمت لنا هذه الكتب معلومات تأريخية واجتماعية تخللت سرد الأنساب وأوضحت لنا تكوّن البطون

وتفرعاتها وقد استفاد منها البحث في مواضع متعددة في الفصل الأول والثاني من الأطروحة.

أما كتب التواريخ المحلية فأجلها فائدة هو كتاب أخبار مكة وما جاء فيها من الآثار للأزرقي (٢٥٠هـ) فهو دائرة معارف عن مكة لما يحويه عنها من معلومات متنوعة. استفاد منها البحث أثناء عرض تنظيمات الحياة الحضرية لقريش في مكة في العهد المكي في الفصل الثاني من البحث.

معاجم جغرافية:

تشكل الكتب والمعاجم الجغرافية مصادراً أساسية للبحث لما تضمنته من معلومات وأخبار جغرافية وتأريخية واقتصادية وتأتي أهمية المعاجم إلى أن معظمها تعتمد على المشاهدة، وفيها وصف كبير للمناطق والأماكن، ويأتي كتاب (معجم البلدان) لياقوت الحموي (ت ٦٢٦هـ) في قمة المعاجم الجغرافية، فهو أعظمها قدراً وأحسنها ضبطاً وأحفلها مادة، وإنها بحق موسوعة جغرافية مرتبة على حروف المعجم، ولم يقتصر على المعلومات الجغرافية بل ضمنه معلومات أخرى متنوعة استفادت الباحثة منه في الفصل الأول والثاني من الأطروحة، وعلى الرغم من أنه متأخر عن حقبة البحث.

وفضلاً عن ذلك فقد استفادت الباحثة من كتاب (المسالك والممالك) للأصطخري (ت بعد ٣٤٠هـ) وقد استفادت منه الباحثة في المبحث الأول من الفصل الأول.

معاجم اللغة:

وبما أن موضوع الأطروحة موضوع حضاري، فإنه يحتوي على عدد كبير من المصطلحات لا بدّ من توضيحها وشرحها، ولقد استفادت الباحثة من معاجم اللغة لسد هذه الثغرة، وساهمت هذه المعاجم في بلورة البحث إذ أنها أوضحت لي كثير من معاني الألفاظ والمصطلحات وكان من أهم هذه المعاجم (لسان العرب) لابن منظور (ت ٧١١هـ) وقد استفاد البحث منه كثيراً في الفصل الأول والثاني والثالث ومواقع أخرى من الفصل الرابع.

وكذلك يعد كتاب الزبيدي (ت ١٠٢٥هـ) (تاج العروس في جواهر القاموس) معجماً فريداً في بابه من حيث غزارة مادته وكثرة رواياته وتنوع معلوماته فهو يتناول الكلمة من نواحي عديدة وكثيراً ما يستشهد بأشعار

العرب، وقد استفاد الباحث منه في توضيح معاني بعض المفردات. كما استفادت الباحثة كثيراً من (القاموس المحيط) للفيروز آبادي (ت ٨١٧هـ) في جميع فصول الأطروحة لما قدمه من تعاريف وتوضيحات لكثير من المفردات، مما أعان الباحث كثيراً وفي جميع فصول الأطروحة تقريباً.

كتب الأدب:

لقد استعانت الباحثة فضلاً عما تقدم بكتب الحضارة لمعالجة بعض الأمور المتعلقة بهذه الناحية، وتدخل كتب الأدب في هذا الإطار، إذ إن هذه الكتب مهمة لدراسة العلوم الإنسانية وتقدم معلومات عن الحياة الاقتصادية والاجتماعية والإدارية والدينية سواء أكانت للعرب قبل الإسلام أم عن صدر الإسلام ومن أهم تلك الكتب كتاب (طبقات الشعراء) لابن سلام الجمحي (ت ٢٣١هـ) وقد استفادت منه الباحثة في الفصل الأول بالدرجة الأولى والفصل الثاني بالدرجة الثانية.

وكذلك يعد كتاب (البيان والتبيين) للجاحظ (ت ٢٥٥هـ) من الكتب المهمة في الأدب والبلاغة والخلافة والسياسة، والاقتصاد والمال، والأخلاق والمجتمع، والعالم الطبيعي، وقد استفادت منه الباحثة في الفصل الأول والفصل الثاني من البحث أثناء عرض تنظيمات الحياة الحضرية والبدوية للعرب قبل الإسلام، ويعد كتاب (العقد الفريد) لابن عبد ربه (ت ٣٢٨هـ) من المصادر الأدبية المهمة، وهو يتضمن مادة جيدة عن الأمور السياسية والاقتصادية والمالية، وله فائدة في إعطاء معلومات عن قريش ونسبها وبطونها ووظائفها، وكتابه مدون على شكل عناوين بارزة بأبواب وفصول وقد استفاد منه الباحث في الفصل الأول والثاني. فضلاً عن كتاب (المنمق في أخبار قريش) وكتاب (المحبر) لابن حبيب (ت ٢٤٥هـ) وإن كتابيه يتشابهان إلى حد كبير ولكن المنمق أكثر مادة وأوسع من المحبر وكانت فائدته متجلية في الفصل الأول والثاني من الأطروحة.

أما فيما يتعلق بالمراجع التي راجعتها بغية إثراء الأطروحة بالأفكار والتحليلات، فقد أمدتني بكثير من المعلومات وجعلتني أضع الأصبع على ما من شأنه تعزيز ما ورد في هذه الأطروحة من حقائق تأريخية ويأتي في مقدمة هذه المراجع مؤلفات الدكتور صالح أحمد العلي ولاسيما كتابه (محاضرات في تأريخ العرب) وقد استفاد منه البحث كثيراً في الفصل الأول والثاني وكتاب (الدولة في عهد الرسول) المجلد الثاني وقد استفاد البحث منه في الفصل الخامس لمعالجته

الجيدة لموضوع حركات الردة.

واستفادت الباحثة أيضاً من كتاب الدكتور جواد علي (المفصل في تأريخ العرب قبل الإسلام) وهذا الكتاب بحق يعد موسوعة تأريخية ويعطي معلومات عن العرب قبل الإسلام في جميع نواحي حياتهم الدينية والسياسية والاقتصادية والاجتماعية والإدارية للعرب قبل الإسلام، ولقد استفادت الباحثة من الجزء الرابع والخامس والسابع في الفصلين الأول والثاني ولاسيما في مجال دراسة التنظيمات الدينية والاقتصادية والسياسية والثقافية لحياة العرب قبل الإسلام ولقريش في العصر الجاهلي.

كما استفاد البحث من كتاب (مكة والمدينة) للدكتور أحمد إبراهيم الشريف لما حواه من آراء قيمّة واستنتاجات جيدة عن الحياة الاقتصادية والثقافية والدينية للعرب قبل الإسلام وفي عصر الرسالة، كما استفاد كثيراً مما كتبه محمد عزة دروزه في كتابه (عصر النبي وبيئته قبل البعثة).

واستفادت الباحثة أيضاً من كتاب (قبيلة قريش وأثرها في الحياة العربية قبل الإسلام) للدكتور خضير عباس الجميلي في الفصل الثاني في معالجة تنظيمات حياة الحضرية لقريش في مكة وفضلاً عن إلى ما تقدم، فقد استفدت كثيراً من مؤلفات أستاذي الدكتور هاشم يحيى الملاح ولاسيما كتابه (الوسيط في السيرة النبوية والخلافة الراشدة) بما قدمه من تحاليل واستنتاجات أغنت الفصلين الثالث والرابع بالدرجة الأولى. كما استفدت كثيراً من أبحاثه العلمية ولاسيما بحثه المعنون (الجذور التأريخية لبعض العقوبات الإسلامية) في الفصل الرابع أثناء الحديث عن الحدود والعقوبات في المجتمع العربي قبل الإسلام، وكذلك بحثه (الجهاد في عصر الرسالة) الذي استفدت منه كثيراً أثناء الحديث عن الجهاد في الفصل الرابع فضلاً عن البحث (قراءة جديدة في طبيعة الهجرة في عصر الرسالة) ولقد استفدت منه كثيراً ولا سيما من كيفية معالجته لموضوع الهجرة وأسبابها ودوافعها في محور الهجرة والمهاجرة في الفصل الثالث وكذلك استفدت من بحثه (دور العقيدة الإسلامية في وحدة العرب الأولى) إذ أفدت من آرائه وطروحاته حول دور العقيدة في تحقيق وحدة العرب في الفصل الثالث وكذلك من بحثه (حكومة الملأ منذ ظهور الإسلام وحتى الفتح).

وهناك مراجع أخرى استفادت الأطروحة منها في مواضع متعددة منها كتاب (الحكم والأمثال) لحنا فاخوري وكتاب (تأريخ الأدب العربي) لكارل

بروكلمان.

كما استفادت الباحثة أيضاً من عدد من الرسائل الجامعية وفي مقدمتها رسالة الماجستير (المثل والقيم الخلقية عند العرب قبل الإسلام) لهاشم يونس عبدالرحمن التي أمدت الباحث بكثير من المعلومات والتحليلات ولاسيما في الفصل الأول أثناء عرض التنظيمات الحياة البدوية والحضرية.

وفي الختام فإن هذا البحث هو جهد المقل، وهو لايدعي الكمال فإن الكمال وحده لله. و الـله موفق.

الفصل الأول

العامل الجغرافي وأثره في حياة البداوة والحضارة عند العرب

لعب العامل الجغرافي دوراً كبيراً في حياة العرب في شبه الجزيرة العربية. ولإبراز هذا الدور لا بدّ من الإشارة إلى موقع شبه الجزيرة العربية وتضاريسها ومواردها الطبيعية لفهم مدى التأثير والتفاعل بين هذه البيئه والإنسان وما لهذه البيئه من دور كبير في ظهور البداوة والحضارة عند العرب.

فمن حيث تضاريس المنطقه, فإن القسم الأكبر من شبه الجزيرة العربية كان عبارة عن صحراء قاحلة كصحراء الربع الخالى هذا فضلاً عن وجود بعض الأقاليم الخصبة كإقليم اليمن الواقع في جنوب شبه الجزيرة العربية[1] فإن هذا الإقليم يمتاز بوفرة مياهه لاسيما التي تتجمع من سيول الأمطار كما وتكثر فيه التربة البركانية الخصبة[2] كما أن وجود الأودية والواحات ساعد أهالي المنطقة على مزاولة الزراعة. ولذلك كان للتضاريس دوراً كبيراً في تحديد الحياة البشرية في شبه الجزيرة العربية ذلك لأن وفرة الماء في بعض الأقاليم ساعدت على استقرارهم فتمكن سكان المنطقة من استغلال الماء حيثما وجد وتوفير واستغلال الأراضى الخصبة وإن كانت موجودة بنسب قليلة، وقد نجح أبناء اليمن في هذا المجال، لذا أطلق على اليمن أسماء أخرى مثل (العربية السعيدة والعربية الخضراء)[3]. وهكذا لعبت الزراعة دوراً كبيراً في استقرار قسم من سكان شبه الجزيرة العربية, لأنها ساعدت على مزاولة الزراعة.

وفضلاً عما تقدم، فقد لعب المناخ دوراً في تحديد الحياة البشرية في شبه الجزيرة العربية, فمناخ شبه الجزيرة العربية قاري حار جاف صيفاً, بارد شتاءً

(١) الأصطخري, المسالك والممالك, مصر, ١٩٦١م, ص٢٦ ٢٧.
(٢) المصدر نفسه, ص ٢٦.
(٣) جواد علي, المفصل في تاريخ العرب قبل الإسلام, بغداد, ١٩٧٠م, ج ١، ص١٦٤.

وتسقط الثلوج على جبال اليمن[١] وينحبس المطر لعدة سنوات أو قد يسقط بغزارة فتمتلىء الوديان وتهدد السيول المدن بالغرق[٢].

وعليه فإن المناخ لعب هو الآخر دوراً كبيراً في تحديد الحياة البشرية في شبه الجزيرة العربية ذلك لأن المناطق التي تسقط فيها الأمطار بنسبة جيدة تساعد على مزاولة حرفة الزراعة, وذلك يؤدى إلى الاستقرار وظهور الحياة الحضرية فيها, أما المناطق التي لا تسقط فيها الأمطار, أو تسقط فيها بكميات قليلة جداً, فإن أهلها يضطرون إلى التنقل الدائم بحثاً عن الكلأ والماء لرعي إبلهم ومواشيهم فيصبحون بدواً.

(١) صالح أحمد العلي, محاضرات في تاريخ العرب, الموصل, ١٩٨١م, ص١٥.
(٢) لمزيد من المعلومات عن السيول التي تصيب شبه الجزيرة العربية وخاصة مكة ينظر, البلاذرى, فتوح البلدان, مصر, ١٩٥٧م, ص ٦٢ ـ ٦٣.

المبحث الأول: التوزيع السكاني في شبه الجزيرة العربية

لعب المناخ والبيئة دوراً كبيراً في تشكيل حياة السكان في شبه الجزيرة العربية, وساعد على ظهور نمطين أساسين من أنماط الحياة هما نمط الحياة البدوية ونمط الحياة الحضرية, وسنقوم بدراسة كل نمط منهما على حدة، وسنبدأ بدراسة حياة البدو أولاً ثم نتبعها بدراسة حياة الحضر وذلك لأن البدو هم أساس الحضر وعلى حد قول ابن خلدون: ((فالبدو سابقون في وجودهم على الحضر))[١].

وبما أن البداوة سبقت التحضر في الوجود فلا بدّ من دراسة حياة البدو أولاً. فبالنسبة لمعنى كلمة (بدو) في معاجم اللغة فهي تعني خلاف الحضر - وبَدوت - أبدو أظهرت أو بدا إلى شيء بدواً أو بُدواً إذا ظهر لك، وكل شيء ظهر لك قد بدا لك[٢] والبدو نسبة إلى البادية وهي الأرض التي ليس فيها البناء والقصور وغير ذلك فالبداوة تعني الإقامة في البادية[٣].

إذاً فالبدو اسم أطلق على أهل الصحراء[٤] وأصل الكلمة يرتبط بعدم الاستقرار والتنقل من منطقة إلى أخرى بحثاً وراء الكلأ والماء, وأطلق على البدو, لفظة (أهل الوبر) نسبة إلى خيامهم المصنوعة من الوبر[٥] ولم يرد ذكر هذا اللفظ في القرآن الكريم ولكن ورد في الأحاديث النبوية الشريفة وأهل الوبر يعيشون في الخيام[٦] وقد ذكرهم القرآن الكريم باسم الأعراب في سياق يظهر أنهم متميزون عن غيرهم من حيث الجفاء والبعد عن الحضارة قال تعالى: ﴿ ٱلْأَعْرَابُ أَشَدُّ كُفْرًا وَنِفَاقًا وَأَجْدَرُ أَلَّا يَعْلَمُوا۟ حُدُودَ مَآ أَنزَلَ ٱللَّهُ ﴾[٧].

ويقسّم الفوال البدو على ثلاثة أقسام تبعاً لتجوالهم في الصحراء أو بعدهم عن مظاهر الحضارة وطبقاً لنوع الحيوان السائد الذي يشكل أساس حياتهم ويحدد

(١) ابن خلدون، مقدمة ابن خلدون، مصر، د. ت، ص١٢.
(٢) الأزدي, جمهرة اللغة, بيروت, د. ت, ص٢٤٩.
(٣) ابن منظور, لسان العرب, بيروت, ١٩٦٨م, مج ٤, ص ٦٥.
(٤) أحمد شلبي, التأريخ الإسلامي, مصر, ١٩٧١م, ص٤١.
(٥) حسين حاج حسن, حضارة العرب في عصر الجاهلية, بيروت, ١٩٨٤م, ص٢٧؛ صالح أحمد العلي, الدولة في عهد الرسول, بغداد, ١٩٨٤م, مج٢, ص٣٤٣.
(٦) العلي, الدولة في عهد الرسول, مج١، ص ١٤٤.
(٧) سورة التوبة، الآية ٩٧.

مكانتهم التأريخية وهم ١ـ البدو الرحل: وتعتمد هذه العشائر بالدرجة الأولى على الجمل وهي دائبة الترحال وراء الماء والكلأ ٢ـ النوع الثاني البدو نصف الرحل وتقوم هذه العشائر بتربية المواشى وهم رعاة الغنم والماعز والبقر فهم نصف بدو لأنهم اضطروا بحكم طبيعة حيواناتهم إلى شيء من الاستقرار ٣ـ والنوع الثالث ويشمل العشائر نصف المتحضرة[١] التي سنتطرق للكلام عنها في المبحث الثاني.

وقد لعب الجمل دوراً كبيراً في حياة البدو من الناحية الاقتصادية فالجمل بالنسبة لأهل البادية عماد الحياة وأهل البادية يشربون من ألبان الجمال ويأكلون من لحومها ويغطون أجسادهم برداء مصنوع من جلدها ويصنعون خيمهم من وبرها، وفوق كل هذا أنها وسيلة أساسية للمواصلات, لأنها أكثر الحيوانات تأهلاً لنقل الأحمال الثقيلة لمسافات بعيدة[٢].

ويلاحظ أن البدو لم يقتصروا في حياتهم الاقتصادية على تربية الجمال بل أضافوا إليها المواشي الأخرى كالأغنام والماعز والبقر بقدر ما تسمح به بيئتهم وظروفهم كما استعانوا بالكلاب لأغراض الحراسة[٣].

وعلى الرغم من أن الرعي يشكل المورد الأساسي لحياة البدو المعاشية, إلا أنه لم يكن موردهم الوحيد, فإن قسوة الحياة الصحراوية, وقلة مواردها الغذائية قد حملت البدو أحياناً ولاسيما في سنوات القحط على مهاجمة القوافل التجارية من أجل الاستيلاء عليها[٤] هذا من جهة ومن جهة أخرى فإنهم كانوا يحومون في كثير من الأحيان حول الواحات التي تقع بالقرب من الأراضى التي يرعون فيها ويحصلون بطريقة أو بأخرى على جزء من محصولها عن طريق القوة السافرة لشن الغارات على هذه الواحات ونهب جزء من محصولها, وكذلك كانوا ينتفعون من مرور القوافل التجارية في أراضيهم فيحصلون على أجر معلوم من هذه القوافل لقاء إرشادهم وتقديم ما يحتاجون إليه من الخدمات على طول الطريق لقاء حمايتها في أثناء مرورها في هذه الطرق[٥].

---

(١) صلاح مصطفى الفوال، البداوة العربية والتنميه، القاهره، ١٩٦٧م، ط١، ص١٤٢.
(٢) لطفى عبدالوهاب، العرب في العصور القديمة, بيروت, ١٩٧٩م, ص١١٤.
(٣) المرجع نفسه, ص ١١٧.
(٤) هاشم يحيى الملاح, حكومة الرسول, بغداد, ٢٠٠٣م, ص١٧.
(٥) لطفي عبدالوهاب، العرب، ص١٩٢.

المبحث الثاني: تنظيمات الحياة البدوية

أولاً: - التنظيمات الاجتماعية عند البدو

١ - التركيب الاجتماعي

تتألف التنظيمات الاجتماعية عند البدو من (١) الأسرة (٢) العشيرة (٣) القبيلة[١].

فالأسرة أو العائلة تكون أساس القبيلة إذ أنها تلعب دوراً فعالاً في المجتمع وفي تكوين شخصية الفرد في هذا المجتمع[٢] ويتبع المجتمع البدوي نظام الأبوة، فالأب هو رأس الأسرة وبيده تصريف أمورها الدينية والدنيوية. هكذا كان للرجل السلطة والسيادة على البيت[٣] وظل هذا النظام قائماً بين أقوام شبه الجزيرة العربية القدماء حتى ظهور الإسلام، وهو لايزال أساس الحياة الاجتماعية عند العرب[٤].

أما العشيرة فهي أصغر وحدة سياسية عند أقوام شبه الجزيرة العربية[٥] وهي وحدة سياسية اجتماعية أكبر حجماً من الأسرة، لأنها تتألف من عدة بيوت أو أسر، وإن ما أشار إليه ريسلر خير دليل على ذلك إذ يقول: ((كانت الأسرة العربية تمتلك خيامها، وتشكل مجموعة هذه الخيام العشيرة))[٦] ولكنها أصغر من القبيلة، وتتجمع العشائر ذوي القربى لتشكل القبيلة[٧] وبذلك أصبحت العشيرة العربية جماعة تتألف من عدة بيوت أو أسر تقطن حياً واحداً أو منطقة واحدة[٨].

أما القبيلة، فهي عماد حياة البادية إذ تتألف من عدة عشائر من ذوي القربى تتجمع وتشكل القبيلة[٩] والرابط الذي يربط شمل القبيلة ويجمع شتاتها هو

---

(١) هاشم يحيى الملاح، الوسيط في تاريخ العرب قبل الإسلام، الموصل، ١٩٩٤م، ص٣٦٠.
(٢) مجموعة مؤلفين، المجتمع الريفي، د. م، ١٩٧٩م، ص٧٤.
(٣) مجموعة مؤلفين، دراسات في تأريخ الحضارة العربية، بغداد، د. ت، ص١٢.
(٤) محمد محمود جمعة، النظم الاجتماعية والسياسية عند قدماء العرب والأمم السابقة، القاهرة، ١٩٤٩م، ص١٢.
(٥) المرجع نفسه، ص١٤٣.
(٦) جان جاك ريسلر، الحضارة العربية، ترجمة نعيم عبدون، د. م، د. ت، ص٥٠.
(٧) المرجع نفسه، ص٥٠.
(٨) جمعة، النظم، ص١٤٣ - ١٤٤.
(٩) ريسلر، الحضارة، ص٥٠.

(النسب)[١] وينشأ عن التمسك بالنسب الذي يقوم على رابطة الدم روح العصبية التي تشد أفراد القبيلة إلى بعضهم وتخلق منهم كتلة متماسكة. فالعصبية إذاً الأساس القانوني الذي تقوم عليه الرابطة القبلية[٢] فالفرد يجد فيها الأمان والضمان والرعاية[٣]، وإن أفراد القبيلة تربطهم رابطة الدم، وقد وصف (أميل دور طهايم) العلاقات الاجتماعية في المجتمع البدوي بقوله إن هذه العلاقة تتسم بعلاقة التماسك إذ يتعامل أفراد المجتمع تلقائياً ويستجيبون لبعضهم ميكانيكياً[٤].

ويكشف ابن خلدون بوضوح الأساس الذي قامت عليه رابطة العصبية بقوله: ((إن العصبية إنما تكون من الالتحام بالنسب أو ما في معناهُ, وذلك أن صلة الرحم طبيعي في البشر إلا في الأقل، ومن صلتها النعرة على ذوي القربى وأهل الأرحام, أن ينالهم أو تصيبهم هلكه))[٥] إذاً فالعصبية إنما تقوم على رابطة النسب.

وهكذا تلعب العصبية القبلية دوراً كبيراً في تضامن وتماسك والتئام الأفراد, وجعل ابن خلدون هذه الظاهرة خاصة بالبدو والدولة تقوم مقام العصبية في المجتمع المتمدن والمتحضر[٦].

أما بالنسبة لإدارة شؤون القبيلة في المجتمع البدوي فقد كان لكل قبيلة سيد يكون هو المسؤول عن شؤون قبيلته, وهو المرجع الأول والمسؤول عن أتباعه في السلم والحرب[٧], والزعيم هو سيد القوم والجمع زعماء وكلمة الزعامة تأتي هنا بمعنى الشرف والرئاسة على القوم وكان لزعيم القبيلة عند المجتمع البدوي سلطان واسع, ولكن ليس له قوة حامية ولا سلطة قانونية, وكان الرئيس أو الزعيم يأخذ لنفسه ربع الغنيمة في أثناء تقسيم الغنائم على المحاربين[٨]. وكان يحضى باحترام أفراد العشيرة لمكانته الرفيعة في قومه ومايتحلى به من صفات تجعله محبوباً عندهم, وكان يعتمد على رؤساء العوائل الذين تتألف منهم العشيرة وهي

(١) جواد علي، المفصل، ج٤، ص٣١٣.
(٢) مجموعة مؤلفين، المجتمع الريفي، ص٧١.
(٣) محمد عابد الجابري، العصبية والدولة، بيروت، ١٩٩٤م، ط٦، ص١٧٣.
(٤) علي فؤاد أحمد، علم الاجتماع الريفي، د. م، ١٩٨١م، ص٣٨.
(٥) المقدمة، ص١١٣.
(٦) المصدر نفسه، ص١١٣.
(٧) ابن منظور، لسان العرب، مج١٢، ص٢٦٧ ـ ٢٦٨.
(٨) الزبيدي، تاج العروس من جواهر القاموس، مصر، ١٩٦٤م، ط١، مج٨، ص٣٢٤.

ذات تأثير ونفوذ عند ممارسة سلطته[١].

وكانت العادة الجارية عندهم عند عقد اجتماعاتهم للتباحث في أمورهم هي الاجتماع في مجلس يحضر فيه أبرز أفراد العشيرة في دار رئيس العشيرة فهو بمثابة ندوة لأهل العشيرة للتداول في جميع الأمور ذات الأهمية, ومن حق كل فرد إبداء وجهة نظره أو رأيه[٢] فهي بمثابة هيئة سياسية لفض النزاعات والخلافات وإبداء المشورات على وفق العرف السائد.

وكانت هناك صفات أو شروط واجبة على من تقع على عاتقه مسؤولية تدبير شؤون القبيلة, من أهمها شرف البيت[٣] والسخاء[٤]. والشجاعة[٥]. والحلم (ويعني الأناة والعقل)[٦] والحزم[٧]. والحزم[٧].

لأجل اختيار رئيس القبيلة، وقد اتبع العرب بذلك الطريقة المثلى في اختيار رئيس القبيلة، وتجنبوا اتباع نظام الوراثة في الرئاسة لأنه يؤدي إلى تقييد حرية البدوي من وجهة نظرهم[٨] وأشار ابن خلدون إلى ذلك معللاً بأن الرئاسة تقوم على أساس العصبية والنسب, وهذه القيم لا تدوم على وتيره واحدة, بل تضعف بين الابن والحفيد, حتى إذا ما حل الجيل الرابع فإن هذه القيم لا يصبح لها وزناً, وكثيراً ما يفتقدها الرئيس الجديد •[٩].

إذاً الشورى هي الأسلوب الوحيد الذي اتبعهُ العرب في المجتمع البدوي لإداره أمورهم, وهي من أولى مستلزمات التضامن القبلي, وقد قيل لرجل من عبس ((ما أكثر صوابكم! قال نحن ألف رجل وفينا حازم واحد, فنحن نشاوره فكأنا ألف

(١) جمعة، النظم، ص١٧٤ - ١٧٧.
(٢) محمود شكرى الألوسي, بلوغ الأدب في معرفة أحوال العرب, مصر, د. ت، ط٣، ج١، ص٢٧١؛حسن, حضارة العرب، ص٧٤.
(٣) ابن خلدون، المقدمة، ص١١٣.
(٤) مونتغمري وات، محمد في مكة، ترجمة، شعبان بركات، مصر، ١١٥٢، ص١٢٧ - ١٢٨.
(٥) جواد على، المفصل، ج٤ - ص٣٤٥.
(٦) ابن منظور، لسان العرب، مج١٢، ص١٤٦.
(٧) مصطفى عبداللطيف ضياوك، سيد القبيلة من الشعر العربى، مجلة الخليج العربى،ع ٣ - ٤، بصرة، ١٩٩٨م، ص٣٥.

(٨) العلي، محاضرات، ص١٥٧.
(٩) المقدمة، ص ١٢٤.

حازم))[١].

٢ـ التشكيل الاجتماعي للقبيلة:

يتألف التشكيل الاجتماعى للقبيلة من العرب الصليبة والحلفاء والعبيد (الأرقاء) فبالنسبه للعرب الصليبة فهم منحدرون من أصل واحد مشترك هو الجد الأعلى للقبيلة ولذا كانوا يعدون أنفسهم متساوين, وكان كل فرد يعتز بشخصيته وفرديته, ويرى لنفسه مكانه في القبيلة[٢] ويشكل هؤلاء نواة وهيكل التنظيم الاجتماعي عند القبيلة, وأن أبناء هذه الفئة كانوا يتمتعون ببعض الامتيازات منها رئاسة القبيلة، لأن ((الرئاسة على أهل العصبية لاتكون في غير نسبهم))[٣] فضلاً عن دية أبناء هذه الفئة أكبر من ديه الفئات الأخرى[٤], وبالمقابل يكون عليهم واجب الالتزام بتقاليدها وأعرافها، وإن أي خرق لتلك التقاليد أو الخروج عنها يؤدي إلى أن تلجأ القبيلة إلى خلعهم[٥].

ويمثل الحلفاء الفئة الأخرى التي تتشكل منها القبيلة، وهم ليسوا منحدرين من الجد الأعلى للقبيلة ولا تربطهم بأفرادها رابطة الدم, ولكنهم لجأوا إليها ووضعوا أنفسهم تحت حمايتها وحماية أفرادها, وقد يكون الحليف فرداً أو قبيلة[٦] ويشكلون منزلة أقل من منزلة الصليبة لأنهم لا يرتبطون برابطة القرابة[٧].

أما العبيد أو الأرقاء، فهم يفتقدون الحرية وأغلبهم من أسرى الحروب, وكانوا يعملون في الأعمال اليدوية وغيرها من أعمال الخدمة ولايشتركون في الحروب ويعاونون أسيادهم في الأعمال التي تسند إليهم, وكانت القبائل الأصلية تفكهم بالفداء أو بمبادلة الأسرى, إذ ليس من الشرف للقبيلة أن تترك أفرادها مأسورين عند القبائل الأخرى[٨].

---

(١) ابن عبد ربه، العقد الفريد، بيروت، ١٩٩٩م، مج١، ص٤٧.
(٢) العلي، محاضرات، ص١٣٦.
(٣) ابن خلدون، المقدمة، ص١١٧.
(٤) الأصفهاني، الأغاني، بيروت، ١٩٨٦م، ج٣، ص٤١.
(٥) ابن منظور، لسان العرب، مج٨، ص٧٧.
(٦) الزبيدى, تاج العروس, مج٦، ص٧٥.
(٧) العلي، محاضرات، ص١٣٤.
(٨) المرجع نفسه، ص١٣٦.

فالعبيد أو الرقيق كانوا يعيشون في أسفل السلم الاجتماعي للقبيلة, لاسيما من كان منهم أسود البشرة[١] ولم يكن لهم أية حقوق أو امتيازات بالمقارنة مع الفئات الأخرى, لكن مع هذا فإن وضعهم عند العرب كان أحسن بكثير من وضعهم عند الأمم الأخرى.

٣ـ المرأة في المجتمع البدوي:

أما بالنسبة للمرأة ودورها في الحياة البدوية, فإن مكانة المرأة في المجتمع البدوي كانت دون مكانة الرجل في الأسرة. فالمجتمع البدوي كان يتبع نظام الأبوة ويعنى هذا النظام بأن السلطة والسيادة على البيت تكون بيد الرجل, ومع هذا فقد كانت للمرأة مكانة ففضلاً عن رعاية الأولاد وتربيتهم والأعمال البيتية, فقد كانت تضمد الجرحى أثناء الحروب وتزود المقاتلين بالزاد والماء, لذا كانت حمايتها والدفاع عنها من المروءة ولايجوز رفض إجارتها[٢].

إذاً فإن الثوابت الحربية والاقتصادية هي التي تحدد دور المرأة في المجتمع البدوي. مما أفسح المجال لظهور العديد من الظواهر السلبية في التعامل مع المرأة عند بعض القبائل البدوية كظاهرة وأد البنات, وهنا أيضاً لعبت الطبيعة دوراً كبيراً في خلق مثل هذه الظواهر, فقسوة حياة البادية والصحراء وشحة الموارد وحياة الفقر والحاجة أدت إلى إذكاء روح الصراع بين القبائل ومن ثم نتج عنها قيام الحروب والغزوات بصورة مستمرة عندهم, ولم يكن بإمكان المرأة في هذه الظروف القاسية أن تثبت جدارتها إلى جانب الرجال أو أن تنافسهم في ميدان القتال أو حتى في واجبات رعي الجمال عبر الفيافي والقفار وبدت المرأة في نظر البدوي كائناً ضعيفاً يشكل عبئاً على عاتقه ويتطلب الحماية الدائمة لكي لايقع فريسة لسبي الأعداء فكان العرب يفضلون الذكور على الإناث ويتشاءمون منهن، ومن هنا ظهرت عادة وأد البنات[٣]. ولكن التي كانت محصورة عند بعض القبائل، ولم تكن بالمستوى الكبير والضخامة التي أشار إليها بعض المؤرخين[٤].

وكان هناك أنواع من الزواج في المجتمع البدوي, وهي تعد ظلماً

---

(١) علي الهاشمي, المرأة في الشعر الجاهلي, بغداد, ١٩٦٠م, ص٢٤٩.
(٢) مجموعة مؤلفين, دراسات في تاريخ الحضارة، ص١٢.
(٣) الملاح, الوسيط في تأريخ العرب, ص٣٧١ ـ ٣٧٢.
(٤) ينظر محور الدفاع عن المستضعفين من الفصل الثالث.

كبيراً بحق المرأة لأنها تعامل المرأة معاملة السلعة[١], منها الزواج بالأسيرة وهو أن يتزوج الرجل من السبية التي يأسرها, إذ كانت تعد رقيقة وملكاً لصاحبها إن شاء باعها وإن شاء تزوجها[٢] والزواج بالمبادلة وهو (زواج الشغار) وهي أن يزوج الرجل ابنتهُ لرجل على أن يتزوج هو ابنته, والزواج بالإرث (الضيزن) وهو حق الابن الأكبر بالزواج بزوجة أبيه عند وفاة أبيه كجزء من ميراثه, كما يرث الرجل أرملة أخيه, أو يرثها أقرب رجل إلى زوجها[٣].

وفضلاً عما تقدم فقد عرف المجتمع البدوي نوعين من الزواج, الزواج الداخلي وهو الزواج في داخل العشيرة من أجل أن تحافظ العشيرة على انسجامها ووحدتها[٤] والنوع الثاني الزواج بالأباعد, وهذا النوع كان مقصوراً على رؤساء العشائر لأسباب سياسية, ويكون هذا النوع من الزواج بمثابة مصاهرة سياسية, وأحياناً يتزوج الخلفاء هذا النوع من الزواج ويختاروا زوجاتهم من القبيلة التي تجيرهم وهو الأغلب شيوعاً[٥].

إذاً فالمجتمع البدوي وعلى الرغم من أنهُ شهد أنواعاً من الزواج الذي كان يقلل من قيمة المرأة, لكن هذا الأمر كان جزئياً إلى حد ما, وبصورة عامة فقد حرص المجتمع البدوي على كرامة المرأة وعلى تزويجها من الرجال الأكفاء كي يحافظوا على سمعتهم ومكانتهم[٦].

أما بالنسبة لحق المرأة في الملكية في المجتمع البدوي, فالمرأة لا تمتلك شيئاً[٧] لأن مكانة المرأة المرأة في المجتمع البدوي كانت تنسجم وطبيعة الخدمات التي تقدمها إلى ذلك المجتمع, وهي بشكل عام ضعيفة ولكن لو قارنا دورها وحقوقها بين المجتمعين البدوي والحضري نرى أن وضعها تحسن بكثير في المجتمع الحضري, إذ أصبحت تحضى باحترام المجتمع أكثر مما كانت عليه عند البدو,

(١) جمعة، النظم، ص١٠ - ١١.
(٢) حسن, حضارة العرب، ص١٢٨.
(٣) علي إبراهيم حسن, تأريخ الإسلامي العام, مصر، د. ت, ص ٥٠٤.
(٤) إبراهيم حسن، تاريخ الإسلامي، ص ٥٠٦.
(٥) أحمد الحوفي، المرأة في الشعر الجاهلي، مصر، ١٩٥٤م، ص١٤٩ - ١٥٠.
(٦) المرجع نفسه, ص١٢٦.
(٧) الملاح, الوسيط في تاريخ العرب, ص٣٧١.

فضلاً عن منحها الكثير من الحقوق والامتيازات, وسنحاول إبراز ذلك في أثناء الحديث عن دور المرأة في المجتمع الحضري من هذا الفصل.

٤ - الجرائم والعقوبات في المجتمع البدوي:

لم يعرف البدو قوانين منظمة ومكتوبة, بل عرفوا العادات والتقاليد والأعراف، وتمسكوا بها أشد التمسك وهذه التقاليد أصبحت بمثابة قانون يطبقه البدوي لينظم حياتهُ فالمبادىء التي يقوم عليها العرف الجنائي هي القصاص أو الانتقام إما العقاب الذي يستهدف الإصلاح فلم يكن له عندهم أثر يذكر[١] فإذا جرح رجل شخصاً، كان للمجني عليه الحق في أن يطلب الجاني أو يقتص بنفسه عن الأذى الذي أوذي به جرياً على مبدأ العين بالعين والسن بالسن[٢] وإذا جنى أحدهم جنايه حملتها القبيلة[٣] أما في حالة القتل، فإن الثأر هو أبرز مظاهر العصبية القبلية وهو عادة تأصلت عند العرب، وتعد في نظرهم حق وليس جريمة، وكان العربي ينظر إلى القتل بصفته عدوانا على القبيلة وليس على الأفراد، ولذا فمن واجب القبيلة أن تقتص من الجاني وقبيلته عن طريق قتل الجاني أو قتل أحد أفراد القبيلة، ممن يوازي المجني عليه في المكانة والقيمة، وفي حالة عدم موافقة القبيلة على تسليم الجاني لذوي المجني عليه لقتله لأن ذلك يتنافى مع روح التضامن بين أفراد القبيلة، فإن ذلك يؤدي إلى فسح المجال أمام الصراع والحروب بين القبائل ويشجع على انتشار روح الثأر والخصام فيما بينها[٤] وغالباً ما يلتزم ذوو القتيل وهم أقرب الناس إليه بالأخذ بثأره، وفي حالة عجزهم فإن على القبيلة الأخذ بالثأر كما أشرنا إليه، ولم يكن هناك فرق بين قتل العمد والقتل غير المتعمد، وكانوا يعالجون القتل بالقتل, حتى صار الأخذ بالثأر عقيدة ثابته، وفي حالة عجز القبيلة عن الأخذ بالثأر تسقط قيمتها بين القبائل[٥].

(١) ابن حزم الأندلسي, جمهرة أنساب العرب, تحقيق عبدالسلام محمد هارون, مصر, ١٩٦٢م, ص٣٠٨.
(٢) شلبي، التاريخ الإسلامي، ص٤٢.
(٣) أحمد أمين، فجر الإسلام، بيروت ١٩٦٩م, ط ١٠, ج ١, ص ١٠.
(٤) العلي، محاضرات, ص ١٦٢ - ١٦٥.
(٥) أحمد إبراهيم الشريف، مكه والمدينة في الجاهلية وعهد الرسول، القاهرة، د. ت، ط٢, ص ٣٤ - ٣٥.

هذا بالنسبه إذا كان القاتل والمقتول من قبيلتين مختلفتين، أما إذا كانوا من قبيلة واحدة أي من العشيرة نفسها فإن القبيلة تلجأ إلى الخلع وإقصاء الجاني منها، فيغادرها ويصبح خليعاً أو طريداً[١].

وعلى الرغم من أن الثأر كان بمثابة قانون القصاص من الجاني في المجتمع البدوي، إلا أنه كان يؤدي إلى نتائج سلبية وآثاراً خطيرة على الصعيد الاجتماعي والسياسي, وقد أدرك عقلاء القوم هذه المخاطر والنتائج لجأوا إلى طريقة أخرى وهي طريقة قبول الدية، وهي عبارة عن تعويض ذوي المقتول عن طريق دفع الديه وهي مبلغ من المال يتناسب مع مكانة المقتول، فإن كان الرجل من عامة أفراد القبيلة فإن فديته بحسب التقاليد العربية قبل الإسلام مائة بعير... أما إن كان شريفاً فإن فديته قد تصل إلى ألف بعير[٢] وكانت القبائل القوية كانت على الثأر لأن قبول الدية يعبر عن حالة الضعف والعجز لمن يأخذها[٣] وهكذا كان الثأر مظهراً من مظاهر الروح القتالية الحربية لحل المنازعات، أما الديه فهي مظهر من المظاهر السلمية لحل المنازعات.

وفضلاً عن الثأر فإن جريمة السرقة هي إحدى الظواهر السلبية التي عرفتها الحياة البدوية، إذ كان البدوي لا يرى عاراً فيها ولكنه يخاف اللعنه، ويخاف شرها لذلك يعيد الشيء المسروق إلى صاحبه[٤] وإن مما له علاقة وثيقة بجريمة السرقة هي (جريمة الحرابة)[٥] وهي ظاهرة متفشية عند البدو وبصورة واسعة وهي صورة من صور النهب والغزو الذي يقوم به البدو الأعراب ضد القوافل التجارية وضد القرى والمدن التي ليس بينها وبينهم أحلاف, وإن هذا أدى بشكل كبير إلى فقدان الأمن والاستقرار, وكانت الحرابة تعد رمز الشجاعة والقوة عند البدوي وكانوا يلجأون إليها في أوقات الشدة[٦] فالطبيعة هي التي حملتهم على ممارسة هذا النوع

---

(١) ابن عبد ربه، العقد الفريد, ج٢, ص١٧٢.
(٢) الشريف, مكه والمدينه, ص ٣٤ - ٣٥.
(٣) المرجع نفسه، ص٣٥.
(٤) حسن, تاريخ الحضاره, ص٨.
(٥) وهي عباره عن (الخروج لأخذ المال على سبيل المغالبه إذا أدى هذا الخروج إلى إخافه السبيل أو أخذ المال أو قتل الإنسان) عبدالقادر عوده التشريع الجنائي الإسلامي, د. م, ١٩٦٨م, ط٥, ج١, ص٦٣٨ - ٦٣٩.
(٦) هاشم يحيى الملاح، الجذور التاريخية لبعض العقوبات الإسلامية, مجلة مجمع العلمي,

من الأعمال والتي تتمثل في الحاجة وفقدان العشب في الصحاري المقفرة وحملتهم الأوضاع على السلب والنهب, وكان أهل المدن والقرى يضطرون لمعالجة هذه المسألة عن طريق التحالف وعقد المواثيق من أجل ضمان سلامتهم مع القبائل المجاورة, كما فعلت قريش عندما عقدت حلف الإيلاف[١].

ثانياً: - القيم الاجتماعية عند البدو:

تعني القيمة من الناحية الاصطلاحية صفة الشيء الذي يجعله موضع تقدير[٢] أي السلوك الخلقي الذي يميز جماعة بشريه خلال مدة زمنية معينة، ويتمثل هذا السلوك بشكل عملي عند البدو باحترام عدد من الصفات كالكرم والنجدة وغيرها[٣].

ومن أجل إبراز هذه القيم لا بدّ من الإشارة إلى أن أساس هذه القيم هي العصبية القبلية التي هي الشعور بالتماسك بين من تربطهم رابطة الدم أي (النسب)[٤]، ونسب الأهل يقوم على الدم القريب, في حين يقوم نسب القبيلة على العصبية للدم الأبعد[٥].

وقد أشار ابن خلدون إلى ذلك بقوله: ((ولا يصدق دفاعهم أي أبناء القبيلة وذيادهم إلا إذا كانوا عصبية وأهل نسب واحد, لأنهم بذلك تشتد شوكتهم ويخشى جانبهم، إذ إن نعرة أحدهم على نسبه وعصبته أهم، وماجعل اللـه في قلوب عباده من الشفقه والنعرة على ذوي أرحامهم وأقربائهم موجودة في الطبائع البشرية وبها يكون التعاضد والتناصر فتعظم رهبة العدو لهم))[٦].

إذاً فالعصبية قائمة على النسب، وهي تشكل القوة الفاعلة والمؤثرة في المجتمع البدوي, ومن هذا المنطلق أصبح التضامن والالتزام أمراً ضرورياً لأفراد

ج٤, مج٤٧, بغداد، ٢٠٠٠م، ص٦٧.
(١) العلى, محاضرات, ص١٦٠ - ١٦١؛ الملاح, الوسيط في تاريخ العرب، ص٢٨٧ - ٢٩٤.
(٢) الجوهرى، الصحاح تاج اللغة العربية، تحقيق أحمد عبدالغفور عطار, بيروت, ١٩٨٤م, ج٥، ص٢٠١٦ - ٢٠١٨.
(٣) أحمد أمين، فجر الإسلام, ص٧٨.
(٤) حسن, حضارة العرب, ص٦٧ - ٦٨.
(٥) ينظر التركيب الاجتماعي من المبحث الثاني من هذا الفصل.
(٦) المقدمة، ص١١٣.

العشيرة ولاسيما عند البدو، لأن عدم التمسك بها يؤدي إلى الهلاك والضعف وهذا يعلل لنا فاعلية هذه القيم في المجتمع البدوي إذا ما قارناها مع المجتمع الحضري, الذي يعتمد على حمايه الدولة، لذلك تقل روح التضامن فيه وتميل إلى الضعف وربما تتلاشى بمرور الزمن[١].

وفضلاً عن ماذكرناه فقد اتصف العربي قبل الإسلام بكثير من الصفات التي كانت تعد قيماً عليا عندهم، ألا وهي الكرم والنجدة والشجاعة وسنقوم بدراسة كل من هذه القيم على حدى:

١ـ الكرم:

لعبت طبيعة الحياة التي عاشها البدوي دوراً كبيراً في تكوين شخصيته واتصافه بصفات ذات أهمية كبيرة في تدبير حياته, من مثل القيم الخلقية التي يجب على الجميع الالتزام بها, ومن هذه القيم الكرم, فالبدو تقوم حياتهم على الترحال والتنقل المستمر، وكل واحد منهم عرضة لنفاذ الزاد, وعليه أن يقري ضيفه، أي يكرمه لأنه سيضطر إلى أن يستضاف يوماً ما، فالضيافة وسيلة من وسائل السيادة والجاه، وكان البدوي يستخدم عبارات عديدة للتعبير عن حسن الضيافة والإكرام فمثلاً يقول (بيتى بيتك) وبالمقابل على المضيف أن يتادب بأدب الضيافة[٢].

فالكرم يمثل ظاهرة السخاء والبدوي كان سخياً وفي ذلك يقول أكثم بن صيفي: «ذللوا أخلاقكم للمطالب وقودوها إلى المحامد وعلموها المكارم ولا تقيموها على خلق تذمونه من غيركم, وصلوا من رغب إليكم وتحلوا بالجود يكسبكم المحبة ولا تعتقدوا البخل تتعجلوا الفقر» [٣] وهكذا أصبح الكرم من القيم الخلقية عند البدو، في حين نرى أن هذه الظاهرة لم يكن لها مثيل هذه القيمة في المجتمع الحضري، والسبب في ذلك يعود إلى تطور الحياة الاقتصاديه وبروز المصلحة الفرديه وتغليب المصالح الخاصة على حساب المثل والقيم الخلقية وشيوع ظاهرة البخل لكن ومع هذا فقد تمسكت بعض القبائل العربية في المجتمع الحضري بالكرم وأبرز مثال على ذلك مجتمع مكة إذ كانت وظيفتي الرفادة والسقاية من أبرز مظاهر الكرم عندهم.

(١) الألوسي, بلوغ الأدب, ج٢، ص٣١١.
(٢) جواد علي, المفصل, ج٤, ص ٥٦٧.
(٣) النويري، نهاية الأرب في فنون الأدب، القاهرة، د. ت، ج٣، ص٢٠٥.

وهكذا لعب الكرم كقيمة اجتماعية دوراً فعالاً في تماسك المجتمع البدوي، ولاسيما أيام القحط، وهذا يفسر موقف البدوي ونظرته للمال كوسيلة لمساعدة المحتاجين، وكسب رضاهم وثناؤهم.

٢ـ الشجاعة والمروءة:

وفضلاً عن الكرم كانت (الشجاعة) من الصفات التي اتصف بها البدوي، وقد ولدت مع البدوي منذ طفولته وتشبعت بها روحه، وهي الموت في ظلال السيوف وخفق البنود[١]، وقد اهتم البدوي كثيراً بسمعته، وخاف سوء الأحدوثة التي توسم صاحبها بالعار، ويندى لها جبينه بين أفراد قبيلته[٢] وإن هذه القيمة مرتبطة أيضاً بطبيعة الحياة التي يعيشها البدو وتتمثل في الحروب والنزاع المستمر من أجل البقاء والعيش، وقد أشار ابن خلدون إلى أن البدو أقرب إلى الشجاعة من أهل الحضر، معللاً ذلك بوجود حاكم يحكم ويحمي أهل الحضر، ووجود الأسوار التي تحميهم من الأخطار الخارجية ولانعدام هذه النقاط عند البدو، فالشجاعة أمر مهم وضروري عندهم[٣].

فالشجاعة من أهم القيم التي يتصف بها البدوي ويفخر ويتباهى بها ومن مستلزمات البادية، فهم قائمون بالمدافعة عن أنفسهم، وحاملون لسلاحهم، وقد صار لهم البأس خلقاً والشجاعة سجيةً[٤] وقد ساعد شظف العيش في البادية على خلق هذا النوع من الصفات، لذلك أشار ابن خلدون إلى أن البدو للحضر كالوحش غير المقدور عليه، وكالمفترس من الحيوان[٥]. وإلى جانب الشجاعة لعبت المروءة دوراً في الحياة الاجتماعية عند البدو، وهي تعني مجموع الفضائل البدوية كالمهارة في القتال والصبر على الشدائد والتمسك بالثأر وحماية الضعفاء، وتحدي الأقوياء[٦] ومن المروءه يأتي الحلم والصبر والعفو وحماية الضعيف ونصرة الجار[٧]. وكان

---

(١) ابن خلدون، المقدمة، ص١١٠.
(٢) شلبي، التاريخ الإسلامي، ص٨٧.
(٣) المقدمة، ص١١٠.
(٤) ابن خلدون، المقدمة, ص ١١٠.
(٥) المصدر نفسه، ص١١٠.
(٦) وات، محمد في مكة، ص٤٧.
(٧) جواد علي، المفصل، ج٤، ص٥٧٤.

الوفاء أيضاً صفة نبيلة عند البدو، وبالمقابل كان الغدر عادة سيئة يتخوفون منها[١].

٣ـ احترام العادات والتقاليد والعهود والمواثيق:

إن من القيم الاجتماعية المهمة عند البدو هي احترام العادات والتقاليد من خلال قيام البدوي بواجباته تجاه أقربائه ومن ثم نحو العشيرة وعلى الرغم من عدم وجود قوانين أو قوة عليا ملزمة تطيعها العشائر, فقد كانت هناك تقاليد خلقية متينة من الوفاء ورعاية العهود والاتفاقات, فكان كل فرد بدوي يقوم بأداء واجباته نتيجة لشعوره بالمسؤولية نحو روح الأخوة، لا نتيجة إلزام سياسي أو قانوني.

وكان احترامه للعادات والتقاليد والعهود والمواثيق, يتمثل في احترامه (لنظام الحلف)[٢] الذي كان سائداً عند البدو، لأن حياتهم الاجتماعية كانت قائمة على أساس النظام القبلي الذي كان يؤدي إلى كثير من المنازعات والصراعات، لأن أفراد كل قبيلة كانوا يتعاملون مع أبناء القبائل الأخرى على أساس أنهم غرباء عنهم, وهذه المنازعات كانت تقود إلى منازعات وصراعات بين قبائلهم بسبب تعصب كل قبيلة لأبنائها[٣] فالأحلاف على الصعيد القبلي (الجماعي) تعقدها القبائل البدوية فيما بينها بينها من أجل مساعدة كل واحدة منها الأخرى في أثناء الشدة[٤] وقد لعبت المصالح الخاصة الدور الرئيسي في تأليف الأحلاف، وغالباً ماكانت تحدث بين القبائل الضعيفة مع القبائل القوية[٥].

أما على الصعيد الفردي, فهو أن يصبح الفرد جزءاً من الجماعة التي ينتمي إليها ويطيعها, وأن هذا النظام استوعب أعداداً كبيرة من الخلعاء والثائرين الذين كانوا يشكلون خطراً على النظام والأمن في الجزيرة العربية[٦] وتكون هذه الأحلاف والعهود والمواثيق إما مؤقتة أو دائمية, وفي المؤقته يعلنون عن انتهاء الحلف،

---

(١) حسن، حضارة العرب، ص٣٤ - ٣٥.
(٢) الحلف, لغةً تعنى العهد والمعاقده تعنى المعاهده, إن يحلف كل للآخر, ابن منظور، لسان العرب، مج ٩, ص٥٣.
(٣) العلي، محاضرات, ص ١٦٠ - ١٦١.
(٤) المرجع نفسه, ص ١٣٥.
(٥) حسن, حضاره العرب, ص١٠٤؛ هاشم يحيى الملاح, الوسيط في السيرة النبوية والخلافة الراشدية، الموصل، ١٩٩١م، ص٤١.
(٦) هاشم يونس عبدالرحمن, المثل والقيم الخلقية عند عرب ماقبل الإسلام وعصر الرسالة, رسالة الماجستير غير منشور، الموصل، ١٩٧٨، ص ١٦٣.

ويكتبون كتاباً، ويسمون هذا بالتخالع، وتخالعوا أي نقضوا العهد بينهم وتناكثوا[١].

فالأحلاف التي كانت تعقد تكتب من أجل التمسك بها وحفظها وتثبيتها[٢] وعند انتهائها وهذا يدل على مدى احترام البدوي لتلك العهود والمواثيق.

وقد شمل عقد الحلف الأحلاف الاقتصادية أيضاً، لأن القبائل البدوية كانت تحترمها أشد الاحترام, وخير مثال على ذلك عقد قريش حلفاً تجارياً مع القبائل الواقعة على الطريق التجاري بين مكة واليمن وبين مكة والشام[٣].

وفضلاً عن احترام الحلف, كان البدوي يحترم ويقدر مسألة منح الجوار لمن يطلبه من أبناء القبائل الأخرى[٤] فيصبح الجار تحت حماية تلك القبيلة التي يحالفها ويستطيع العيش في كنفها وتدافع القبيلة عن حلفائها إذا تعرضوا للاعتداء أو المحنة وترثهم القبيلة إن لم يكن لهم وارث[٥] وقد يكون الجوار فردياً بأن يلجأ الرجل إلى ذمة رجل آخر فيكون بموجبها جاره فيجيره[٦] أو يكون جماعياً فكثيراً ما تلجأ القبائل إلى قبول حق الإجارة[٧] والبدوي يحترم قانون ورابطة الجوار وهي رابطة مؤقتة وليست دائمية وتتم عن طريق دخول الخيمة أو الدار[٨] وفي حالة الموافقة على منح الجوار، يجب على على المستجير مراعاة حرمة جاره وفقاً للأعراف والتقاليد السائدة عندهم[٩] وهكذا كان الجوار من القوانين الأساسيه في المجتمع القبلي (البدوي) وبقي الحال على ذلك في المجتمع الحضري أيضاً, وإن احترامه كان يدخل في باب المروءة عندهم.

وفضلاً عن ما ذكرناه فقد كانت (الطاعة) من الصفات والقيم الخلقية التي يتصف بها البدوي ويتمسك, وعلى الرغم من أن البدوي امتاز بعدم الخضوع ولكنه

---

(١) حسن, حضارة العرب, ص ١٠٤.
(٢) الجاحظ، الحيوان، د. م، د. ت، ص٦٩.
(٣) ابن هشام، السيرة النبوية، تحقيق مصطفى السقا وآخرون، بيروت، د. ت، ج١، ص٥٧.
(٤) الجوار حماية الجار من شيء يقع عليه أي من أي يظلمه ظالم، الزبيدي، تاج العروس، مج٣، ص١١٣.
(٥) فيروز الآبادي، القاموس المحيط، بيروت، د. ت، ص٢١.
(٦) الزبيدي، تاج العروس، مج٣، ص١١١.
(٧) الشريف، مكة والمدينة، ص٤٠.
(٨) المرجع نفسه، ص٤١٥.
(٩) عبدالرحمن, المثل والقيم، ص١٦٤.

كان مطيعاً في أمور أخرى, ويتضح ذلك جلياً من خلال احترام شيخ القبيلة وإطاعته لا الخضوع له, وهي طاعة عصبية وحنان لا خضوع وسلطان, فاحترام العادات الاجتماعية، والقيام بواجباتها تجاه الأقرباء وأبناء العشيرة خير دليل على الطاعة[١] والحفاظ على تلك العادات والتقاليد واحترامها يدل على مدى طاعة القبيلة وأبناء العشيرة.

ثالثاً: - الحياة الثقافية عند البدو:

لم يكن عرب شبه الجزيرة العربية يعيشون بمعزل عن الأقوام والحضارات المجاوره لبلادهم في أية مدة من تأريخهم الطويل، ومن ثمَّ فإنه ليس بالإمكان دراسة حياتهم الفكريه والدينية بمعزل عن دراسة هذه الحياة لدى الأقوام المجاورة لهم، ذلك لأن عناصر الثقافة اللغويه والأدبية والدينية والاجتماعية وغيرها هي حصيله تفاعل معقد وبعيد المدى للثقافات التي كانت سائدة في شبه الجزيرة العربية القديمة، وأبرز مثال على ذلك تطور اللغه والخط العربي[٢].

وفي ضوء ما تقدم نرى أن الظروف المناخية التي كانت عائقاً وسبباً مهماً منعت البدو من إقامة دول وحضارات كبيرة, لم تستطع أن تفرض عليهم العزلة عن المعطيات الحضارية التي عرفتها أطراف شبه الجزيرة العربية في العراق والشام واليمن، والسبب في ذلك يرجع إلى وحدة الانتماء والثقافة التي كان من أبرز مظاهرها التواصل الثقافي بين عرب شبه الجزيرة العربية، وكل من المناذرة والغساسنة في العراق والشام[٣].

ومع هذا شهدت منطقة شبه الجزيرة العربية تطوراً كبيراً نتيجة لهجرات بعض أقوام شبه الجزيرة العربية، بسبب التحولات المناخية التي مرت بهم[٤] وكانت حصيلة هذا التطور ظهور ثقافة موحدة عند العرب قبل الإسلام, وقد ساعدت على تكوين أمة واحدة وعلى الرغم من حالة الانقسام السياسي الذي كانوا يعيشون في ظله، وأن العنصر الأساسي الذي استندت إليه هذه الثقافة هو اللغة العربية وماعبرت عنه من شعر وحكم وأمثال وقصص، فضلاً عن المعتقدات والطقوس الدينية

---

(١) العلي, محاضرات, ص١٥٤.
(٢) الملاح، الوسيط في تاريخ العرب، ص٣٩٣.
(٣) الملاح، الوسيط في السيرة، ص٥٧.
(٤) ينظر الملاح، الوسيط في تاريخ العرب، ص٤٥ - ٥١؛ العلي، محاضرات، ص١٣ - ١٤.

المشتركة، والعادات والتقاليد التي قامت عليها الحياة الاجتماعيه والسياسيه عند العرب[١] فكانت اللغة عنصراً أساسياً من عناصر الثقافة الموحدة، لذلك فمن الضرورى إبراز هذا العنصر الذي أصبح وسيلة من وسائل التعبير عند العرب بدواً وحضراً في مجالات الشعر والأمثال والخطابة.... الخ.

١ـ اللغة:

تعد اللغة أهم عنصر من عناصر الوحدة الثقافية عند العرب, وقد تمخض عن التطور الذي استمر الآف السنين، بروز وظهور اللغة الفصحى, وأصبح بإمكان كل العرب ببدوهم وحضرهم أن يتكلموا بها ويفهموها في عصر الرسالة، وقد نزلَ بها القرآن الكريم[٢] ومن الجدير بالذكر أن اللغة الفصحى قد اتخذت شكلها النهائي من أواخر القرن الخامس الميلادي, وأصبحت لغة عامة ينظم بها شعراء العرب أشعارهم[٣].

وهكذا انتشرت اللغة العربية الموحدة إنتشاراً واسعاً وشملت القبائل الشمالية، وبعض القبائل الجنوبية كقبيلتى الأزد وسكان نجران وغيرهما[٤] وبذلك أصبحت اللغة العربية الفصحى وسيلة التواصل الثقافي بين العرب منذ أواخر القرن الخامس الميلادي، وكانت أبرز وسائل التعبير الثقافي التي أنتجها العقل العربي, بفنونه المختلفة كالشعر والحكم والأمثال وأخبار العرب والخطابة والقصص.

٢ـ المظاهر الفكرية عند البدو:

قبل التطرق إلى الكلام عن أهم المظاهر الفكرية عند البدو، لا بدّ من الإشارة إلى ظاهرة مهمة وهي (التعليم) وبصورة عامة لم يكن التعليم منتشراً بين البدو، ويرجع ذلك إلى أن طبيعة البادية في ظروفها المعلومة لا تساعد على تعلم القراءة والكتابة[٥].

---

(١) كارل بروكلمان, تأريخ الأدب العربي, مصر, ١٩٧٤م, ج١, ص٤٢.
(٢) دروزه, عصر النبى وبيئته قبل البعثه, بيروت, ١٩٦٤م, ص٦٠.
(٣) شوقى ضيف, العصر الجاهلي, مصر، ١٩٧١م, ص١٢٠.
(٤) شوقي ضيف، العصر الجاهلي، ص١١١ - ١٢٢.
(٥) حسن إبراهيم حسن، تاريخ الإسلام السياسي، مصر، ١٩٦٤م، ط٧، ج١، ص٦؛ جواد علي، المفصل، ج٨، ص١٠٧؛ مجموعة مؤلفين، تاريخ الحضارة الإسلامية، د. م، ٢٠٠٠م، ص٤٩.

وكان البدو كغيرهم من الأمم البدوية لا يجيدون كثيراً من العلوم، ولاينشطون في مزاولة المهن والحرف، فهم يعيشون على إنتاج أيديهم ولا بدّ لهم من ضروريات الحياة التي اهتدوا إليها عن طريق التجربة الصادقة والمعاينة المتكررة, فأصبح لديهم ثقافة شخصية, وهي عبارة عن عدد من المعارف منها: (الفراسة) وهي صيادة لمعرفة أحوال الإنسان وأخلاقه، وكذلك عرفوا القيافه وهي نوع من الفراسة وقوة الاستدلال لصاحبها خيال قوي يفيد في الاهتداء[١] وكانت الريادة وعلم الريافة حقل آخر من العلوم التي عرفها البدوي، وهي علم الاهتداء في الصحراء, فالبدوي بخبرته وذكائه وقوة فراسته يستطيع من تخفيف مهالكه، وكان هذا العلم ضرورياً, جداً للبدوي، لأن القصد من الريافة هو استنباط الماء من الأرض بوساطة بعض الأمارات الدالة على وجوده بشم التراب، أو رائحة بعض النباتات[٢].

يتضح لنا مما سبق أن الطبيعة لعبت دوراً كبيراً في تحديد المعارف والعلوم عند البدو، فكان من الضروري أن يكون البدوي عالماً وعارفاً على الطريقة التي تمكنه من استنباط الماء من الأرض ويجعله في بحث مستمر من أجل الحصول عليه.

أما بالنسبة لأهم المآثر الأدبية التي تركها لنا العرب في البادية، فتتمثل بالشعر والنثر والأمثال.... والخطابة والقصص، وسنخصص محاور عديدة لدراسة كل واحدة منها وكالآتي:

أ - الشعر:

من أهم مآثر العرب في البادية, يعد مستودع مفاخرهم وسجل مآثرهم, وقد اهتموا به كثيراً وترعرع عندهم، وقد جاء إهتمام البدو بالشعر من خلال تفوقهم في الإبداع في وصف الصحراء، وحيواناتها النموذجية كالجمل الذي اتصلت به حياتهم اتصالاً وثيقاً[٣] وكانت الباديه كانت منبع الشعر، ويعزو أحمد أمين سبب ذلك إلى أن هناك بعض الأشعار التي عاشت في البادية ويرجع سبب ذلك إلى الطبيعة التي يعيش فيها البدوي من المناخ والسياسة, فالبدوي عندما

(١) ينظر، حسن، حضارة العرب، ص٤٣.
(٢) المرجع نفسه، ص٤٧ - ٥٠؛ حسن إبراهيم، تاريخ الإسلام, ج١، ص٦٧.
(٣) بروكلمان, تاريخ الشعوب، ص٢٩ -٣٠.

ينطلق لسانه, لا يجد أمامه عائقاً, فيشعر باستقلاله وعظمته لا ترهقه سلطه, ولا يقيده قانون[١].

ومن جهة أخرى لعبت الأوضاع السياسية والاجتماعية دوراً كبيراً في إغناء الشعر العربي في الباديه، وبما أن النظام القبلي يمثل الوحدة السياسية والاجتماعية عند البدو والحضر في آن واحد، فكان لا بدّ من لسان يدافع عن هذا النظام وينطق باسمه, ومن هنا جاءت أهميه الشعر والشعراء الذين كانوا ألسنة أقوامهم يتغنون بمناقبهم, ويرثون موتاهم ويهجون أعداءهم[٢] وبما أن حياة العرب في البادية كانت مليئة بالحروب والأحداث مثل أيام العرب[٣] وهي تحصل بسبب الغارات على القوافل والجيران, فإن الغارة على الجيران أصبحت عادة متأصله عند بعض القبائل حتى أصبحت صناعة لها ووسيله لكسب الرزق, لذا فإن الشعراء تغنوا بهذه الحوادث التي عرفها العرب وهي في معظمها من القصص الشعبية الطريفة التي تتخللها أبيات من الشعر[٤] فالشعر عند العرب كان من أجمل الفنون التي يحتفون بها ويمجدونها، ومن جملة الاهتمام بالشعر والشعراء فريحة القبيلة عندما يبرز من بين أبنائها شاعر[٥] وقد ذكر ابن رشيق أن القبيلة العربية كانت ((إذا نبغ فيها شاعر أتتها القبائل فهنأتها وصنعت الأطعمة واجتمعت النساء يلعبن بالمزاهر كما يصنعون في الأعراس ويتباشر الرجال والولدان لأنه حماية لأعراضهم وذب عن أحسابهم وتخليد لمآثرهم وإشادة بذكرهم وكانوا لا يهنئون إلا بغلام يولد أو شاعراً يبرز فيهم أو فرس تنتج[٦] وبلغت منزلتهم إلى درجة أنهم كانوا يحضرون المجالس القبيلية))[٧].

وهكذا لعب الشعر دوراً كبيراً عند البدو وكانوا أسبق من الحضر في الشعر.

(١) فجر الإسلام, ج١, ص٢٢.
(٢) المرجع نفسه، ج١, ص٥٦.
(٣) ينظر, أحمد جاد المولى, أيام العرب في الجاهليه, د. م, د. ت, ص١ - ٢٠ وما بعدها.
(٤) عبدالحميد سعد زغلول, في تأريخ العرب قبل الإسلام, بيروت، ١٩٧٦م, ص٣١١.
(٥) الشلبي، التاريخ الإسلامي، ص٨١.
(٦) ابن الرشيق القيرواني، العمدة، تحقيق مفيد قميحة، بيروت، ١٩٨٣م، ص٥٠.
(٧) العلي، محاضرات، ص١٥٦.

ب - الأمثال[١]:

الأمثال لون آخر من ألوان الأدب عرفها البدو, وكانوا يكثرون استعمالها, وكانت شائعة قبل الإسلام (العامة والخاصة) ويعود السبب في ذلك إلى أن الأمثال كما أشار إليها ابن عبد ربه أنها وشى الكلام - وجوهر اللفظ, وحلي المعاني إذ يسهل على المتكلم لفظها[٢]. امتازت الأمثال العربيه قبل الإسلام بالتشبيه والاستعاره والكناية والتمثيل, وفيها نوع من أنواع الصقل والسجع والتنميق[٣] وإن طبيعة وجغرافية المنطقة التي عاش فيها البدو لعبت دوراً كبيرا في كثير من الأمثال عندهم فضلاً عن العادات والتقاليد والحروب والغزوات وأرائهم في الشجاعة والجود والشرف والعزة والعصبية[٤] وكل هذا لعب دوراً كبيراً في نحت وطبيعة الأمثال عند البدو، التي كانت تشتق من هذه المظاهر.

وكان للأمثال أهمية كبيرة في حياة البدوي وكان حفاظ الأمثال يحظون بمكانة مرموقه, لأنهم ممن امتلكوا قوة في البيان واللسان ويتمكنون من ضرب المثل في موضعه، وقوله في مكانه المناسب وكان حكماؤهم يكثرون من الأمثال لأنها الطريق الموصلة لإظهار حكمتهم[٥].

إذاً فالأمثال عند البدو ذات قيمة اجتماعية وأخلاقية وتأريخية، فهي تطلعنا على أحوال البلاد والعباد وتجعلنا نقف على طبيعة التفكير العقلي عند العرب ولاسيما البدو في تلك الحقبة[٦].

ج - الخطابة:

الخطابة فن آخر من فنون الأدب عرفها العرب قبل الإسلام[٧] وهي وسيلة من وسائل التعبيرلاستمالة الناس وإقناعهم، إذ عرف العرب هذا النوع من الفن وكان له صدى كبير في المناسبات، كالكلام مع الملوك أو في حالات الصلح بين

(١) يقصد به الشبه، فيروز الآبادي، القاموس، ص٤٨.
(٢) العقد الفريد، مج٥، ص١٨٥.
(٣) شوقي ضيف، الفن ومذاهبه في النثر الفني، القاهرة، ١٩٦٥م، ص٢٤.
(٤) حنا فاخوري، الحكم والأمثال، القاهرة، د. ت، ص١٦.
(٥) الجاحظ، البيان والتبيين، بيروت، ٢٠٠٢م، ج٢، ص٢٧.
(٦) حنا فاخوري، الحكم، ص١٧ - ١٨.
(٧) الخطابة: وهي الكلام المنثور والمسجع، ابن منظور، لسان العرب، مج١، ص١٥٥.

العشائر أو خطبة النكاح(١) وظهرت الخطابة بشكل واسع في المجتمع القبلي (البدوي) ويعزي حنا فاخوري السبب في ذلك إلى انعدام السلطة المركزية في شبه جزيرة العرب(٢).

الشيء الجدير بالذكر هنا أن الخطبة لم تكن بحال الأمثال والشعر، وأن العرب كانوا ينقلون معارفهم بالحفظ والذاكرة وكان حفظ الخطب النثرية أصعب من النثر وأقل بكثير مما وصلنا قياساً بالشعر(٣).

وعلى الرغم مما تقدم فإن الخطيب كان لسان حال القبيلة، إذ أحبوا فيه رباطه الجأش وجهارة الصوت وقدرته على إقناع الناس والتأثير فيهم(٤) ولقد امتدح أبو الزبيد الثقفي خطباء البادية قائلاً: ((مارأيت خطيباً من خطباء الأقطار أشبه بخطباء البادية))(٥).

د - القصص:

عرف العرب قبل الإسلام القصص والأخبار وكان بعضها واقعياً وبعضها الآخر خيالياً كالأساطير(٦)، وهذه القصص أكثرها عبارة عن حروب ووقائع وقعت في حياة العرب مثل (أيام العرب)(٧) وكانوا يتذكرون وقائع هذه الأحداث بتفاصيلها كحرب البسوس(٨)، وحرب الفجار(٩) فتداولوها شفاها فيما بينهم كقصص، وأصبحوا يتحدثون عن مآثر الأسلاف فعدت نوعاً من الأدب(١٠).

أما بالنسبة للأساطير والقصص الخيالية، فإن الطبيعة الجغرافية والمناخ كان له دور كبير في نسج هذا النوع من القصص، فكان البدو يعتقدون بوجود علاقة بين

(١) القلقشندي، صبح الأعشى في صناعة الإنشاء، مصر، د. ت، ج١، ص٢١١.
(٢) تاريخ الأدب، ص٢٠٢.
(٣) القلقشندي، صبح الأعشى، ج١، ص٢١١.
(٤) الجاحظ، البيان والتبيين، ج١، ص٢٠٣.
(٥) المصدر نفسه، ج١، ص٢٨٧.
(٦) لطفي عبدالوهاب، العرب، ص٢٣٣.
(٧) ينظر أحمد جاد، المولى العرب، ص٢ - ٢٠ ومابعدها.
(٨) ابن عبد ربه، العقد الفريد، ج٥، ص١٣٠.
(٩) ابن سعد، الطبقات الكبرى، بيروت، ١٦٧٨م، ج١، ص١٢٦؛ ابن عبد ربه، العقد الفريد، ج٣، ص١٥٠ - ١٥٣.
(١٠) الملاح، الوسيط في تاريخ العرب، ص٤٠٩.

البشر وبين بعض القوى الغيبية كالجن، مما جعلهم يؤلفون أساطير وقصص عن بعض أناس كانوا يزعمون أنهم يرون الجن[١] هذا فضلاً عن وضع الأساطير عن النجوم والكواكب وبقية الأجرام السماوية، إذ تخيلوا أن لها حياة كحياة الإنسان، فنسجوا حولها الأساطير[٢].

ولقد كان القاص يتمتع بمكانة متميزة في قومه. لأنه كان محبباً إلى عقولهم ويمتلك خبرة واسعة من الفن والثقافة، يسحر بها سامعيه، ويجذبهم إليه[٣] وأسهمت القصة في عرض العديد من الأخبار عن حياة الأمم السابقة ومنها أخبار أسلافهم، وهكذا ساهمت هذه الفنون الأدبية المتمثلة بـ الشعر والأمثال والخطابة والقصص في إغناء الثقافة العربية قبل الإسلام.

رابعاً: - الحياة الدينية عند البدو:

الدين هو الاعتقاد بكائنات غيبية ذات قوى مؤثرة ويتجسد الدين بطقوس وعبادات يتمسك بها المؤمنون، ويتوقف مستوى الدين على عقلية الناس وحالة الأفراد[٤] فبالنسبة إلى ديانات العرب قبل الإسلام فإنها متنوعة تبعاً لتطور الحياة الاقتصادية والاجتماعية والثقافية... الخ

إن الدين عند البدوي هو الاعتقاد بأن هناك علاقة متبادلة بين الإله وبين القبيلة، فالإله يحمي القبيلة والمجتمع، ويدافع عنه، وقد يضطر أحياناً إلى أن يحارب الآلهة الأخرى إذا اشتبكت القبيلة مع القبائل الأخرى ويشير مونتغمري وات إلى ذلك بقوله: ((إن الحركة الدينية نشأت بين القبائل البدوية وتقوم على اعتقاد بتفوق أرواح القبيلة، وكان اعتبار الشرف والحسب هو القوة الدافعة لكثير من نشاطاتها، ولم يكن الإيمان بالقدر المنتشر بين العرب معتقداً دينياً، بقدر ما هو معتقد يساير الواقع))[٥].

وتعد الشفاعة من أبرز المعتقدات التي حملها التفكير الديني قبل الإسلام،

---

(١) المرجع نفسه، ص٤١٠.
(٢) المرجع نفسه، ص٤٠٩.
(٣) عبدالرحمن، المثل والقيم، ص٨٣ - ٨٤.
(٤) العلي، محاضرات، ص١٦٦؛حسن، حضارة العرب، ص١٦٣.
(٥) البدو، لجنة المعارف الإسلامية، إبراهيم خورشيد، عبدالحميد يونس، حسن عثمان، بيروت، ١٩٨١م، ص١٣٩.

ويتضح ذلك جلياً من خلال اعتقادهم بأن الأصنام تمتلك المقدرة على الاتصال بالقوى الغيبية العليا، فتصبح حلقة الاتصال بين البشر وبين الآلهة[١].

١ـ الوثنية والشرك:

عرف البدو الوثنية والشرك[٢] وشهدت شبه الجزيرة العربية الوثنية بسائر مظاهرها ويشير عدد من الباحثين إلى أن الوثنية في البداية كانت عبارة عن عبادة الكواكب والظواهر الطبيعية (كالشمس - والقمر - والرياح... الخ)[٣].

فالعربي في البادية كان يؤمن بوجود قوى خفية روحية مؤثرة في العالم والإنسان، كامنة في بعض الحيوانات والطيور والنباتات والجماد وفي بعض المظاهر الطبيعية المحيطة كالكواكب[٤] فربط بين هذه الكائنات والموجودات والظواهر الطبيعية وبين القوى الخفية وقدسها.

وهكذا اعتقد البدو بأن الشمس ملكة الحياة وأن القمر ملك السماء، وقد عبدوا القمر أيضاً لما له من تأثير في تحسين المراعي بالطل والندى ونمو النبات، ومنهم من عبد الشجر لاعتقادهم بأن الآلهة تسكن فيها[٥].

ويؤمن العربي في الباديه بالجن، والشيطان، والشيء الجدير بالذكر هنا هو أن الطبيعة الصحراوية لشبه الجزيرة العربية ساعدت على الإيمان بالجن والشياطين[٦] فقد تصور البدو أن الجن تعيش في البراري والصحراء، ولا تعيش في المجتمعات الحضرية، فكانوا يصورون الجن على أنه يشبه البهائم وأنه ذا شعور طويلة، أو يسكن بعض الحيوانات كالنعام والحيات[٧] وكان الناس يقدمون لها

(١) ينظر عبدالرحمن، المثل والقيم، ص٤٢.
(٢) خليل إبراهيم السامرائي، دراسات في الفكر العربي، موصل، ١٩٨٦م، ص٣٣؛ عبدالعزيز سالم، تاريخ الدولة العربية، د. م، د. ت، ص٢٥ -٣٠.
(٣) السامرائي، دراسات في الفكر العربي، ص٣٤.
(٤) جواد علي، المفصل، ج٦، ص٧٠٦ - ٧٧١.
(٥) ناجي معروف، اصالة الحضارة العربية، بيروت، ١٩٧٥م، ص١٢٥ - ١٢٦.
(٦) المسعودي، مروج الذهب ومعادن الجوهر، تحقيق شارل بلا، بيروت, ١٩٦٦م، ج٢، ص٢٩٥ - ٢٩٦.
(٧) حسن، حضاره العرب، ص١٧٢ - ١٧٣.

الهدايا في بعض الأحيان(١) ومن أعاجيب اعتقادهم بالجن أنهم كانوا إذا طالت على أحد منهم العلة ظنوا أنه مس من الجن(٢).

ويتضح لنا مما سبق أن العرب في البادية كانوا في البداية يعبدون الظواهر الطبيعية كالشمس, والقمر... ثم تطورت هذه العبادة إلى عبادة قطع الصخور التي يستحسن البدوي مظهرها وهيئتها ومعظمها كانت بيضاء اللون(٣) ومن أجل ذلك صنعوا الأصنام لتكون صورة أو رمزاً يذكرهم بالإله، أو الآلهة التي يعبدونها، وبذلك مثلت الأصنام في نظرهم قوة عليا(٤). إذاً عبد العرب قبل الإسلام الإسلام الأصنام التي تمثل الظواهر الطبيعية عندهم، وبمرور الزمن نسي الناس أصلها، فاتخذوها أصناماً وعبدوها واعتقدوا أن روح آلهتهم حلت فيها(٥) فالأصنام من أكثر الآلهه شيوعاً عند عرب ما قبل الإسلام. وقد صنع بعضها من الخشب أو الحجر أو من أحد المعادن على شكل دمية منحوتة أو على هيأة حيوان أو غير ذلك لغرض عبادتها(٦) ويرى بعض الباحثين أن البدوي اتخذ أشكالاً بدائية لعبادته مختاراً الأنصاب، لأنها توافق حياة البدو فإنهم في ترحال وتنقل لا يستطيعون نقل الأصنام الكبيرة معهم فاستخدموا الأنصاب(٧).

٢ـ السحر والكهانة:

وفضلاً عن المعتقدات الآنفة الذكر فإن البدوي آمن بـ السحر والكهانه والعرافة وقد مارسها أشخاص وقعوا تحت تأثير الآلهة وبمقدورهم التنبؤ والقيام بالأعمال الخارقة، وكان العرب يستشيرونهم قبل وقوع الحروب والحملات، بسبب نقض الأحلاف أو قتل أعدائهم أو اكتشاف قاتل أو عدم الوفاء.. الخ من المسائل(٨) وكان العرب في أغلب الأحيان ينفذون وصية الكهان ولايخالفونها إلا نادراً، وكان

---

(١) المسعودى، مروج الذهب، ج٢، ص١٥٥ - ١٦٠.
(٢) حسن، حضارة العرب، ص١٧٢.
(٣) عبدالعزيز سالم، تاريخ الدوله العربيه، ص٣٢.
(٤) جواد علي، المفصل، ج٦، ص٥٠.
(٥) المرجع نفسه، ج٦، ص٥٠.
(٦) ابن الكلبي، الأصنام، تحقيق أحمد زكي، مصر، ١٩٢٤م، ص٤٢.
(٧) حسن إبراهيم، تاريخ الإسلام، ص١٢٧ - ١٢٨.
(٨) العلي، محاضرات، ص٣٢٧؛حسن، حضاره العرب، ص١٧٢.

السائلون ينادون ياربنا ويجيب الكاهن ياعبادي[١].

وتركز نشاط الكهانة بالدرجة الأولى في المناطق البعيدة عن المدن[٢] ومن المحتمل أن يرجع سبب إقامتهم في المناطق البعيدة عن المدن عند البدو إلى احتياجهم إلى هذا النوع من البيئة الصحراوية بحيث يكونون على اتصال دائم مع الطبيعة ويتمكنون من خلالها خلق مقاطع الكلام من غير وزن[٣] على شكل ترنيمات موسيقية سميت بـ سجع الكهان، ويظهر ذلك جلياً من خلال ورود كلمات كالقمر والكواكب والنجوم في مقاطع كلامهم مما يظهر لنا تأثير بيئة الصحراء على أقوالهم وخير مثال على ذلك ما نقل عن لسان الخزاعي الذي حكم بين هاشم وأمية فقد ذكروا قوله: ((والقمر الباهر، والكوكب الزاهر، والغمام الماطر، وما بالجو من طائر وما اهتدى بعلم مسافر، من منجد وغائر))[٤].

٣ - العبادات:

تتمثل أبرز مظاهر العبادة عند البدو بزيارة الأماكن المقدسـة، وكانوا يضعون (أصنامهم) في أماكن معينة تقيم فيها دائمياً أو مؤقتاً وتسمى تلك الأماكن والبيوتات بالأماكن المقدسة، ومن الواجب على عابديها أن يزورها في تلك البيوت والأماكن بحسب مراسيم وطقوس وفي أوقات محددة تسمى الحج[٥]، والحج في الأصل له علاقة بالمواسم والحياة الاقتصادية والحج في شهر يسمونه بـ (ذي الحجة)[٦] فيخرج الناس في مواسمهم فيصبحون عكاظ[٧].

أما بالنسبه لعلاقة البدو بديانة أهل مكة، فكانت قائمة على أساس زيارتهم للكعبة وإقامة مراسيم وطقوس الحج، فبما أن القبائل العربية البدوية كانت تقوم بزيارة الكعبة فإنهم كانوا يحتكون مع قريش في المواسيم الدينية والاقتصادية لهذا فإن زيارة قبائل البدو للبيت الحرام في مكة كان سبباً مهماً من الأسباب التي حملت

---

(١) حسن، حضارة العرب، ص١٧٢.
(٢) محمد فريد وجدي، دائرة معارف القرن العشرين، بيروت، ١٩٧١م، ص٢٢٥.
(٣) القلقشندي، صبح الأعشى، ج٢، ص٢٨٠.
(٤) النويري، نهاية الأرب، ج٣، ص١٣٢ - ١٣٣.
(٥) ابن الكلبي، الأصنام، ص١٤.
(٦) العلي، محاضرات، ص٢٠٨.
(٧) بروكلمان، تاريخ الشعوب، ص٢٥.

قريش على تنويع علاقتها معهم بطرق ووسائل مختلفة منها التحالفات[١].

وهكذا فإن وجود الكعبة في مكة التي تعد أكثر البيوت الدينية المقدسة شهرة بوصفها بيت الله، حدد علاقة البدو بديانة أهل مكة وذلك من خلال زيارتهم لها وأداء مراسيم وطقوس الحج فيها.

(١) خضير عباس الجميلي، قبيلة قريش وأثرها على الحياة الثقافية قبل الإسلام، بغداد، ٢٠٠٠م، ص٧٢.

قبل التطرق إلى الحديث عن تنظيمات الحياة الحضرية عند العرب، لا بدّ من توضيح معنى هذا المصطلح لما له من علاقة في تحديد نوعية حياتها وتنظيماتها الاقتصادية والاجتماعية والدينية والثقافية والسياسية فمعنى كلمة الحضر في اللغه هي الإقامة في المدن[١]، والحضر اختاروا القرار وأحبوا الاستقرار في مكان واحد[٢] وقد أطلق عليهم اسم أهل المدر، وهم الذين يسكنون في الحواضر والأمصار والقرى[٣] ويعيشون في أبنية مشيدة[٤] وهم أهل القرار، أي الاستقرار[٥].

وهنا يجب أن نشير إلى أن الطبيعة لعبت دوراً كبيراً في تحديد وتشكيل حياة الحضري مثلما لعبت دوراً في تحديد وتكوين حياة البدوي، فبما أن الحضري يعيش عيشة القرار والاستقرار، فإن المناخ كان له دور في هذا الاستقرار وعدم التنقل، فالحضري قد يزاول مهنة الزراعة، ولا بدّ له من أن يستقر ولاينتقل لكي يستطيع أن يزرع وينمي ويحصد، فهو يحتاج إلى الاستقرار ولايقبل أي تنقل، وهكذا فالاستقرار والإقامة في القرى والمدن ساعد بشكل أو بآخر على تطوير حياتهم وتحقيق التقدم في مختلف مجالات الحياة فأصبحوا أصحاب حضارة كما هو الأمر عند العرب الذين إستقروا في العراق والشام واليمن[٦] وكان من أهم النتائج التي تمخصت عن استقرار الحضر وإقامتهم في المدن والقرى، احترافهم لمهنة الزراعة والصناعة والتجارة وسنتطرق للكلام عنها بعد عرض عملية التحول من البداوة إلى الحضارة.

أما بالنسبه لعملية التحول من البداوة إلى الحضارة، فإنها قد وجدت صداها في شبه الجزيرة العربية، وإن أي تجمع أو تحضر ناتج عن الاستقرار فإنه لا بدّ من أن يسبقه البحث وراء الأماكن التي يراد الاستقرار بها والإقامة فيها، ونستدل من هذا أن أي تحضر لا بدّ أن يكون مسبوقاً بالبداوة، ولكن هذا لا يعني بأن جميع

(١) ابن منظور، لسان العرب، مج٤، ص١٩٧.
(٢) مكي الجميلي، البدو والقبائل الرحاله في العراق، بغداد، ١٩٥٦م، ص١٨.
(٣) حسن، حضاره العرب، ص٢٩.
(٤) العلي، الدوله في عهد الرسول، مج٢، ص٣٤٤.
(٥) جواد علي، المفصل، ج٤، ص٢٧١.
(٦) الملاح، الوسيط في تاريخ العرب، ص٣٥٨.

القبائل البدوية قد تحضروا بل بقيت بعض القبائل البدوية تمارس حياتها وظلت على ذلك الحال من دون أن تتحضر أو تقيم في المدن.

وأطلق علماء الاجتماع على هذه العملية (عملية التحضر) وهي دلالة على أن إتمام عمليات التغير الاجتماعي وتتم عن طريق انتقال أهل البادية أو الريف إلى المدينة، وإقامتهم فيها ومن ثم يكتسبون تدريجياً الأنماط الحضرية، أو بمعنى آخر تحضروا أو تحولت أساليب معيشتهم إلى طريقة أهل المدن[١] وقد ذهب فيليب حتي إلى أن البدو يعيشون في فقر دائم لأن الجمود وعدم التطور إحدى سمات هذا المجتمع، ويرجع سبب ذلك إلى ثبات الظروف الطبيعية التي يعيشون في ظلها[٢]. والحقيقة أن هذا الرأي فيه بعض المبالغة، لأن التغير والتبدل والتطور، أحد قوانين الحياة الاجتماعية سواءاً أكانت حياة بدوية أم حضرية.

والدليل القاطع على وجود نوع من التحول من حياة البداوة إلى حياة الحضارة، ما أشار إليه ابن خلدون من أن أهم السمات الناتجة عن ذلك التحول ألا وهو ترك حياة الخشونه بعد تحولهم إلى المجتمع الحضري واتباع الرقة في حياتهم لأنها سمة من سمات المجتمع الحضري[٣] وبما أن البدو والحضر يقطنون منطقة واحدة، وهي شبه الجزيرة العربية، فلا بد من حدوث هذه العملية، ومن الثابت في علم الاجتماع أن الجماعة البشرية لا يمكن أن تثبت على حال واحدة، وأن أكثر الجماعات جموداً ينالها التطور والتغيير باستمرار[٤].

نستنتج مما سبق أن البدو سبقوا الحضر في الظهور (وأنهم أصل الحضر، وكثيراً ما تحولت تلك الأقوام البدوية إلى الحضر وتمكنوا من الاستقرار وتركوا بعض قيمهم البدوية نتيجة تكيفهم مع نمط جديد من أنماط الحياة وتمسكوا ببعضها، ففي البداية وبمرور الزمن، يتركوا جميع هذه القيم وينسون بأنهم يوماً ما كانوا بدواً ويتركوا تماماً قيم ونظم عيشهم السابق وهذا ما يطلق عليه ابن خلدون بعملية ((التحول من خشونة البداوة إلى رقة الحضارة))[٥].

---

(١) عبدالمنعم أنور، الحضاره والتحضر، القاهره د. ت، ص٥٦.
(٢) المطول في تاريخ العرب، بيروت، ١٩٤٩م، ج١، ص٢٩.
(٣) المقدمة، ص١٥٠.
(٤) جمعة، النظم، ص ٧.
(٥) المقدمة، ص١٥٠.

أما بالنسبة إلى تحول الحضر إلى البداوة فإن هذا نادراً ما يحدث حتى في حالات تدهور الزراعة والتجارة التي هي عماد حياة الحضر، إذ من الصعب أن يتحول المستقرون في هذه الحاله إلى بدو رحل[١].

أما بالنسبة إلى النظم السائدة في المجتمع الحضري فقد تعددت وتنوعت وسنوردها حسب أهميتها وعلى النحو الآتي:

أولاً: - التنظيمات الاقتصاديه عند الحضر:

لعب الاستقرار والإقامة في المدن دوراً كبيراً في تحديد نوعية الحياة الاقتصاديه عند الحضر، فبصورة عامة تختلف الحياة الاقتصاديه عند الحضر تماماً عن الحياة الاقتصادية عند البدو فالطبيعة التي لعبت دوراً في تحديد الحياة الاقتصادية عند البدو لعبت نفس الدور في تحديد الحياة الاقتصادية عند الحضر فبينما كان الرعي هو عماد الحياة الاقتصادية عند البدو[٢] في حين أن الزراعة والتجارة والصناعة هي عماد الحياة الاقتصادية عند الحضر[٣].

١ - الزراعة:

لعب المناخ دوراً في تشكيل المجتمعات الزراعية الحضرية ومن ثم ساعد على الاستقرار وتكوين مجتمعات زراعية وعلى سبيل المثال لعب وجود المياه العذبة في الطائف دوراً في تكوين وتشكيل المجتمع الحضري وأشار الحميري إلى ذلك بقوله: ((هي مدينة صغيرة متحضرة، مياهها عذبة وهواؤها معتدل، وفواكهها كثيرة...))[٤] وفي هذه الحالة فإن المزارع بحاجة مسكن يأويه، وسوق يبيع في بضاعته، وهذا ما لاحظناه في المجتمع الحضري، فوجود المياه العذبة ووفرتها في الطائف كانت سبباً من أسباب جذب البدو إليها واستقرارهم فيها وتحولهم إلى مجتمع حضري[٥] وفضلاً عن الطائف فقد لعبت بعض مدن الحجاز كالمدينة وخيبر دوراً في انتشار الزراعة، وكانت الحجاز تزخر بأنواع الفواكه والبقول[٦]، وقد تكونت

(١) العلي، الدولة في عهد الرسول، مج١، ص٣٤٤.
(٢) كستر، الحيرة ومكة، ترجمة يحيى الجبوري، بغداد، ١٩٧٦م، ص٢١ -٢٢.
(٣) الملاح، الوسيط في السيرة، ص٣٥٨.
(٤) الحميري، الروض المعطار في حبر الأقطار، بيروت، ١٩٨٠م، ص٣٧٩.
(٥) الجميلي، البدو، ص٢٠.
(٦) ياقوت الحموي، معجم البلدان، بيروت، ١٩٨٦م، ج٤، ص٩.

المياه العذبة في الينابيع والآبار الناتجة - في الغالب - من غزارة الأمطار في بعض مناطق شبه الجزيرة العربية، ولاسيما في الطائف ويثرب وخيبر، وقد أشار القرآن الكريم في آيات عديدة إليها[١]، قال تعالى:

﴿ وَهُوَ ٱلَّذِىٓ أَنشَأَكُم مِّن نَّفْسٍ وَٰحِدَةٍ فَمُسْتَقَرٌّ وَمُسْتَوْدَعٌ ۗ قَدْ فَصَّلْنَا ٱلْـَٔايَـٰتِ لِقَوْمٍ يَفْقَهُونَ ﴿٩٨﴾ وَهُوَ ٱلَّذِىٓ أَنزَلَ مِنَ ٱلسَّمَآءِ مَآءً فَأَخْرَجْنَا بِهِۦ نَبَاتَ كُلِّ شَىْءٍ فَأَخْرَجْنَا مِنْهُ خَضِرًا نُّخْرِجُ مِنْهُ حَبًّا مُّتَرَاكِبًا وَمِنَ ٱلنَّخْلِ مِن طَلْعِهَا قِنْوَانٌ دَانِيَةٌ وَجَنَّـٰتٍ مِّنْ أَعْنَابٍ وَٱلزَّيْتُونَ وَٱلرُّمَّانَ مُشْتَبِهًا وَغَيْرَ مُتَشَـٰبِهٍ ۗ ٱنظُرُوٓا۟ إِلَىٰ ثَمَرِهِۦٓ إِذَآ أَثْمَرَ وَيَنْعِهِۦٓ ۚ إِنَّ فِى ذَٰلِكُمْ لَـَٔايَـٰتٍ لِّقَوْمٍ يُؤْمِنُونَ ﴿٩٩﴾ ﴾[٢].

وهكذا كان للمناخ دور كبير في نشأة الزراعة والاستقرار، وتكوين المجتمعات البشرية الحضرية في الجزيرة العربية.

٢ـ التجارة:

وإلى جانب الزراعة مارس أهل الحضر التجارة، ولاسيما في المناطق التي ليست لها مؤهلات زراعية وتتمتع بموقع استراتيجي كمكة، إذ استغل أهلها موقعها في مزاولة نشاط آخر من الأنشطة الاقتصادية ألا وهي التجارة، ومكة التي تقع في واد غير ذي زرع وأراضيها التي لاتصلح للزراعة، استغل أهلها موقعها الجغرافي الواقع على منتصف الطريق بين اليمن وبلاد الشام[٣] في التجارة.

وقد رافق مزاولة العمليات التجارية ظهور الأسواق لتبادل السلع، وإجراء عمليات البيع والشراء، وقد أثر ظهور الأسواق في هذه المجتمعات بشكل غير مباشر على الحياة الاقتصادية والثقافية والاجتماعية وسنتطرق للكلام عنها في التنظيمات الاجتماعية والثقافية.

وهكذا لعبت التجارة دوراً في إيجاد وتكوين الأسواق، فظهر في شبه الجزيرة العربية عدد كبير من الأسواق مثل سوق عكاظ وسوق بدر وسوق

---

(١) سورة النحل، الآية ٩٩ - ١٤٢؛ سورة النحل، الآية ١٠ -١١؛ سورة المؤمنون، الآية ١٨ - ١٩؛ سورة الروم، الآية ٤٨ - ٥١؛ سورة يس، الآية٣٣ - ٣٤؛ سورة الواقعه، الآية١٠؛ سورة ق، الآية ٧ - ١١؛ سورة عبس، الآية ٢٤ - ٣٢.

(٢) سورة الأنعام، الآية ٩٨ ـ ٩٩.

(٣) الحموي، معجم البلدان، ج٤، ص٩.

حباشه[١]، وعرف أهل الحضر نوعين من التجارة: التجارة الداخلية والخارجية، فالتجارة الداخلية كانت تقوم بين المدن داخل شبه الجزيرة العربية[٢]. أما التجارة الخارجية، فقد اشتهرت مكة بتجارتها مع الحبشة والعراق والشام[٣] وعرف أهل يثرب أيضاً بتجارتهم مع الشام ولاسيما اليهود إذ كانوا يتاجرون ويأتون بكل ما يحتاجه أهل يثرب من الشعير والزيت والتين والقماش من بلاد الشام[٤] ومع هذا شغلت مكة دوراً أكبر في هذا المجال إذ كانت سيدة التجارة في الجزيرة، وتاجر أهلها بأنواع من السلع، ورافق العمليات التجارية ظهور بعض الأعمال الأخرى كالصيرفة، وقد مارسها أهل مكة وكانت هذه العملية تحتاج إلى أن يكون الشخص الذي يقوم بهذا العمل ذا معرفة بالمعادن يميز جيدها من رديئها، وعليه أن يعرف وزنها. وأن يعرف الأسعار العالمية، لكي يقدر السعر المتبادل[٥].

وكانت كميات كبيرة من النقود تقدر بالوزن كالقنطار والأوقية والنش والمثقال[٦] ورافقت عملية الصيرفة ظاهرة الربا، وهي عبارة عن إعطاء قرض بفائدة عالية قد تزيد عن الضعف أو الضعفين[٧].

وعرف المجتمع الحضري التعامل بالعملة النقدية، وهناك إشارات في القرآن الكريم إلى معرفة العرب للنقد قال تعالى: ﴿ ۞ وَمِنْ أَهْلِ ٱلْكِتَٰبِ مَنْ إِن تَأْمَنْهُ بِقِنطَارٍ يُؤَدِّهِۦٓ إِلَيْكَ وَمِنْهُم مَّنْ إِن تَأْمَنْهُ بِدِينَارٍ لَّا يُؤَدِّهِۦٓ إِلَيْكَ إِلَّا مَا دُمْتَ عَلَيْهِ قَآئِمًا ﴾[٨] فالعرب المقيمون في الحضر عرفوا العملة النقدية بخلاف البدو إذ كانت الإبل مقياس الثروة الاقتصادية عندهم،[٩] وعلى سبيل المثال فإن تجار قريش كانوا يربحون ديناراً على كل دينار وأن هذا دليل على معرفة أهل الحضر للعملة

(١) ينظر سعيد الأفغاني، أسواق العرب في الجاهلية، دمشق، ١٩٦٠م، ص١٨٠ - ١٨٣.
(٢) الحموي، معجم البلدان، ج٤، ص٨ - ١٠.
(٣) العلي، محاضرات، ص٩٦ - ٩٩.
(٤) حسن، حضارة العرب، ص١٩٤.
(٥) البخاري، صحيح البخاري، د. م، ١٩٩٨م، ٢١٧٦ - ٢١٧٧.
(٦) العلي، محاضرات، ص١٠٠ - ١٠١؛حسن، حضاره العرب، ص٢٠٤.
(٧) العلي، محاضرات، ص١٠١.
(٨) سورة آل عمران، الآية ٧٥.
(٩) عبدالرحمن، المثل والقيم، ص ١١٣ - ١١٦.

النقدية[١] ومع هـذا فإن ذلـك لا يعنى عـدم معرفـة البدو للنقـود، إلا أن معرفتهم بالعملة النقدية كانت في نطاق ضيق جداً، وجاءت من خلال أخذهم الأتاوات من القوافل التجارية التي تمر في مناطقهم، وكانت هذه الأتاوات مصدر دخل ثابت بالنسبة للقبائل البدوية الواقعة على الطرق التجاريه، وخير دليل على ذلك المعاهدة التجارية المعروفة بـ (الإيلاف) التي عقدها كبار رجال قريش مع القبائل البدوية الواقعة على الطرق التجارية، إذ كانت تدفع مبلغاً من المال لتلك القبائل وبالمقابل تعمل تلك القبائل، على تأمين الطرق التجارية ولا يتعرضون لها[٢].

٣ـ الصناعة (الحرف):

وفضلاً عن الزراعة والتجارة عرف أهل الحضر أنواعاً من الحرف اليدوية، وعرفوا بعض الصناعات البدائية وهذه سمة من سمات أهل الحضر، ومن إحدى الصناعات المهمة التي عرفها أهل الحضر وهي ضرورة من ضرورات الاستقرار والإقامة (صناعة البناء)، ولا بد لهم من بناء أماكن للاستقرار فيها، وقد عرفوا ببناء المساكن والبيوت لحمايتهم من الحر والبرد[٣] وعرفوا أيضاً بعض الصناعات الأخرى البسيطة كصناعة الحبال من الألياف والنخيل والسرج وبعض الأسلحة وتجفيف الملح وصيد اللؤلؤ[٤] ولو أخذنا مكة كنموذج للمجتمع الحضري آنذاك نرى أن مكة عرفت بوجود طبقة من العمال والصناع ونحت الحجارة والحدادة والصباغة والحياكة وغير ذلك مما تتطلبه حياة المدن مهما كانت درجتها من الحضارة وكذلك عرف أهل مكه الحدادة و [٥] فالصناعة كانت نشاطاً آخر من الأنشطة الاقتصادية التي عرفها الحضر بخلاف البدو الذين لم يعرفوا هذا النوع من الصناعات ولاسيما صناعة البناء بسبب طبيعه عيشهم غير المستقر.

ثانياً: - التنظيمات السياسية عند الحضر:

يعني التنظيم السياسي وجود حكومة وكيانات سياسية مستقرة، وخير دليل

---

(١) النويري، نهاية الأرب، ج١٧، ص٨١.
(٢) الشريف، مكة والمدينة، ص٨٠.
(٣) حسن، حضاره العرب، ص ٢٠٦.
(٤) لبيد إبراهيم أحمد وإبراهيم نمير سيف الدين، عصر النبوة والخلافة الراشدة، د. م. د. ت، ص١٣.
(٥) الشريف، مكة والمدينة, ص٢٢.

على ذلك ظهور كيانات عديدة مستقرة في شبه الجزيرة العربية، فنشأت في اليمن على سبيل المثال عـدد من (الدول المستقلة) وكان نظام الحكم فيها وراثياً ملكياً في الغالب، وسمي رئيس الدولة ملكاً[١] فضلاً عن إلى ظهور كيانات مستقلة في العراق كدولة المناذرة ودولة الغساسنة في الشام أما بالنسبة لشمال شبه الجزيرة العربية فلم يظهر فيها دول قبل عصر النبوة سوى ما جاء بشأن حكومه الملأ في مكة[٢] والتي سنتطرق للكلام عنها بالتفصيل في الفصل الثاني من البحث. إن وجود حكومة يعني وجود تنظيم سياسي وإداري لتلك الحكومة، وعلى الرغم من أن حكومة القبيلة كانت موجودة عند البدو أيضاً إلا أنها لم تكن بمستوى حكومة القبيلة عند الحضر، إذ كانت عند الحضر أكثر تطوراً، كما كان في مكة، وكانت السلطة العليا عند الحضر، مثلما كانت عند البدو، بيد رئيس القبيلة ومع هذا كان مبدأ الشورى من الأسس التي اتبعها المجتمع القبلي، ويعد من الفضائل الكبرى التي يعتز بها المجتمع القبلي بدواً وحضراً، فكان شيخ القبيلة يشاور أعضاء المجلس، ومن ثمّ يصدر القرار المناسب في حل آية قضية أو مشكلة تطرح على المجلس[٣] وقد حققت القبائل العربية عن طريق اتباع نظام الشورى أهدافاً سياسية كبيرة لأنه كان يعمل من أجل المصلحة العليا للقبيلة, وهي مظهر من مظاهر القوة التي تظهر بصورة جلية من خلال إبداء الرأي ومن خلال حضور كل فرد في اجتماع القبيلة وأخذ رأيهم عن طريق المشاورة، بحيث يكون الجميع يداً واحدة، في جميع الظروف والمناسبات، ويبعد الانقسام والضعف عنها[٤]، إذاً فالشورى هي أولى مستلزمات التضامن والتماسك القبلي في كلا النمطين من المجتمعات البدوية والحضرية.

ومن هذا المنطلق يتضح لنا بأن الشورى حافظت بشكل مباشر على وحدة القبيلة، ومن الأهداف التي حققتها المساواة، التي تحققت من خلال مشاركة جميع البطون والأفخاذ على الصعيدين الفردي والجماعي في الاجتماعات التي يعقدها شيخ أو رئيس القبيلة وكان هذا أكثر شيوعاً في المجتمع البدوي نظراً لقلة أفراد

---

(١) ينظر جرجي زيدان، العرب قبل الإسلام، بيروت، ١٩٧٩م، ص١٨٤ - ٢١٦.
(٢) حسن إبراهيم، تاريخ الإسلام، ج١، ص٤٧.
(٣) حسن إبراهيم، تاريخ الإسلام، ج١، ص٤٧.
(٤) الشريف، مكة والمدينة، ص٥٠.

القبائل والبطون عما هو عند الحضر، ولو أخذنا مكة نموذجاً للمجتمع الحضري نلاحظ أن حكومة الملأ اتخذت شكلا أكثر تنظيماً ولم يدخل دار الندوة إلا ابن الأربعين سنة للمشورة، وكان يدخلها أولاد قصى كلهم وحلفاؤهم[١] وهذا دليل آخر على تنظيمها، إذ كانت دار الندوة في مكة بمثابة دار الحكومة التي تدار فيها شؤون القبيلة من جميع النواحي[٢].

وهكذا كانت سلطة هذه المجالس في المجتمع القبلي ببدوه وحضره بيد رئيس القبيلة الذي يتولى قيادة القبيلة بمساعدة كبار رجالها من رؤوساء الأسر، وذوي الرأي وحسن البيان، وكانت واجبات شيخ القبيلة تتحدد بصورة رئيسة في إدارة شؤون أفراد القبيلة وحسم المنازعات التي تحصل بينهم إستناداً للعرف القبلي السائد آنذاك، هذا من جهة، ومن جهة أخرى كانت واجبات رئيس القبيلة تنقسم على قسمين داخلية وخارجية، وبالنسبه للواجبات الخارجية فكانت عقد التحالفات فضلاً عن قيادة القبيلة في أوقات الحرب[٣] وأطلق ابن خلدون على سلطة رئيس القبيلة اسم (الوازع)[٤] وكان عليه تنظيم سكناهم وإدارة شؤونهم العامة، كما فعل قصي بن كلاب حين تولى رئاسة قبيلة قريش[٥] وكانت قوة ونفوذ رئيس القبيلة وقدرته على مساومة الآخرين وإقناعهم عاملاً مهماً من عوامل الوحدة السياسة للمجتمع القبلي ببدوه وحضره، وما يفعله مجلس الملأ في اتخاذ القرارات خير دليل على ذلك، وكان مرجع اتخاذ هذه القرارات والقانون الذي يعتمد عليه المجتمع القبلي ببدوه وحضره العرف والعادات والتقاليد، ولا يوجد أي اختلاف بين البدو والحضر في اعتمادهم على ذلك في إداره شؤونهم، فالعرف إذاً كان بمثابة قانون عند الحضر والبدو وعلى الرغم من استقرارهم في المدن، إلا أنهم لم يستطيعوا مغادرة النظام القبلي، وأن التغيرات التي طرأت عليهم شملت ناحية أخرى وهي الاستقرار وترك حياة التنقل، وهذا الاستقرار لعب دوره في نشوء

(١) الأزرقي، أخبار مكة وما جاء من الآثار، تحقيق رشدي الصالح، مكة، ١٩٦٥م، ج١، ص١٠٩.
(٢) حسن إبراهيم، تاريخ الإسلام، ج١، ص٤٨.
(٣) الملاح، الوسيط في السيره، ص٤.
(٤) الملاح، الوسيط في تاريخ العرب، ص٣٨٠.
(٥) الجميلي، قبيلة قريش، ص٣٢ - ١٠٥.

حكومة منظمة كما أشرنا إليه في البداية(١).

ويلاحظ أن وحدة الدم ووحدة الجماعة قد أوجدت قانوناً عرفياً ينظم العلاقة بين الفرد والجماعة على أساس من التضامن بينهم في الحقوق والواجبات، وكانت القبيلة تتمسك به أشد التمسك في المجال السياسي والاجتماعي(٢) وهذه الحالة تنطبق على جميع القبائل البدوية والحضرية، ولم تكن المدينة هي الوحدة السياسية، كما كان الحال عند اليونان، بل كانت القبيلة هي الوحدة، مثل قريش في مكة، وثقيف في الطائف(٣).

يتضح لنا مما سبق أن القبيلة هي أساس التنظيم السياسي عند الحضر، مثلما كانت عند البدو مع اختلاف بسيط فيما بينهم من حيث أن الحضر عرفوا وجود الحكومة، وإن كانت تتكون من القبيلة، لكنها كانت أكثر توسعاً وتنظيماً مما هي عند البدو، وخير مثال على ذلك حكومة الملأ في مكة.

ثالثاً: - التنظيمات الاجتماعية عند الحضر:

إن التنظيمات الاجتماعية عند الحضر مشابهة تقريباً للتنظيمات الاجتماعية عند البدو، على الرغم من وجود بعض الخلاف في بعض النواحي, وهذا الخلاف فرضته طبيعة الحياة عند الحضر متمثلة بـ الاستقرار وعدم التنقل الذي كان عاملاً مهماً من عوامل بروز بعض الوحدات الأكبر من القبيلة، ألا وهي (الشعب)، لأن الاستقرار الدائم على أرض معينة يكون وطناً لهم ومن ثم يتمكنون من تشكيل كيان واسع يمنحونه ولاءهم وإخلاصهم.

فالوحدة التي تقوم عليها الحياة الاجتماعية في الحضر هي القبيلة(٤) لأنهم في الأساس كانوا بدواً، ومن ثم لايستطيعون ترك ومغادرة النظام القبلي والعيش في إطار دولة يتقدم فيها الولاء للوطن والدولة على الولاء للقبيلة(٥) وهذا لا يعني أنه لم يطرأ أي تغير على طبيعة ولائهم، بل ظهرت تغييرات في الواقع الاجتماعي،

(١) ابن سعد، الطبقات، ص٧٥.
(٢) الشريف، مكة والمدينة، ص٣٤.
(٣) المرجع نفسه، ص٢٣.
(٤) الملاح، الوسيط في السيرة، ص٣٨.
(٥) الملاح، الوسيط في تاريخ العرب، ص٣٩١.

فظهرت وحدات أكبر من القبيلة وهي (الشعب) وأطلق هذا المصطلح على الجماعة الحضرية[١] التي تتألف من أكثر من قبيلة وتجمعهم روابط مشتركة، وقد كانت هذه الظاهرة واضحة في اليمن، وإذا كان الولاء للقبيلة يشكل إطار الحياة عند البدوي فإن ولاء الشعب للدولة هو الذي يرسم إطار الحياة عند الحضري في شبه الجزيرة العربية، كما أن الجدير بالذكر هو أن الملكية الجماعية كانت معروفة عند أفراد الأسرة الواحدة، أو مجموعة الأسر عند الحضر وهذه هي الملكية المشتركة للأراضي، وهي القاسم الذي تشترك فيه الأسر والقبائل التي تعيش في إطار الدولة، وتشكل أساس الوحدة الجماعية.

أما بالنسبه لرتب الأنساب في المجتمع الحضري فهي تتكون من الشعب والقبيلة والعمارة والبطن والفخذ[٢] والقبائل تتكون من الشعب. وكان هناك بعض القبائل العربية الكبيرة التي تفرعت عنها عشائر كبيرة تسمى بـ أم القبائل[٣] والعمارة هي ما انقسمت منه أقسام القبيلة كقبيلة قريش وكنانة، والبطن هو ما انقسمت منه أقسام العمارة كبني عبدالمناف وبني مخزوم[٤] والفخد ما انقسمت منه أقسام البطن كبطن بني أمية[٥]، هكذا كانت تقسيمات القبيلة عند أهل الحضر.

ومن المكونات الأساسية للقبيلة الأسرة, والرجل هو عماد الأسرة وربها وصاحب نسبها، والعلاقة الاجتماعية بين أفراد الأسرة قائمة على أساس التضامن الوثيق بين أفرادها، وللنسب دخل كبير في هذا التضامن وهو ما نسميه بـ العصبية القبلية[٦]، وعلى الرغم من وجود التضامن عند الحضر إلا أنه كان ضعيفاً إذا ما قورن مع المجتمع البدوي، وكانت فكرة التضامن في المجتمع البدوي على أوج قوتها، ويرجع السبب في ذلك إلى طبيعة المعيشة عند البدوي التي تفرض عليه التضامن ويتضح ذلك من خلال مساعدة بعضهم البعض في أوقات الشدة والعوز، وبناء على ذلك أوصى عقلاء القوم أبناءهم وعشائرهم الذين يملكون الثروات

(١) المرجع نفسه، ص٣٩١.
(٢) أحمد الواسطي، الوضع الاجتماعي، ص٤.
(٣) الملاح، الوسيط في تاريخ العرب، ص٣٩٠.
(٤) الواسطي، الوضع الاجتماعي، ص٤.
(٥) المرجع نفسه، ص٥.
(٦) ينظر التنظيمات الاجتماعية عند البدو من هذا الفصل.

بضرورة مساعدة الفقراء والمعوزين من أبناء القبيلة، ولقد سئل قس بن ساعدة ما أفضل المال قال: ((ما قضى به الحقوق))[1] فمساعدة الفقراء والمحتاجين من أبرز المظاهر والقيم الخلقية عند المجتمع البدوي والحضري[2] وإن كان التضامن بين أفراد المجتمع الحضري أضعف مما هو قائم في المجتمع البدوي، وخير مثال على ذلك ظهور فكرة الإيلاف في مكة، التي تبناها أبناء عبدمناف وكان الغرض من تطبيق هذه الفكرة هي تحقيق نوع من التوازن الاجتماعي بين الأغنياء والفقراء من خلال مشاركة الفقراء في هذا المشروع التجاري مقابل بعض الحصص في الأرباح نظير أعمالهم[3] إن فكرة مساعدة الفقراء هي امتداد للقيم البدوية في التكافل الاجتماعي بين أبناء العصبية الواحدة.

وفضلاً عما تقدم نرى أن المجتمع الحضري شهد تطوراً اقتصادياً ملحوظاً ولاسيما في المجتمعات التي قامت على التجارة كمكة، وإن هذا التطور الاقتصادي نتج عنه ظهور ظاهرة الغنى والترف وشيوع مظاهر الاستغلال وعلى الرغم من مساعدة الأغنياء للفقراء كما أشرنا إلى ذلك، ظهرت فئة من الأغنياء يعملون من أجل مصلحتهم ولايعملون من أجل المصلحة العامة. وفي هذه النقطة يختلف الحضري عن البدوي الذي كان يعد ثروة الغني ثروة مؤقته وأنه ((مجرد مستودع أو مالك مؤقت لثروتة الخاصة، مهمته أن يوزعها على المحتاجين في القبيلة, ويستخدمها للقيام بواجب الضيافة وفداء الأسرى ودفع الديات))[4] في حين نرى في المجتمع الحضري عكس ذلك لأن بروز طبقة الأغنياء والعمل من أجل مصالحهم الخاصة من دون مراعاة لمصالح الآخرين أثرت بشكل مباشر على ظهور فروق فردية، بحيث أصبح الثراء الفردي هو القيمه العليا في المجتمع[5].

وهكذا فإن العمل من أجل المصلحة الخاصة وعدم مراعاة المصالح العامة في المجتمع الحضري كان له تأثير كبير على بروز مظاهر الاستغلال والاحتكار،

(١) القالي، الأمالي, بيروت، د. ت، ج٢، ص٣٧.
(٢) كستر، الحيرة ومكة، ص٥٠.
(٣) كستر، الحيرة ومكة، ص٥١.
(٤) وات، محمد في مكة، ص١٢٧ - ١٢٨.
(٥) رودنسون مكسيم، حياة النبي والمشكلة الاجتماعية لأصول الإسلام، ترجمة زينب رضوان، مجلة الفكر العربي (الاستشراق) السنة الخامسة، ع٣٢، بيروت، ١٩٨٣م.

وكذلك فإن حبهم للمال جعلهم يمارسون بعض الأعمال لاستغلال الناس فاشتغلوا في جميع الأعمال وحيثما وجدوا الربح منها (كالربا)، وقد حملت هذه المعاملة البعض على وصم التجار بأشنع الأوصاف فقالوا إن التجار هم الفجار[١].

وكذلك فإن حب الحضري للمال جعلهُ يمارس طرقاً عديدة لبيع السلع وخداع الناس، فظهرت أنواع من البيوع المستغلة منها بيع النجش أو الخلع، وهو نوع من الغش يشترك فيه البائع والوسيط على خداع الشاري[٢] وكذلك بيع (الغرر) وهو أقرب ما يكون للمقامرة[٣] وهكذا شهد المجتمع الحضري أنواعاً من الاستغلال والاحتكار فضلاً عن شيوع ظاهرة الغش ويعود السبب في ذلك إلى التطور الاقتصادي الذي نتج عنه ظهور أنواع من المكاييل والموازين، التي كانت تفتقر إلى الدقة، وهذا دليل على ظهور وشيوع الغش عندهم[٤].

وإلى جانب هذه المظاهر السلبية التي ظهرت في المجتمع الحضري والتي شكلت نقطة خلاف بينها وبين المجتمع البدوي، تمسك الحضري ببعض القيم الخلقية التي كانت امتداداً للقيم البدوية، وتمثلت بالتزام أهل الحضر ببعض قيم البداوة (كالكرم والشجاعة، والحكمة)[٥].

وكذلك اتصف الحضر باحترام العهود والمواثيق كما كان الأمر عند البدو، مع اختلاف في نوعية الأحلاف والمواثيق التي كان يعقدها كلا المجتمعين الحضري والبدوي، فكانت السمة البارزة في العهود والمواثيق التي يعقدها البدو ذات صبغة سياسية[٦] في حين نرى أن الأحلاف التي يعقدها الحضر هي محالفات ذات صبغة اقتصاديه (تجارية) أو دينية تجارية تعقد من أجل حماية القوافل التجارية من السلب والنهب[٧]، وكذلك كانت بعض تلك المحالفات ذات صبغة دينية مثل (الحلة, والحمس, والطلس) وهذا النوع من التحالفات كانت تعقد لتنظيم

(١) العلي، محاضرات، ص ١٠١ - ١٠٢.
(٢) حسن، حضارة العرب، ص٢٠٠.
(٣) ابن قيم الجوزية، زاد المعاد في هدى خبر العباد، تحقيق حسن محمد المسعودي، د. م، ١٩٧٣م، ج٤، ص٢٦٣.
(٤) الشريف, مكة والمدينة، ص٢١٦.
(٥) غوستاف لوبون، حضارة العرب، ترجمة عادل زعتر, د. م، ١٩٦٤م، ص٧٧.
(٦) ينظرالحياة الاجتماعية عند البدو في المبحث الأول من هذا الفصل.
(٧) الجميلي، قبيله قريش، ص١١٤ - ١٢٤.

مراسم الحج، فهي عبارة عن حلف مجموعة من القبائل فيحرمون بعض الأشياء في أثناء الحج ويحلون بعضها الآخر، فالحمس تشمل قريش وكنانة وخزاعة ومن ولدته من قريش من سائر العرب[١] والحلة تشمل بقية العشائر والقبائل العربية كتميم ومازن.. الخ، أما الطلس فهم وسط بين الحلة والحمس يصنعون في طوافهم ما تفعله الحلة، ويضعون في ثيابهم ما يضعه الحمس (وهم سائر أهل اليمن وحضرموت)[٢].

وتختلف مكانة المرأة في المجتمع الحضري عن مكانة المرأة في المجتمع البدوي لأن الحياة الحضرية أتاحت للمرأة الحضرية دوراً أكبر وتمتعت بحقوق أوسع، فضلاً عن الدور الذي لعبته المرأة في إدارة شؤون وواجبات البيت، ومشاركتها في الحروب من أجل تضميد الجرحى وتوفير الماء والزاد للجنود، فقد كان لبعض النساء مشاركة في النشاط التجاري, وبرزت بعض التاجرات في المجتمعات الحضرية القائمة على التجارة، وخير مثال على ذلك التاجرة (خديجه بنت خويلد) التي كانت تستأجر الرجال في صفقاتها التجارية[٣] فضلاً عن ذلك فإن من أهم التغيرات التي طرأت على واقع المرأة في المجتمع الحضري هي مسألة (الملكية) أي حق المرأة في التملك، إذ لم يكن للمرأة حق التملك في المجتمع البدوي، وفضلاً عما تقدم فإن المجتمع الحضري أعطى المرأة حق الميراث كما يظهر من بعض الأخبار[٤] وخير مثال على ذلك السيدة خديجة بنت خويلد، إذ كونت ثروتها من الميراث الذي ورثته عن والدها وعن أزواجها السابقين، والشيء الجدير بالذكر هنا هو أن حصة المرأة لم تكن تساوي حصة الرجال.

وعلى الرغم من تطور مكانة المرأة النسبي في المجتمع الحضري إلا أن ذلك لم يمنع من وجود بعض المظاهر السلبية، فالمرأة في المجتمع الحضري مثل أُختها في البادية كانت تتعرض للوأد إلا أن هذه الظاهرة كانت قليلة في المجتمع الحضري، إذا ما قارناها بالمجتمع البدوي، وخير مثال على ذلك أن زيد بن عمر بن

(١) المعقوبي، تاريخ اليعقوبي، بيروت، ١٩٦٠، ج١، ص٢٥٦.
(٢) المصدر نفسه، ج١، ص٢٥٦ - ٢٥٧.
(٣) ابن هشام، السيرة، ج١، ص١٨٧ - ١٨٨.
(٤) ابن حزم، جمهرة أنساب، ص١٢٠.

نفيل القرشي كان يستحيي المؤودات[١].

رابعاً: - الحياة الثقافيه للحضر قبل الإسلام:

كان لطبيعة الحياة الاقتصاديه للحضر دور كبير في الحركة الثقافية وتطورها عندهم، وكان ذلك من خلال ممارسة مهنة التجارة التي شجعت الحضر على الكتابة والقراءة والحساب ومعرفة المكاييل والموازين كما أن اختلاط الحضر بالأقوام المدنية كالفرس والروم أكسبتهم معرفة غنية أثرت بشكل كبير في تثقيف عقولهم وتوسيع مداركهم، وأن ما وصلت إليه قريش في مكة خير دليل على ذلك[٢].

وكانت ثقافة شبه الجزيرة العربية ثقافة موحدة ساعدت العرب على تكوين أمة واحدة على الرغم من حالة الانقسام السياسي الذي كانوا يعيشون في ظله، وكان العنصر الأساسي الذي استندت إليه هذه الثقافة هي اللغة العربية[٣] كما تمثلت في الشعر والأمثال والخطابة... الخ

وكان أبرز مظاهر التعبير الثقافي عند العرب قبل الإسلام ببدوه وحضره هو الشعر والحكم والأمثال والقصص وأخبار أيام العرب, وكان (الشعر) من أولى اهتمامات العرب، إذ كان يعد من أهم المفاخر عندهم، وكان من أبرز نشاطاتهم في هذا المجال هو حضور الأسواق الموسمية التي تتجمع فيها القبائل لسماع شعر الشعراء المشهورين في كل قبيلة[٤] فيقدم كل شاعر أجود ما عنده من الشعر[٥].

وقد تفوق البدو على الحضر في مجال الشعر، وذلك بسبب طبيعة الحياة التي كان يعيشها البدوي، وأبدعوا في وصف الصحراء وحيواناتها كالجمل الذي اتصلت حياتهم به اتصالاً وثيقاً[٦]، إلا أن هذا لايعني بأن الحضر لم يهتموا بالشعر بل على العكس، فإن اهتمام الحضر بالشعر جاء بشكل أكثر تنظيماً مما عند البدو، إذ خصصوا أماكن لتبادل القصيدة وإنشاده، فعلى سبيل المثال لعبت الأسواق عند

(١) ابن هشام، السيرة، ج١، ص٢٤٠.
(٢) حسن إبراهيم، تاريخ الإسلام، ج١، ص٦٤.
(٣) الملاح، الوسيط في تاريخ العرب، ص٣٩٣.
(٤) اليعقوبي، تاريخ اليعقوبي، ج١، ص٢٧٠.
(٥) أحمد شلبي، التاريخ الإسلامي، ص٨١.
(٦) أحمد أمين، فجر الإسلام، ج١، ص٢٢.

الحضر دوراً كبيراً في أن يكون مكاناً مخصصاً لإلقاء الشعر، بل نستطيع القول أن الأسواق كانت تشكل محفلاً أدبياً لأهل الحضر[١].

هكذا كان الشعر بمثابة النهضة الأدبية للعرب قبل الإسلام وكان النوع السائد عندهم هو الشعر الغنائي، وهو عبارة عن أن يؤلف الشاعر الموسيقى والشعر معاً بقوله وتلحينه[٢] ومن الأمثلة على ذلك الشاعر الأعشى الذي لقب بصناجة العرب إذ كان كثير الغناء في شعره[٣]. وفضلاً عما تقدم فقد عرف الحضر أنواعاً أخرى من الفنون الأدبية كالخطابة والأمثال والقصص، فالأمثال تمثل صوت الشعب، لأن دلالتها على ((لغة الشعب أصدق من دلالة الشعر))[٤] وكذلك بالنسبة للقصص التي عرفها المجتمع البدوي والحضري، إلا أن القصص عند الحضر لم تقتصر على أيام العرب مثلما كان موجوداً عند البدو بل تعددت لتشمل أنواعاً متعددة من المواضيع، مثل قصص الأنبياء مع أقوامهم، وقصص الأنبياء آدم ونوح وعيسى التي أخذها الحضر من تعاليم أهل الكتاب من اليهود والنصارى[٥] وكان لهذه القصص أثر كبير في إغناء الحياة الثقافية عند العرب.

خامساً: - الحياة الدينية عند الحضر:

تفوق الحضر في تنظيم الحياة الدينية وتوجيهها على البدو وذلك[٦] لاستقرارهم وقاموا ببناء البيوت للآلهة ومنها بيت العزى واللاة ومناة، وقد حظيت هذه البيوت باحترام كبير من قبل الناس، فكانوا يضعون آلهتهم في تلك البيوتات ويزورنها بشكل منظم وبحسب المراسيم والطقوس التي تسمى الحج[٧] فضلاً عن (الكعبة)[٨].

وكانت طقوس وشعائر أداء فريضة الحج عندهم منتظمة ومتطورة ومهمة

---

(١) اليعقوبي، تاريخ اليعقوبي، ج١، ص٢٧٠ .
(٢) الأصفهاني، الأغاني، ج ٩، ص١٠٩.
(٣) الأصفهاني، الأغاني، ج٩، ص١٢٩.
(٤) أحمد أمين، فجر الإسلام، ج١، ص٦١.
(٥) ابن سعد، الطبقات، ج١، ص٤٠ - ٥٠.
(٦) ينظر الحياة الدينية عند البدو في المبحث الأول من هذا الفصل.
(٧) العلي، محاضرات، ص٢٠٣ - ٢٠٩.
(٨) ابن الكلبي، الأصنام، ص١٤.

بالمقارنة مع البدو، فكان الحج إلى مكة في أشهر معينه، فيخرجون في شهر ذي الحجة لأنه شهر من الأشهر الحرم التي يحرم فيها القتال للطواف حول الكعبة ويذبحون الذبائح قرباناً للآلهة، وكان الطائفون بالكعبة يلبون بقولهم لبيك اللهم لبيك[١] وفضلاً عن الحج كانت هناك (العمرة) وهي ليست من الحج ولكنها طواف بين الصفا والمروة، ولم يكن الحج إلى مكة عاماً بين القبائل[٢].

ولما كان للكعبة مكانة دينية متميزة، قامت قريش بتنظيم أمورها وترتيبها من أجل تسهيل أمور الحجاج وتشجيعهم على العودة لما لـه مـن أهمية اقتصاديـة كبيرة لأهالـي مكة، وقد أنشأت في مكة وظائف متعددة لتلبية احتياجـات الحجـاج. وكـان من أهم هذه الوظائف الحجابة التي يمتلك صاحبهـا مفاتيح الكعبة فيأذن للناس بالدخول إليها[٣] ووظيفة العمارة المتعلقة بعمارة البيت الحرام، وتتمثل في عدم الكلام في المسجد الحرام بهجر ولا رفث وعدم رفع صوته[٤]، والسقاية أيضاً من الوظائف الدينية التي أوجدها افتقار مكة إلى الماء[٥] والرفادة التي هي عبارة عن إطعام الحجاج الذي الذي لم يكن لهم سعة من المال[٦] وكذلك النسيء، وتتعلق هذه الوظيفة بتحديد الأشهر الحرم والحج وكانت عندهم أربعه أشهر لايجوز فيها القتال ويسود فيها الأمن والسلم في معظم نواحي الجزيرة، والأشهر الحرم هي: (ذو القعدة وذو الحجة والمحرم وصفر)[٧].

وقد عرفت الحياة الدينية عند العرب وظيفة الكهانة. وقد ظهر معظم الكهان عند البدو، وذلك لتمركز نشاطهم في المناطق البعيدة عن المدن، إذ كان يؤمهم بعض الناس الذين يعتقدون أن لدى الكاهن القدرة على التنبؤ والعلم بكل شيء، فكان إذا ناب أحدهم أمر يريد معرفة دخيلته أو مستقبله ذهب إلى الكاهن فأخبره بالذي يهمه[٨].

---

(١) المصدر نفسه، ص١٨.
(٢) حسن، حضارة العرب، ص١٧١.
(٣) ابن منظور، لسان العرب، مج١، ص٢٩٨.
(٤) المصدر نفسه، مج١٤، ص٣٩٢.
(٥) الجميلي، قبيلة قريش، ص١٥٥.
(٦) الزبيدى، تاج العروس، ج٢، ص٣٥٥.
(٧) المسعودي، مروج الذهب، ج٢، ص ٢١٤.
(٨) محمد فريد، دائرة معارف، ج٨، ص٢٢٥.

وإلى جانب الديانة الوثنية فقد ظهرت في شبه الجزيرة العربية ديانات أخرى كاليهودية والنصرانية[١] فاليهودية انتشرت في شبه الجزيرة العربية قبل ظهور الإسلام بعدة قرون بعد أن تغلب الامبراطور الروماني (طيطس) على القدس سنة ٧٠م فشتت يهودها، فنزحوا إلى شبه الجزيرة العربية وسكنوا في خيبر وفدك وتيماء ويثرب واليمن والبحرين واليمامة وغيرها فنشروا فيها ديانتهم[٢].

أما النصرانية فقد انتشرت في الجزيرة العربية، فتنصرت بعض القبائل العربية في نجران واليمن والحيرة[٣] وإن النصرانية التي دخلت شبه الجزيرة العربية كانت تحمل في طياتها شيئاً من الثقافة اليونانية[٤].

ويلاحظ أن عقيدة الشرك كانت قبيل ظهور الإسلام في ضعف وتراجع أمام دعوات التوحيد فظهرت الديانة الحنيفية[٥] وهي بقايا دين إبراهيم الخليل، وكان لها أتباع مثل ورقه بن نوفل، وعثمان بن الحويرث وزيد بن عمرو بن نفيل وغيرهم، وكان هؤلاء ينكرون على قريش عبادتها للأصنام ويقرون بأن هذه الأصنام لاتضر ولا تنفع ولا تهدي إلى معرفه الله ومن أشهر طقوسهم الدينية هو تحريم أكل الذبائح التي كانت تذبح للأصنام[٦] وعارضوا أيضاً في كثير من الأحيان مسالة (وأد) البنات[٧] فكانوا دائمي البحث عن الدين الحق، وهكذا كانوا يشكلون فئة مستنيرة في المجتمع العربي قبل الإسلام، لأنهم رفضوا الاستسلام لتقليد الآباء والأجداد، ومهدوا الطريق لظهور رسالة الإسلام التي أكدت أنها دين الحنيفية السمحة، وأنها امتداد لديانة إبراهيم عليه السلام[٨].

---

(١) وات، البدو، ص٣٩.
(٢) ناجي معروف، اصالة الحضارة العربية، بيروت، ١٩٧٥، ص١٣٤.
(٣) المرجع نفسه، ص١٣٤.
(٤) جواد علي، المفصل، ج٦، ص٦٢٩ - ٦٣٠.
(٥) ابن هشام، السيرة، ج١، ص٢٣٩.
(٦) ابن إسحاق، المغازي والسير، الرباط، ١٩٧٦م، ص٩٨؛ ابن هشام، السيرة، ج١، ص٢٤٠.
(٧) ابن هشام، السيرة، ج١، ص٢٣٩ - ٢٤٢.
(٨) الملاح، الوسيط في تاريخ العرب، ص٤١٨ - ٤١٩.

الفصل الثاني

الحياة في مكة بين

قيم البداوة وقيم الحضارة

بعد أن تحدثنا عن طبيعة الحياة البدوية والحضرية في شبه الجزيرة العربية فإن من الضروري الحديث عن تلك الطبيعة في مكة كونها كانت مركز الحياة الدينية والثقافية في شبه الجزيرة العربية قبل الإسلام، فضلاً عن دورها المتميز في مجال التجارة والسياسة. كما أن هذه المدينة قد غدت منذ ظهور الإسلام مهد الدعوة الإسلامية ومركز انطلاقها وقد توحدت شبه الجزيرة العربية تحت رايتها، ومن ثم ذهبت تنشر قيمها ومبادئها في شتى أنحاء العالم.

١ـ أصول قبيلة قريش البدوية:

عند دراسة تأريخ قبيلة قريش فإن المصادر التاريخية تتحدث عن مرحلة مجيئ قريش إلى مكة واستقرارها، وإن لفظة قريش تعني التقرش أو التجمع[١] فلما استقرت قريش في مكة سميت قريشاً وذلك لتجمعهم بعد تفرقهم[٢]. وكان يقال لهم قبل استقرارهم بنو النضر[٣] وبعد فإن كلمه استقرار[٤] إن دلت على شيء فإنها تدل دلالة واضحة على أنهم لم يكونوا مستقرين قبل مجيئهم إلى مكة، فبعد ما جاءوا إلى مكة استقروا وتحضروا وشكلوا حكومة ونظموا أمورهم الإداريه.. الخ وسنتطرق للكلام عنها في المباحث التالية.

وعلى ضوء ما تقدم نستنتج أن القريشيين كانوا غير مستقرين أي متنقلين وإن التنقل هي من صفة البدو الرحل, فإنه لا بدّ من أن تكون لهم أصول بدوية, وإن استقرارهم في مكة لا يعني أنهم تركوا حياة البداوة بشكل نهائي ذلك لأن أهل

---

(١) ابن سعد، الطبقات، ج١، ص٦٩؛ ابن الأثير، الكامل في تأريخ، بيروت، ٢٠٠٥م، ج٢، ص٢١.

(٢) ابن سعد، الطبقات، ج١، ص٦٩ - ٧١؛ المسعودي، مروج الذهب، ج١، ص١٧٧.

(٣) ابن هشام، السيرة، ج١، ص٩٧.

(٤) ابن سعد، الطبقات، ص٦٩ - ٧١.

الحواضر مثل أهل مكة لم يستطيعوا مغادرة النظام القبلي لأن مدة استقرارهم في مكة لم تكن كافية لتغيير نظام حياتهم الاجتماعية والسياسية، كما أن عيش أهل هذه المدن في بيئة يغلب عليها الطابع البدوي، والدخول في شبكة من العلاقات الاقتصادية والسياسية مع البدو, جعل أمر تحولهم من الحياة القبلية إلى الحياة المدنيه يسير ببطء شديد[١].

وثمة دليل آخر على بدوية قريش وهي أن بعض هؤلاء القريشيين عندما أسكنهم قصي في مكة فضلوا العيش في أطراف مكة وأبقوا على طريقة حياتهم البدوية. وهكذا فإن قريشاً وإن تحضرت, فإنها لم تستطع مغادرة طريقة العيش البدوية, وبقيت متمسكة ببعض العادات والتقاليد البدوية, وكانت هذه الأعراف والتقاليد بمثابة قانون وكان أساس هذه الأعراف يتمثل عندهم في العصبية القبلية.

٢ـ استقرار قريش في مكة:

تعد محاولة قصي بن كلاب إسكان قريش في مكه نقلة كبيرة ومهمة في حياة قريش إذ نقلها من البداوة إلى الحضارة وغيّر مجرى حياتها على نحو تدريجي، فبعد ما كانوا يعيشون حياة البداوة في تهامة وفي أطراف مكة، أصبحوا يعيشون حياة حضرية في مكة وبصورة دائمية وأنزل كل قوم من قريش منازلهم في مكة التي أصبحوا فيها[٢].

وبعد ما أجلى قصي بن كلاب في القرن الخامس الميلادي خزاعة عن مكة وأنزل فيها قريشاً[٣] أخذت قريش تمارس حياتها في جميع النواحي الاقتصادية والسياسية والاجتماعية والثقافية على وفق مقتضيات الحياة الحضرية[٤]. وبعد أن استتبت الأمور في مكة لقصي وتولى شؤون إدارتها وتمت له السيادة عليها، قام بتجميع أبناء قبيلته (قريش) وإسكانهم في مكة من أجل أن ((يستعز))[٥] أي يقوي حكمه ومركزه مستنداً على تأييدهم له. وقد ذكر أن قصياً قام بتقطيع ((مكة رباعاً بين قومه، فأنزل كل قوم من قريش منازلهم في مكة التي أصبحوا عليها، ويزعم

---

(١) الملاح، الوسيط في السيرة، ص٣٨.
(٢) ابن هشام، السيرة، ج١، ص١٣٢؛ ابن الأثير، الكامل، ج٨، ص٢٢.
(٣) ابن هشام، السيره، ج١، ص١٣١.
(٤) خليل عبدالكريم، قريش من القبيلة إلى الدولة المركزية، مصر، ١٩٧٧، ط١، ص٢٥.
(٥) الأزرقي، اخبار مكة، ج١، ص١٠٧.

الناس أن قريشاً هابوا قطع شجر الحرم من منازلهم فقطعها قصي بيده وأعوانه فسمته قريش مجمعاً لما جمع من أمرها))[١].

نستنتج من النص المتقدم بأن مكة كانت خالية من المساكن قبل أن يقوم قصي بإسكان قريش في بطن واديها وحول البيت الحرام، وهو ما ذهب إليه الدكتور جواد علي بقوله: ((أن بطن مكة لم يعمر ولم تبن البيوت المستقرة فيه إلا منذ أيام قصي))[٢] غير أن إستقراء الروايات التي وردت في مختلف المصادر لاتؤيد هذا الرأي وترجح القول بأن بطن مكة كان فيه منازل لأبناء قبيلة خزاعة وربما لغيرهم أيضاً. فقد أورد الأزرقي رواية عن التحكيم الذي جرى بصدد النزاع بين قصي وخزاعة حول ولاية البيت، فتسلم خزاعة ولاية البيت إلى قصي ((وأن لاتخرج خزاعة من مساكنها من مكة))[٣] وفي رواية أخرى لنفس المؤرخ يؤيد استمرار إقامة خزاعة في مساكنها في مكة جاء فيه: ((فولي قصي بن كلاب حجابة الكعبة وأمر مكة وجمع قومه من قريش من منازلهم إلى مكة يستعز بهم وتملك على قومه فملكوه، وخزاعة مقيمة بمكة على رباعهم وسكناهم لم يحركوا ولم يخرج منها فلم يزالوا على ذلك))[٤] وفي رواية أخرى أوردها الطبري تؤكد سكن خزاعة في بطن مكة وتشير إلى أن قسماً منهم قد غادر مكة بسبب الوباء مما أفسح المجال لتملك أبناء قبيلة قريش لمساكنهم ويذكر الطبري: ((فبلغنا - و الله أعلم - أن خزاعة أخذتها العدسة، حتى كادت تغينهم، فلما رأت ذلك جلت عن مكة، فمنهم من وهب مسكنه، ومنهم من باع، ومنهم من أسكن))[٥].

يتضح مما تقدم أن مكة كانت مدينة عامرة بالمساكن قبل أن يتولى قصي إسكان قبيلة قريش فيها، وإن انتقال قريش إلى مكة كان عن طريق انتزاع قصي مكة من خزاعة بعد أن تحالف مع قضاعة[٦] وانتزعها بقوة منهم وفعلاً نجح في ذلك. وإن هذا النجاح يشكل نقطة تحول مهمة في حياتهم, لأن ذلك حول قريشاً من قبيلة

---

(١) ابن هشام، السيرة، ج١، ص١٣٢؛ ابن الأثير، الكامل، ج٢، ص٢٢.
(٢) المفصل، ج٤، ص٥٢.
(٣) أخبار مكة، ج١، ص١٠٧.
(٤) المصدر نفسه، ج١، ص١٠٧.
(٥) تاريخ الرسل والملوك، تحقيق محمد أبو الفضل إبراهيم، مصر، ١٩٦٨م، ج٢، ص٢٥٦.
(٦) ابن هشام، السيرة، ج١، ص١٣١.

تعيش حياة بدوية متنقلة تسكن الجبال والشعاب في أطراف مكة^(١) إلى قبيلة قوية تسكن في مكة.

ويلاحظ أن قصياً لم يقم بإسكان جميع بطون قبيلة قريش في بطن مكة، فأسكن قسماً منهم في بطاح مكة^(٢) وعرفت تلك البطون بقريش البطاح^(٣) وكانت تضم غالب أبناء قبيلة قريش، ((وقد اتخذوا البيوت سكناً لهم واستقروا فيها وأصبحوا أهل المدر أي تحضروا فالأباطح هم لباب قريش وصميمها الذين اختطوا بطحاء مكة وسرتها فنزلوها))^(٤) أما القسم الآخر من البطون فلم تنزل مع قصي أبطح مكة بل بقيت خارج الوادي وقد عرفت بقريش الظواهر، وكانت تغلب عليهم حياة الفقر والبداوة^(٥) وعاشوا عيشة بدوية في أطراف مكة^(٦) ويصفهم أهل الأخبار بأنهم كانوا أعراباً، أي بدواً وإن وإن لم تكن بدويتهم تامة، ولقد وصفهم أحمد إبراهيم الشريف بأنهم كانوا نصف متمدنين^(٧)، وكانو يفتخرون على قريش البطاح وأنهم كانوا يحمونهم ومنهم الأحابيش.

إن ما تقدم، يفرض على الباحث دراسة مظاهر الحياة البدوية في قبيلة قريش تمهيداً للحديث عن جوانب الحياة الحضرية عندها، وهو ما سنتولى القيام يه في المباحث الآتية:

---

(١) اليعقوبي، تاريخ اليعقوبي، ج١، ص٢٣٦ - ٢٣٧.
(٢) الملاح، الوسيط في تاريخ العرب، ص٢٧٩.
(٣) ابن سعد، الطبقات، ج١، ص٧؛ المسعودي، مروج الذهب، ج٢، ص٥٨؛ ابن عبد ربه، العقد الفريد، بيروت، ١٩٩٩م، ج٢، ص٧١؛ الثعالبي، ثمار القلوب، تحقيق محمد أبو الفضل إبراهيم، مصر، ١٩٦٥م، ص٩٦.
(٤) الثعالبي، ثمار القلوب، ص٩٦.
(٥) ابن سعد، الطبقات، ج١، ص٧١؛ العلي، محاضرات، ص١٠٨.
(٦) جواد علي، المفصل، ج٤، ص٢٨.
(٧) مكة والمدينة، ص٢٢٥.

المبحث الأول: محافظة قريش على بعض قيم البداوة

تكلمنا في الفصل الأول عن نمطين من أنماط الحياة في مجتمع ما قبل الإسلام، وهما النمط البدوي والنمط الحضري، وكيف أن هذين النمطين كانا مختلفين عن بعضهما، وقد برز هذا الاختلاف بروزاً جلياً بعد أن أصبح المجتمع المكي مجتمعاً عربياً متطوراً تلتقي فيه وتصب كل ملامح الأصالة البدوية، ونزعة التقدم الحضرية فانكشفت في مكة كل تناقضات الواقع الاجتماعي والاقتصادي والروحي والفكري التي كانت تنطوي عليها[١].

وأمام هذين التناقضين لا بدّ لنا من الإشارة إلى القيم البدوية التي بقيت قريش متمسكة بها وحتى بعد استقرارها وتحضرها، وقد أصبحت هذه القيم والأصول في صراع مع القيم الحضرية، وأهم هذه الأصول هي:

أولاً: - النظام القبلي:

إن أساس التشكيلة الاجتماعية عند البدو قائم على التنظيم القبلي[٢], وقد حافظت قريش على ذلك، عندما أنزلهم قصي في مكة وأصبحوا القبيلة الأساسية في مكة[٣] وأطلق عليهم أمم (الصرحاء)[٤] أي أبناء القبيلة الأصليون أي كل من ينتمي إلى قريش، ويلاحظ أن قريشاً نفسها كانت منقسمة على قسمين، قريش البطاح وهم أولئك الذين عاشوا داخل مكة، وقريش الظواهر وهم الذين عاشوا في أطراف مكة، وقريش البطاح هم عامة بطون قريش، أما قريش الظواهر فهم أربعة بطون من قريش[٥] والدليل الآخر على حفاظ القريشيون على القيم البدوية هو حرص رجال قريش على وحدة القبيلة ونظامها، ويتضح ذلك جلياً عندما قام زعيمهم قصي بن كلاب بتوزيع المناصب الإدارية والدينية على جميع بطون قبيلة قريش[٦].

في نفس الوقت الذي ساهم فيه استقرار قريش في مكة في المحافظة على

---

(١) الشريف، مكة والمدينة، ص٢٤٥.
(٢) ينظر الحياة الاجتماعية عند البدو من المبحث الأول في الفصل الأول.
(٣) الملاح، الوسيط في السيرة، ص٤٢؛ الشريف، مكة والمدينة، ص٢٢٤.
(٤) الشريف، مكة والمدينة، ص٢٢٤.
(٥) ابن سعد، الطبقات، ج١، ص٧١.
(٦) ينظر التنظيمات الإدارية والسياسية في مكة من هذا الفصل.

وحدة القبيلة، عمل هذا الواقع على ضعف الرابطة القبلية وتفككها، لأن من نتائج التطور الاقتصادي الذي شهده المجتمع المكي من خلال ممارستهم للعمليات التجارية شيوع مظاهر الغنى والترف والإسراف وظهور فئات عديدة مستقلة تسعى لخدمة مصالحها دون مراعاة لمصالح الآخرين، وقد أدى ذلك إلى ظهور نمط اجتماعي لا تستند مقوماته على المبادئ العليا القديمة القائمة على مبدأ التكافل الاجتماعي[١] بل أصبح الثراء الفردي هو القيمة العليا في المجتمع[٢] وكان القريشيون فيما بينهم يتفاوتون في الجاه والمنزلة ففيهم الأغنياء أصحاب الثراء الفاحش، الذين كانت الوظائف الأساسية حكراً عليهم لما يمتلكونه من مال وما يمثلونه من قوة مالية وتجارية للمجتمع المكي[٣] حتى وصل الأمر بقسم منهم إلى إقراض المال وأخذ الفوائد، وهو الربا الذي ورد ذكره في القرآن الكريم[٤].

ومن جهة أخرى وعلى الرغم مما شهدته مكة من التطورات في الجوانب الحضارية المتمثلة بوجود دار الندوة[٥] وانتقال قيادة مكة بعد وفاة قصي بن كلاب إلى (ملأ قريش) الذين يمثلون أقلية ذات رؤوس أموال وتجارة واسعة تولت مناصب مكة[٦] وبذلك بدأت قريش بالانتقال من النظام القبلي إلى ما يشبه نظام دولة المدينة المحدودة[٧] إلا أن هذا التحالف الجديد الذي أوجدته ظروف مكة بين رجال الملأ بعد وفاة قصي كان من أجل ايجاد حالة من التكافؤ والتوازن بين القوى المتنامية في مجلس الملأ ومن ثم كان عاملاً مهماً في استمرار قريش وتمسكها بوحدة القبيلة والتي هي أصلاً من أصول الحياة البدوية التي ظلت قريش تتمسك بها.

---

(١) رودنسون، حياة النبي، ص١٣.
(٢) حسين قاسم العزيز، موجز تاريخ العرب والإسلام، بيروت، ١٩٧١م، ص٩٣.
(٣) أحمد عباس صالح، اليمين واليسار في الإسلام، بيروت، ١٩٧٢م، ص٣٤.
(٤) سورة آل عمران، الآية ١٣.
(٥) ينظر التنظيمات الحضرية في مكة من هذا الفصل.
(٦) صالح، اليمين واليسار، ص٢٥.
(٧) هاشم يحيى الملاح، دولة المدينة بين أثينا ومكة، مجلة آداب الرافدين، ع٤٠، الموصل، ١٩٧٤ م، ص٧٦.

ثانياً: - العصبية القبلية:

تعد العصبية القبلية قيمة أخرى من القيم البدوية التي تمسكت واحتفظت بها قريش بعد استقرارها في مكة، وكان التضامن الاجتماعي مظهراً من مظاهرها، وكان أبناء قريش يلتزمون بكل ما ينظمه العرف القبلي من حقوق وما يفرضه عليهم من واجبات على أساس التضامن التام بين الفرد والجماعة، ويتجلى ذلك عندما تبنى أبناء عبد مناف فكرة الإيلاف التي سعت إلى تحقيق التوازن الاجتماعي في مكة من خلال إشراك الفقراء في التجارة مقابل بعض الحصص من الأرباح نظير أعمالهم[١].

ويعد هذا التحالف التجاري رمزاً للتعاون والتضامن فيما بينهم، حتى كادوا يكونون وكانهم شركاء مساهمون في شركة تجارية عامة، يساهم فيها كل من يجد عنده شيئاً من المال[٢] وهكذا لعب أبناء عبد مناف دوراً مهماً في مساعدة الفقراء والمحتاجين[٣] وإن هذا يفسر لنا مدى التزام أهل مكة بالمثل والقيم العليا البدوية ويرى كستر أن فكرة الإختلاط بين الغني والفقير كانت تعبر عن المثل الأعلى في المجتمع العربي قبيل الإسلام وهو مثل أعلى يدعو الأغنياء إلى العناية بالأسر المحتاجة[٤] وعلى الرغم من ذلك فلا يمكن تعميم هذه المسالة على المجتمع المكي بأكمله إذ كان من نتائج التطور الاقتصادي الذي شهده المجتمع المكي شيوع مظاهر الغنى وظهور أشكال عديدة من الاستغلال إذ عرف المكيون أنواعاً من البيوع القائمة على الغموض[٥] وماكان يصحبها في ذلك الوقت من ضروب الغش والمضاربة والاستغلال والربا، وقد عملت كل هذه المظاهر على ابتعاد المجتمع المكي عن القيم العليا القائمة على مبدأ التكافل بين الأغنياء والفقراء[٦].

ثالثاً: - العادات والتقاليد:

بما أن قريشاً ظلت محتفظة بوحدة القبيلة وعاشت عيشة قبلية بدوية لذلك

(١) كستر، الحيرة ومكة، ص٥١.
(٢) جواد علي، المفصل، ج٤، ص٣٦.
(٣) كستر، الحيرة ومكة، ص٥٠.
(٤) كستر، الحيرة ومكة، ص٥١ - ٥٢.
(٥) ينظر محور الصراع بين قيم الحضارة والبداوة في مكة من هذا الفصل.
(٦) ينظر على سبيل المثال سورة المطففين، الآية ١ - ٣.

تمسكت أيضاً بالعادات والتقاليد البدوية وكانت بمثابة قانون وعرف لأهل مكة، وتجلى ذلك في العصبية القبلية ويعد التضامن الاجتماعي بين أبناء القبيلة الواحدة من أهم مظاهرها، ولعل من أهم صور هذا التضامن هو (الثأر) وقد عمل التطور الحضاري الذي شهده المجتمع المكي على التخفيف من حدة مسألة الثأر، وذلك لوجود حكومة منظمة (رجال الملأ)[١] الذين أخذوا على عاتقهم مهمة تسوية الخلافات بين أبناء المجتمع بشكل سلمي، فالتطور الحضاري هذب هذه العادة إلى حد ما، وبدلاً من لجؤ المتخاصمين إلى مبدأ العين بالعين والسن بالسن[٢] للأخذ بالثأر، أخذوا يلجأون إلى حكومة الملأ لتسوية الخلافات فيما بينهم على الصعيد الفردي، وأما على الصعيد الجماعي فإن التطور الحضاري المتمثل باستقرار أهل مكة ومزاولتهم للتجارة، ألزم أهلها بالابتعاد عن الحروب والغزو وعن خلق المشكلات، وجعلهم يفضلون حل المعضلات بالمفاوضات أولاً وبالسلم[٣] وهكذا عمل الواقع الحضاري على أن تضعف عند أهل مكة روح الحرب والامتناع عن الغزو، وهذا دليل على أن أهل مكة ونتيجة لاستقرارهم ابتعدوا عن أحد أصول الحياة البدوية ألا وهو (الغزو والحرب) وجنحوا إلى السلم.

وتعد المفاخرات القبلية صورة أخرى من صور التضامن الاجتماعي واحدى القيم البدوية، وقد ظل المجتمع المكي محتفظاً بها وكانت المواسم التجارية والمناسبات الدينية لا تمر دون المفاخرة بالأنساب والإشادة بمجد القبيلة، وكانت الأسواق التجارية والمناسبات الدينية فرصة يلتقي فيها الشعراء والخطباء للتناشد[٤] وكان سوق عكاظ أحد الأماكن المهمة التي كان القريشيون يحضرونها لأغراض التفاخر والتنافر[٥].

أما على الصعيد الاجتماعي فقد احتفظت قريش ببعض القيم والأصول البدوية فيما يتعلق بالتعامل مع النساء والموالي والرقيق، وعلى الرغم من تأكيد

(١) ينظر محور التنظيمات الإدارية والسياسية في مكة من هذا الفصل.
(٢) شلبي، التاريخ الإسلامي، ص٣٢.
(٣) الشريف، مكة والمدينة، ص١١٧.
(٤) الزمخشري، أساس البلاغة، بيروت، ١٩٧٩م، ص٤٣١.
(٥) حقي اسماعيل إبراهيم، أسواق العرب التجارية في شبه الجزيرة العربية، عمان، ٢٠٠٢م، ص٨٨ - ٩٥؛ سعيد الأفغاني، أسواق العرب، ١٩٦٠م، ص١٩٤ وما بعدها.

الحموي على حصول تغيرات في هذا المجال بالاتجاه الحضري فيقول: ((إن قريشاً كانوا حلفاء متألفين متمسكين بكثير من شريعة إبراهيم، ولم يكونوا كالأعراب (أي البدو) وتباعدوا في المناكح من البنت وبنت البنت والأخت وبنت الأخت... وكانوا يتزوجون بالصداق والشهود ويطلقون ثلاثاً...))[١] والحقيقة إن هذا يصح بعدما استقرت قريش وتحضرت وإن هذه التحولات جاءت نتيجة التطور الاقتصادي الذي شهدته مكة مما أعطى مجالاً أكبر للمرأة لكي تبرز إلى حيز الوجود، فأصبح للمرأة حق التملك في المجتمع الحضري[٢] ومع ذلك فقد استمرت قريش في المحافظة على بعض التقاليد القبلية وكان من جملة التقاليد البدوية التي اتبعتها قريش تجاه المرأة هو مشاركتها في الحروب وتشجيع المقاتلين وبعث روح الحماس وكن يضربن الدفوف في الحروب[٣] فضلاً عن ظاهرة وأد البنات التي كانت موجودة في المجتمع المكي أيضاً ويشير الأبشيهي إلى أنه كان في مكة جبل يقال له أبو دلامة، كانت قريش تئد فيه البنات[٤] وإذا صحت هذه الرواية فإنه ربما كانت عند قريش الظواهر الذين يعيشون في أطراف مكة عيشة بدوية، على عكس قريش البطاح التي ابتعدت عن هذه الظاهرة السلبية، ويلاحظ أن قريشاً لم تكتف بالتخلي عن ظاهرة وأد البنات بل عملت على نبذها وحماية المرأة وخير دليل على ذلك أن هناك إشارة إلى أن زيد بن عمرو بن نفيل كان يستحيي المؤودات[٥] وكان يشتري البنات ويفديهن من القتل[٦].

وإن مما يجدر ذكره في هذا المجال أنه في مقابل تمسك المجتمع المكي ببعض مظاهر حياة البداوة، فقد برزت بعض المظاهر التي تدل على ابتعاد هذا المجتمع عن عصبية البداوة وميله إلى روح التسامح والتمازج الحضرية. وقد تجلى ذلك في ظاهرة كثرة الموالي في المجتمع المكي، فقد كثر الموالي في مكة لأسباب

(١) معجم البلدان، مج٥، ص١٨٤.
(٢) عبدالرحمن، المثل والقيم، ص١٧١ - ١٧٢.
(٣) ابن هشام، السيرة، ج٢، ص٦١ـ ٦٢.
(٤) المستطرف في كل فن مستظرف، قدم له وظبته وشرحه صلاح الدين الهواري، بيروت، ٢٠٠٠م، ص٥٤٠.
(٥) ابن هشام، السيرة، ج١، ص٢٤٠.
(٦) الأبشيهي، المستطرف، ص٥٤٠.

عديدة ! من أهمها وجود البيت الحرام في مكة ووحدة أهلها واستقرار الأمور فيها مما دفع الكثير من الأشخاص الذين لا ملجأ لهم للجوء إليها، محتمين بحرمتها[١] فضلاً عن أن حياتها التجارية أتاحت لطلاب الكسب المجال ليساهموا في الأعمال التجارية بدعم من تجار قريش[٢] ومن هذا المنطلق عرف المجتمع المكي فئة الموالي[٣].

وقد لعب الموالي دوراً مهماً في شتى مجالات الحياة الاقتصادية والسياسية في مكة وتمتعوا بمنزلة رفيعة عند قريش[٤] وفي مقابل ذلك فقد استفادت قريش منهم كمقاتلين قاتلوا إلى جانبها، واعتمدت عليهم اعتماداً كبيراً في صراعها مع يثرب[٥].

نستنتج مما سبق بأن التطور الحضاري للمجتمع المكي كان عاملاً من عوامل وصول الموالي إلى هذه المكانة الرفيعة. فعملت قريش على الاستفادة منهم وتوظيفهم في أعمال متعددة. وكذلك عاش مع القريشين مجموعة أخرى من غير العرب وكانوا دخلاء على مكة من خارج شبه الجزيرة العربية، وهم الرقيق أي العبيد[٦] ويتألفون من نوعين، الرقيق الأبيض والأسود, وأن وجود الرقيق بنسبة كبيرة في المجتمع المكي دليل على ما وصل إليه هذا المجتمع من التحضر. واستفاد أهل مكة من الرقيق في القيام بالأعمال المنزلية والحرفية غيرها[٧].

ومن القيم البدوية الأخرى التي تمسك بها أهل مكة نظام الحلف أو الجوار، فبالنسبة للحلف فإن هذا النظام له أهمية كبيرة في الحياة الاجتماعية والسياسية، فهو على المستوى القبلي يمثل القوة المساعدة للقبيلة المتحالفة وهذا ما فعلته مكة عندما أخذت الحلفاء واستفادت منهم كقوه عسكرية ولاسيما أثناء صراعها مع يثرب[٨] وإن هذه الأحلاف لم تشمل أحلافاً سياسية ودينية فقط بل

---

(١) الشريف، مكة والمدينة، ص٢٢٦.
(٢) محمد عزة دروزه، عصر النبي وبيئته قبل البعثة، بيروت، ١٩٦٤م، ص١٦٦.
(٣) الشريف، مكة والمدينة، ص٢٢٦.
(٤) دروزة، عصر النبي، ص١٦٦.
(٥) الشريف، مكة والمدينه، ص٢١٧.
(٦) الجميلي، قبيلة قريش، ص٣٧؛ الشريف، مكة والمدينة، ص٢٢٨.
(٧) جواد علي، المفصل، ج٤، ص١٤.
(٨) الشريف، مكة والمدينة، ص٢٢٧.

شملت أحلافاً تجارية أيضاً[١]. ولما كان المجتمع المكي مجتمعاً يسوده الأمن والاستقرار. لهذا تحالفت القبائل العربية معها، سواء أكان ذلك على الصعيد الفردي أم على الصعيد الجماعي.

والحلف هو في الأساس تنظيم من التنظيمات البدوية، وإن الجوار أيضاً من القوانين الأساسية في المجتمع القبلي التي احتفظت بها قريش، وقد كان للأمن والاستقرار اللذين تمتعت بهما مكة دور في استمرار عادة الجوار فيها، وذلك لأن طالبي الحلف أو الجوار كانوا يأتون إلى مكه لسببين، إما ليحجوا في الكعبة لحرمتها، أو يأتون إليها بسبب جناية أو جريمة فيضعـون أنفسهم تحت حماية قريش[٢] كما أن منهم من يأتي طالباً الكسب والعيش, على أساس أن مكة مركزاً تجارياً، وهي بحاجة إلى يد عاملة تقوم بالأعمال الصناعية، وفضلاً عما تقدم فإن قسماً من التجار كانوا يأتون إلى مكة ليساهموا في الأعمال التجارية بدعم من تجار قريش[٣] فيصبحون حلفاء لهم.

(١) ينظر ص ٥٦ ـ ٥٨ من الأطروحة.
(٢) دروزة، عصر النبي، ص١٦٦.
(٣) المرجع نفسه، ص١٥٨.

أولاً: - التنظيمات الإداريه والسياسية في مكة

رافق عملية استقرار قريش في مكة في عهد قصي- بن كلاب تنظيمات إدارية وسياسية واجتماعية وثقافية، وانتقلت مكة في عهده نقلة حضارية واضحة في جميع المجالات الآنفة الذكر، وكان إسكانه لقبيلة قريش في مكة وجعلها مستقرة ذات عمران من أهم تلك النقلات، ومن أجل استمرار هذا التطور عمل على تقوية زعامته وترسيخها. فتولى الوظائف ذات الطبيعة السياسية والإدارية والمالية ((فكانت إليه الحجابة والسقاية والرفادة والندوة واللواء، فحاز شرف مكة كله))[١].

وعلى الرغم من أن بعض هذه الوظائف كانت لا تخلو من بعد ديني كالحجابة وهي ((أن تكون مفاتيح البيت عنده فلا يدخله أحد إلا بإذنه))[٢] والقائم بهذا الأمر يسمى السادن أي خادم الكعبة[٣] فإن الطابع الإداري والمالي كان هو الغالب على ما يبدو، كما وجدت في مكة بعض الوظائف الأخرى ذات الطبيعة الدينية البحتة كالوظائف التي لها صلة بمناسك الحج كالإجازة بالحج والإفاضة، فضلاً عن وظيفة النسيء (التي تتعلق بتحديد الأشهر الحرم إذ يكون القتال فيها حراماً ويسود السلم والأمن وهي أحوال ضرورية للتنقل وممارسة التجارة وغيرها، وكانت الأشهر الحرم في قريش هي ذو القعدة وذو الحجة والمحرم وصفر والعمرة[٤] فضلاً عن الإفاضة يوم النحر إذ (يفيض الناس من منى إلى مكة)[٥] وهي من شعائر الحج وإحدى أركانه الأساسية منذ أن قام الحج[٦] وقد أبقى قصي الوظائف ذات الطبيعة الدينية البحتة بيد أصحابها القدماء وذلك لأن قصياً كان ((يراه ديناً في نفسه لاينبغي تغييره))[٧].

---

(١) ابن هشام، السيرة، ج١، ص١٣١.
(٢) المصدر نفسه، ج١، ص١٣١.
(٣) المسعودي، مروج الذهب، ج٢، ص٢١٤؛ ابن منظور، لسان العرب، مج١، ص٢٩٨؛ ناجي معروف، أصالة الحضارة، ص١٠٩ - ١١٠.
(٤) المسعودي، مروج الذهب، ج٢، ص١٧٤ - ١٧٥.
(٥) ابن منظور، لسان العرب، مج٢، ص١١٥.
(٦) ابن هشام، السيرة، ج١، ص١٢٥.
(٧) المصدر نفسه، ج١، ص١٣١.

فضلاً عن الوظائف الآنفة الذكر، فقد استحدثت في مكة بعض الوظائف الإدارية الأخرى لتنظيم أمور المدينة على الصعيدين الداخلي والخارجي، وبقيت هذه الوظائف قائمة حتى مجيء الإسلام، ومن أهم تللك الوظائف:

١ـ دار الندوة:

كان من آثار استقرار قريش في مكة بناء دار الندوة من قبل قصي بن كلاب وجعل بابها إلى المسجد الحرام(١) فأصبحت بمثابة دار للحكومة تدار فيها جميع الأمور المتعلقه بالقبيلة إذ كانت تدار فيها أمور قريش ((فما تنكح امرأة ولا يتزوج رجل من قريش وما يتشاورون في أمر نزل، بهم ولايعقدون لواءاً لحرب قوم من غيرهم ألا في داره، يعقده لهم بعض ولده، وماتدرع جارية إذا بلغت أن تدرع إلا فيها))(٢) وكانت الاجتماعات تدار برئاسة قصي في حضور الملأ ((وهم وجوه الناس ورؤساؤهم ومقدموهم من أهل المشورة, وأهل الحل والعقد وهم ذوو القوة والبأس في مكة))(٣).

ويعد العمل الذي قام به قصي في بناء دار الندوة عملاً حضارياً مهماً فقد استطاع بهذا العمل أن يضع نظاماً إدارياً لإدارة شؤون مكة على قاعدة الشورى، إذ كانت المناقشات تدور وتتم بحرية بعيداً عن الإجراءات والشكليات من أجل الوصول إلى قرارات تنال موافقة الجميع(٤) وقد نجح رجال الملأ في هذا المجال بصورة ملحوظة بسبب قدرتهم العالية على المناقشة والإقناع التي اكتسبوها من مزاولتهم لمهنة التجارة(٥) وكان اجتماعات رجال الملأ برئاسة قصي تجري تلقائياً إذ كان المجتمع المكي صغيراً وضيقاً وكانت منازل أهل قريش متقاربة في وادي مكة فهم يجتمعون في دار الندوة، ولقد أشار القرآن الكريم إلى مجلس الملأ إذ قال تعالى: ﴿ وَٱنطَلَقَ ٱلْمَلَأُ مِنْهُمْ ﴾(٦) وهكذا أصبحت دار الندوة النواة الأولى التي بـدأ بها قصي لتنظيم أمور مكة وعدت هي الأساس في تطور مكة فيما بعد، لكن الشيء

(١) المصدر نفسه، ج١، ص١٣٢.
(٢) ابن هشام، السيرة، ج١، ص١٣١؛ الحموي، معجم البلدان، مج٥، ص١٨٦.
(٣) الزبيدي، تاج العروس، ص٤٣٥ - ٤٣٧.
(٤) الملاح، الوسيط في السيرة, ص٤٤؛ الملاح، الوسيط في تاريخ العرب، ص٢٨١.
(٥) الملاح، الوسيط في تاريخ العرب، ص٢٨١.
(٦) سورة ص، الآية ٦.

الجدير بالذكر هو أنه بعد وفاة قصي لم يبرز من رجال مكة من يستطيع ملئ المكان الذي تركه قصي، لذا فإن ملأ قريش عدوا أنفسهم أنداداً لبعضهم[١] فكان رجال الملأ الذي خلفوا قصياً متناظرين في مكانتهم وحقوقهم، ومن ثم كان من الضروري الحصول على موافقة الجميع على القرارات التي يراد لها الاحترام والتنفيذ[٢].

وهكذا فإن افتقاد حكومة الملأ لرئيس قوي بعد وفاة قصي الذي كانت قيادته تحضى برضا الناس كافة، واشتراط الأجماع في القرارات التي يتخذها رجال الملأ من أجل أن يوافق الجميع على الالتزام بها قد أدى إلى ضعف حكومة الملأ وجعلها عاجزة عن اتخاذ القرارات الحاسمة لمواجهة الظروف الصعبة، وقد تجلى ذلك بصورة واضحة في عصر الرسالة، غير أن ما تقدم لم يفقد حكومة الملأ قدرتها على إدارة مكة بصورة ناجحة أوصلتها إلى حالة من الازدهار الاقتصادي والسياسي في القرن السادس الميلادي[٣].

٢ـ وظيفة السقاية:

وهي سقاية الحاج أي سقيهم الماء، وهو ما كانت تقوم به قريش بتوفيرها الماء للحجاج[٤] وكانت طبيعة المناخ في مكة وشحة الماء فيها سبباً في وجود هذه الوظيفة، ولذا فقد أولى قصي هذا الأمر عناية خاصة ((فصنع حياضاً للماء من آدم فيسقى فيها بمكة ومنى وعرفة))[٥] ولما آلت السقاية لعبد مناف بن قصي، كان يسقي الحجيج من بير آدم وبيرخم وكان يجلب الماء على الإبل في المزاد والقرب ثم يسكب في حياض من آدم بفناء الكعبة فيرده الحاج حتى يتفرقوا[٦] لقد رافق وجود وظيفة السقاية عملية حفر آبار عديدة في مكة ولقد حفر هاشم بن عبد مناف بئر (بذر) ويقول الشاعر:

نحن حفرنا بذر بجانب المستنذر نسقي الحجيج الأكبر

(١) الملاح، دولة المدينة بين أثينا ومكة، ص٧٢.
(٢) الملاح، الوسيط في تاريخ العرب، ص٢٨١.
(٣) المرجع نفسه، ص٢٨٢.
(٤) ابن منظور، لسان العرب، مج١٤، ص٣٥٢.
(٥) ابن سعد، الطبقات، ج١، ص٧٣.
(٦) الأزرقي، أخبار مكة، ج١، ص١١٢ - ١١٣.

ثم حفر هاشم بئر سجلة[١] وتولى السقاية بعده عبد المطلب وحفر بئر زمزم فعفت على آبار

مكة كلها[٢].

٣ـ الرفادة:

إن هدف هذه الوظيفة هو استضافة الحجاج في مكة وتوفير الطعام لهم في موسم الحج[٣]

وقد خلقت هذه الوظيفة نوعاً من التعاون والتضامن بين أبناء قريش، لأن صعوبة قيام شخص واحد

باستضافة الحجاج كافة، حمل قصي على دعوة قومه إلى المساهمة معه في تغطية النفقات، فوافقوا

على ذلك ((فكانوا يخرجون لذلك كل عام من أموالهم خرجاً فيدفعونه إليه فيصنعه طعاماً للناس أيام

منى))[٤].

ولقد حقق قصي هدفاً كبيراً من خلال استضافة الحجاج في مكة فتمكن من خلال

استضافتهم توثيق العلاقات مع القبائل العربية لأن المؤاكلة تعد نوعاً من التحالف، وذلك لأن إطعام

الطعام في بيئة شبه الجزيرة العربية الفقيرة كان يعد ((فضيلة من أكبر الفضائل التي يمتدح بها العرب،

وينال صاحبها عن طريقها الاحترام والمنزلة الرفيعة. كما أن المواكلة تعد عقد جوار عند العرب، فإذا

أطعمت قريش القبائل القادمة إلى مكة في موسم الحج فإنها تنال بذلك احتراماً عاماً ومنزلة سامية في

نظر هذه القبائل. كما ترتبط معها برابطة الجوار والأمن نتيجة لهذه المؤاكلة، وبذلك يصبح في إمكان

قريش أن تسير آمنةً في أراضي هذه القبائل[٥].

ويستنتج مما سبق أن الوظائف الثلاثة التي استحدثها قصي في مكة ومارس وظائفها بنفسه

حققت تقدماً كبيراً للمجتمع المكي، لأنها نظمت أمور مكة الداخلية والخارجية[٦] وحين بلغ قصي سن

الشيخوخة عهد بهذه الوظائف إلى ابنه الأكبر عبد الدار، وقبل أبناؤه وصيته، فلم ينازعوا أخاهم

سلطانه طوال حياته، على الرغم من أنهم كانوا يتقدمون عليه بالشرف، كما يذكر الرواة[٧] لكن

سرعان ما دب

---

(١) المصدر نفسه، ج١، ص١١٣.
(٢) المصدر نفسه، ج١، ص١١٦.
(٣) ابن هشام، السيرة، ج١، ص١٣١؛ ابن الأثير، الكامل، ج٢، ص٢١.
(٤) ابن هشام، السيرة، ج١، ص١٣٧.
(٥) الشريف، مكة والمدينة، ص١١٨ - ١١٩.
(٦) ابن هشام، السيرة، ج١، ص١٣١.
(٧) المصدر نفسه، ج١، ص١٣٦ - ١٣٧.

الخلاف بين أبناء عبد مناف وعبد الدار لأن أبناء عبد مناف وهم كل من عبد شمس وهاشم والمطلب ونوفل تطلعوا إلى أخذ الوظائف لشرفهم[١] مما أدى إلى انقسام قريش وظهور كتلتين في مكة سميت الكتلة الأولى بأصحاب حلف (المطيبين)[٢] والكتلة الثانية سموا بـ (الأحلاف)[٣] وكادت الكتلتان أن تقتتلا وقبل أن يستعدوا للحرب، تداعى الناس إلى الصلح ووصل الطرفان إلى حل وسط يقضي بأن تعطي قبيلة قريش لبني عبد مناف السقاية والرفادة، وأن تكون الحجابة واللواء والندوة لبني عبد الدار كما كانت، وقدْ رضي الطرفان بهذا التقسيم، وظل كل قوم بعد ذلك على تحالفهم ولم يفسخوا ذلك التحالف[٤].

وكان لهذا الحادث آثاراً إيجابية على المجتمع المكي، إذ قام زعماء قريش على أثره باستحداث عشر وظائف أخرى ذات طبيعة شرفية وإعطائها للبطون المحرومة لأجل الحفاظ على وحدة المجتمع المكي وترضية كافة العشائر. ويلاحظ أن بعض هذه الوظائف كانت ذا طبيعة إدارية وبعضها الآخر سياسية وعسكرية، ونورد فيما يأتي وصفاً لقسم من هذه الوظائف:

العمارة: ويراد بها المحافظة على المسجد الحرام ومراعاة الأدب والوقار في البيت الحرام[٥].

وظيفة المشورة: يستشار رئيسها في الأمور المهمـة، وكان القريشيون لايجتمعون على أمر حتى يعرضوه على صاحب المشورة[٦].

وظيفة السفارة: والمتولي لهذه الوظيفة يقوم بمهمة المفاوضة في حالة إذا

---

(١) ابن هشام، السيرة، ج١، ص١٣٨ - ١٣٩.
(٢) هؤلاء غمسوا أيديهم في إناء مملؤ بالطيب عند الكعبة تعاقدوا وتعاهدوا ثم مسحوا أيديهم بالكعبة توكيداً على أنفسهم وكان عبد شمس بن عبد مناف زعيم هذا الحلف، ابن هشام، السيرة، ج١، ص١٣٩.
(٣) هؤلاء تعاقـدوا وتعاهدوا عند الكعبة على أن لا يتخاذلوا ولايسلم بعضهم بعضاً وأن عامر بن هاشم بن عبد الدار كان زعيم هذه الكتلة. ابن هشام، السيرة، ج١، ص١٣٩.
(٤) ابن هشام، السيرة، ج١، ص١٤٠
(٥) ابن عبد ربه، العقد الفريد، ج٣، ص٦٧؛ الشريف، مكة والمدينه، ص١٢؛ ناجي معروف، اصالة الحضارة، ص١١١.
(٦) الملاح، الوسيط في السيرة، ص٤٨ - ٤٩؛ جرجي زيدان، تاريخ التمدن الإسلامي، بيروت، ١٩٧٩م، ص٣١؛ الملاح، الوسيط في تاريخ العرب، ص٢٨٥.

وقع خلاف بينهم وبين المغارم.

وظيفة الأيسار: وهي الأزلام وكانوا يستقسمون بها إذا هموا بأمر عام من سفر أو قتال وكانوا يستقسمون بالأزلام ويقترعون بها[١] فضلاً عن وظائف أخرى كوظيفة الأشناق والقبة والأعنة والحكومة والعقاب[٢] وكل هذه الوظائف يحمل في طياته دلالات تنظيمية حضرية.

إن التنظيمات الإدارية والسياسية والعسكرية في مكة تحمل في طياتها دلالة حضارية واضحة، فالحاجة إلى هذه التنظيمات فرضته حياة الاستقرار على هذه الأرض المحددة، مما ساعد على تشكيل حكومة منظمة وظهور دولة مدينة لها أركانها الأساسية، وعلى الرغم من وجود نواقص في هذه التنظيمات لكنها لم تكن تشكل عائقاً أمام زعماء ورجال الملأ في تسيير أمور مكة وإدارتها[٣] وتحقيق العدالة من حيث توزيع المناصب بالتساوي على جميع البطون والقبائل المستوطنة فيها، وقد وصف بعض الباحثين الحكم في مكة بأنه أشبه بالحكم الجمهوري[٤] لأنه قام على أساس المساواة بين رجال الملأ.

ثانياً: - التجارة والمحالفات التجارية

التجارة عامل مهم من عوامل تحضر مكة لأنها شجعت قريش على الاستقرار، وقد تكفل موقع مكة الجغرافي بالمساعدة بتوفير هذا العامل وذلك لأن مكة تقع في منتصف طريق القوافل الذي يربط اليمن بكل من الشام والعراق[٥] ففي البداية استفاد أهل مكة من هذا الموقع لكونه محطة لأصحاب القوافل، يتوقفون فيه طلباً للراحة، والتزود بالمؤونة والماء، وبذلك استفاد أهل مكة من هذه الفرصة لكسب معيشتهم من خلال تقديم الخدمات لأصحاب القوافل، وتعاطي التجارة معهم[٦].

وقد استفاد قصي من هذا الموقع وأخذ الضريبة من القوافل التي تمر في

(١) ابن عبد ربه، العقد الفريد، ج٢، ص٦٧.
(٢) الملاح، الوسيط في تاريخ العرب، ص٢٨٦ - ٢٨٧.
(٣) المرجع نفسه، ص٢٨٦ - ٢٨٧.
(٤) ناجي معروف، اصالة الحضارة، ص١١٢؛ جرجي زيدان، تاريخ التمدن الإسلامي، ص٣١.
(٥) الحموي، معجم البلدان، مج٥، ص١٨٤.
(٦) جواد علي، المفصل، ج٤، ص٦.

مكة، وكان يأخذ عشراً من كل من دخل مكة من غير قريش[١] على أن المكيين لم يكتفوا بأن تكون مدينتهم ممراً للقوافل فقط بل ساهموا بأنفسهم في النشاط التجاري، ففي البداية تاجروا مع القبائل الوافدة إليهم[٢] يتاجرون مع من يقدم عليهم وقد ذكر القالي أن القريشيين كانوا تجاراً ((وكانت تجارتهم لاتعدو مكة، إنما تقدم عليهم الأعاجم بالسلع فيشترونها منهم، ثم يتبايعونها بينهم ويبيعونها على من حولهم من العرب))[٣].

وبرزت أهمية مكة التجارية منذ القرن الخامس الميلادي[٤] حين نجحت قريش في عقد المحالفات التجارية مع الدول والقبائل المجاورة ولعب الإيلاف دوراً كبيراً في سياسة قريش التجارية، ويقصد بالإيلاف العهد والذمام[٥] أي العهد والأمان والعصم والحبل[٦] ويلاحظ أن أبناء عبد مناف وهم وهم هاشم وأخوته كانوا أصحاب هذه المبادرة، وهي مبادرة أخذ العهود من الدول المجاورة للتجارة في أراضيها، وقد ذكر الطبري رواية في هذا الصدد يقول فيها: ((بأن أبناء عبدمناف كانوا أول من أخذ العصم، فانتشروا في الحرم أخذ لهم هاشم حبلا من ملوك الشام الروم وغسان، وأخذ لهم عبد شمس حبلا من النجاشي... وأخذ لهم نوفل حبلاً من الأكاسرة... وأخذ لهم المطلب حبلاً من ملوك حمير))[٧] ومن أجل تأمين تجارة قريش الخارجية، فقد حصلت على عهود من القبائل العربية البدوية الواقعة على طرق التجارة في داخل شبه الجزيرة العربية، فالعهود والمواثيق مع القوى الخارجية لايمكن أن تحقق هدفها من غير الحصول على العهود والمواثيق من القبائل العربية الواقعة على الطرق التجارية داخل شبه الجزيرة العربية[٨].

وهكذا فقد نجح أبناء عبدمناف في تنظيم تجارة مكة الخارجية، فجعلوا لها رحلتين في السنة، رحلة في فصل الصيف إلى الشمال، ورحلة في فصل الشتاء إلى

---

(١) المسعودي، مروج الذهب، ج٢، ص٥٨.
(٢) الثعالبي، ثمار القلوب، ص١١٥.
(٣) كتاب الأمالي (النوادر)، بيروت، د. ت، مج٢، ص١٩٩.
(٤) العلي، محاضرات، ص٩٥.
(٥) ابن منظور، لسان العرب، مج٩، ص١١.
(٦) كستر، الحيرة ومكة، ص٤٥.
(٧) الطبري، تاريخ، ج٢، ص٢٥٢.
(٨) الملاح، الوسيط في تاريخ العرب، ص٢٨٩.

الجنوب، وقد ذكر القرآن الكريم خبر هاتين الرحلتين، فقال تعالى: ﴿ لِإِيلَٰفِ قُرَيْشٍ ۝١ إِۦلَٰفِهِمْ رِحْلَةَ ٱلشِّتَآءِ وَٱلصَّيْفِ ۝٢ فَلْيَعْبُدُوا۟ رَبَّ هَٰذَا ٱلْبَيْتِ ۝٣ ٱلَّذِىٓ أَطْعَمَهُم مِّن جُوعٍ وَءَامَنَهُم مِّنْ خَوْفٍۭ ۝٤ ﴾[١].

ويلاحظ أن الأسواق الموسمية التي كانت تقام في المواسم قد ساعدت على خدمة التجارة في مكة، إذ كانت تعرض البضائع للبيع والشراء، وكان التجار يأتون إلى الأسواق في مواسم الحج، وكانوا يجرون عملياتهم التجارية قبل الحج أو بعده في مكة[٢] ومن أشهر تلك الأسواق سوق عكاظ وكان العرب يأتون إليه فيطوفون ويحجون إلى صخرة فيه، وإن صنم (جهار) كانت موضوعة في عكاظ، وكان لبني هوازن وهو الصنم الوحيد الذي كان موضوعاً فيها[٣] وكذلك كان هناك أصناماً أخرى في أسواق أخرى لبطون أخرى كصنم (ذو اللبا) لعبد القيس[٤].

ولم تقتصر أهمية الأسواق التي تعقد في المواسم على النشاطات التجارية بل تعدتها إلى الحياة الثقافية، فكانت الأسواق مكاناً للتفاخر والمناشد[٥] مما جعل بعض الباحثين يطلقون عليها وصف الأسواق الأدبية[٦] وكانت القبائل العربية كما يقول الحموي: ((تجتمع بعكاظ في كل سنة ويتفاخرون، ويحضرها شعراؤهم، ويتناشدون ما أحدثوا من الشعر ثم يتفرقوا))[٧] هكذا علت منزلة منزلة عكاظ الأدبية وأصبحت ملتقى الشعراء والخطباء، ومركزاً فكرياً متقدماً في الجزيرة العربية وكانت سوقاً للخطابة والشعر وهو أشبه بمؤتمر كبير للعرب[٨] فضلاً عن عكاظ، كانت في مكة أو في أطرافها أسواقاً أخرى لعبت الدور الثقافي والأدبي الذي لعبته عكاظ وإن كانت قليلة كسوق دومة الجندل في شمال نجد وسوق خيبر وحضرموت وسوق

---

(١) سورة القريش، الآية ١ - ٤.
(٢) جواد علي، المفصل، ج٧، ص٣٨٤ - ٣٨٥.
(٣) ابن حزم الأندلسي، جمهرة أنساب العرب، ص٤٩٣.
(٤) المصدر نفسه، ص٤٩٣.
(٥) القلقشندي، نهاية الأرب في معرفة أنساب العرب، تحقيق إبراهيم الانباري، بيروت، ١٩٨٠م، ط٢، ص٤٦٤.
(٦) الشريف، مكة والمدينة، ص٢٠١.
(٧) معجم البلدان، مج٤، ص١٤٢.
(٨) شوقي ضيف، العصر الجاهلي، مصر، ١١١٩م، ط٦، ص٧٧.

صنعاء وعدن ونجران[١].

وقد رافق هذا النشاط التجاري في الأسواق استخدام أنواع من العملات في العمليات التجارية[٢] وقد عرف أهل مكة استخدام الذهب والفضة وهما مقياس الثراء عند الحضر[٣] وقد شجع استخدام عملتي الذهب البيزنطية والدينار الساساني[٤] على ظهور مهنة الصيرفة، لوجود المتلاعبين في نوعية الذهب والفضة فظهر أناس تخصصوا بفحص الذهب والفضة وتعيين درجتها من حيث الجودة والنقاوة وتعيين أسعار السبائك، ومن ثم دراسة النقود وتعيين درجة نقاوتهما وتثبيت وزنهما وسميت هذه المهنة بـ (الصرافه)[٥].

وفضلاً عن ما ذكرناه فقد رافق العمليات التجارية بروز فئة غنية مستقلة في مكة زاولت (الربا) وهي عملية إعطاء القرض بفوائد مالية[٦]. وهذه الطبقة الغنية والثرية مارست الظلم والاستغلال للفقراء وكانوا لايعطفون على اليتيم، بل كانوا يأكلون أموال اليتامى، يقهرونهم ولايعطونهم حقوقهم، فالثروة لم تكن موزعة توزيعاً عادلاً وكانت الهوة كبيرة بين الأغنياء والفقراء[٧] وفي كثير من الأحيان كان أغنياء مكة يلجأون إلى أكل أموال التجار الغرباء بغير حق، وكان ذلك من أسباب ظهور حلف الفضول لنصرة المظلوم[٨] والذي سوف نتطرق للكلام عنه في محور خاص من المبحث الرابع من هذا الفصل.

وزاول تجار مكة أنواعا متعددة من البيوع التجارية في الأسواق، وكانت تتم بطرق مختلفة وكثيرة وبعد مجيء الإسلام عدت بعض تلك البيوع فاسدة لتعارضها مع تعاليم ومبادئ الإسلام، ومن تلك البيوع بيع الملامسة ويتم عن طريق شراء

---

(١) المرجع نفسه، ص٧٧.
(٢) الملاح، الوسيط في تاريخ العرب، ص٢٩٢؛ العلي، محاضرات، ص٩٩؛ الشريف، مكة والمدينة، ص٢١٥.
(٣) جواد علي، المفصل، ج٧، ص٤١٧.
(٤) المرجع نفسه، ج٧، ص ٤١٦.
(٥) المرجع نفسه، ج٧، ص٤١٧؛ العلي، محاضرات، ص١٠٠.
(٦) العلي، محاضرات، ص١٠١.
(٧) جواد علي، المفصل، ج٧، ص٤١٧؛ الشريف، مكة والمدينة، ص٢٤٢.
(٨) ابن سعد، الطبقات، ج١، ص١٢٨؛ ابن الأثير، الكامل، ج٢، ص٤١.

السلعة باللمس للتعرف على نوعيتها دون الكلام فيها[١] وبيع المنابذة، وهي أن يلقي الطرفان البائع والشاري ماعندهم من السلع[٢] وبيع إلقاء الحجارة وهي عبارة عن القاء الحصى من قبل المتبايعين على أي ثوب وقع وشرائه بدرهم[٣] وبيع الغرر إذ انفرد سوق عكاظ بهذه البيعة وهي شبيهة بالمراهنة[٤] وبيع النجش وهو أن يزيد الرجل ثمن السلعة، وهو لا يريد شراءها لكن ليسمعه غيره فيزده، وقيل إن النجش هو أن تمدح سلعة غيرك ليبعها[٥].

(١) حقي إسماعيل، أسواق العرب، ص١٣٣؛جواد علي، المفصل، ج٧، ص٣٨٨.
(٢) الزمخشري، أساس البلاغة، ج٢، ص ٦١٣.
(٣) حقي إسماعيل، أسواق العرب، ص١٣٥.
(٤) المرجع نفسه، ص١٣٧.
(٥) جواد علي، المفصل، ج٧، ص٣٩٠.

إن استقرار قبيلة قريش في مكة ونجاحها في تنظيم الحياة الدينية والتجارية فيها قد ساعد على تمازج الآراء والأفكار واللهجات فيها، مما ترتب عليه ظهور اللغة الأدبية الفصحى التي ينظم بها الشعراء قصائدهم، ويصوغ الخطباء والحكماء أقوالهم، لأن مركز هذا التفاعل والتمازج مكة، فغدت لهجة أهلها هي اللهجة السائدة بين اللهجات، وأصبحت اللغة العربية الفصحى مطابقة للغة قبيلة قريش فما قبلوه من شعر كان مقبولا وما ردوه كان مردودا[١]. وقد وصف ابن خلدون ذلك بقوله: ((كانت لغة قريش أفصح اللغات العربية وأصرحها لبعدها عن بلاد العجم من جميع جهاتهم، فإن من أحد أسباب فصاحة لغة قريش هي بعدهم عن الأعاجم وبعدهم عن الفساد والتأثر بأساليب العجم حتى أن سائر العرب على نسبة بعدهم من قريش كان الاحتجاج بلغتهم في الصحة والفساد عند أهل الصناعة العربية))[٢].

هكذا كانت لهجة قريش هي الفصحى التي سادت في جميع أنحاء شبه الجزيرة العربية، فتجمعت قلوبهم حول مكة، ولذلك تهيأ للهجة قريش أن يعلو سلطانها في الجاهلية بين اللهجات القبلية المختلفة، وأن تصبح اللغة الأدبية التي يصوغون فيها أدعيتهم الدينية وأفكارهم وأحاسيسهم[٣].

وإن آيات القرآن الكريم تؤكد على أن الرسول صلى الله عليه وسلم كان يتكلم باللغة العربية وباللهجة التي كان يتكلمها قومه من قريش، قال تعالى: ﴿ وَمَآ أَرۡسَلۡنَا مِن رَّسُولٍ إِلَّا بِلِسَانِ قَوۡمِهِۦ لِيُبَيِّنَ لَهُمۡ ﴾[٤] فالقرآن نزل بلغة قريش أفصح لغات العرب[٥] ويقول أحمد بن فارس في تعليل ظاهرة فصاحة لهجة قريش: إن وفود العرب من حجاجها وغيرهم كانوا يقدمون إلى مكة للحج، ويتحاكمون إلى قريش في أمورهم... وكانت قريش مع فصاحتها وحسن لغاتها ورقة ألسنتها إذا أتتهم الوفود من العرب تخيروا من كلامهم وأشعارهم أحسن لغاتهم وأصفى كلامهم فاجتمع ما تخيروا من تلك اللغات إلى نحائرهم وسلائقهم التي طبعوا

(١) شوقي ضيف، العصر الجاهلي، ص١٣٢.
(٢) المقدمة، ص٥٠٤.
(٣) شوقي ضيف، العصر الجاهلي، ص١٣٤.
(٤) سورة إبراهيم، الآية ٤.
(٥) ناجي معروف، أصالة الحضارة، ص٢٤٨.

عليها، فصاروا بذلك أفصح العرب))[١].

ويلاحظ أن الخط العربي وذيوعهُ له صلة وعلاقة وثيقة بسيادة اللغة الفصحى، فقريش كان لها دور واضح في تبني هذا الخط ونشره بين العرب، وكان لممارستهم للتجارة واتصالهم ببلاد الشام والعراق وأقوام أخرى فضل التعرف على الخط وتعلمه ومن ثم نشره بين العرب، فقد ذكر أن: ((سفيان بن عبد شمس، وابا قيس بن عبد مناف بن زهرة بن كلاب شاهدا بشراً بن عبدالملك، أخا أكيدر صاحب دومة الجندل، يكتب الخط وكان قد تعلمـه من أهل الحيرة الذيـن أخذوه بدورهم عـن أهل الأنبـار فسـألاه أن يعلمهمـا، فعلمهمـا الهجـاء، ثم أراهما الخط: فكتبا، ثم إن بشراً وسفيان وأبا قيس أتو الطائف في تجارة فصحبهم غيلان بن سلمه الثقفي فتعلم الخط منهم...))[٢] وبذلك انتشر الخط وشاع في بلاد الحجاز، ولأهمية الكتابة أقبلت قريش على تعلمها نتيجة لما وصلوا إليه من تحضر ولاسيما في مجال ممارسة التجارة فإن عددا منهم قد تعلموا القراءة والكتابة[٣] ويلاحظ أن الأمية كانت منتشرة بين قبائل شبه الجزيرة العربية والقبائل الأخرى وذلك لأن ظروف العصر لم تكن تتطلب أن يتعلم عامة الناس القراءة والكتابة ولأن التدوين لم يكن هو الوسيلة الأساسية لحفظ العلوم والمعارف، وكذلك لندرة وسائل الكتابة وارتفاع أثمانها فكان الحفظ والرواية الشفهية هي الوسائل الأساسية لذلك[٤] ولكن قريش وكما ذكرنا كانت أكثر تلك القبائل اهتماما بالكتابة والتعلم، لما تحتاجه مهنة التجارة من معرفة العمليات الحسابية وكتابة العقود والعهود[٥] وقد شاعت على ألسنتهم مصطلحات الكتابة والقراءة وكل ما يتعلق بها من وسائل، وذلك واضح من كثرة إشارة القرآن الكريم إلى القراءة والكتابة وأدواتها من كتب وقراطيس وورق وصحف وأقلام وسجلات إذ وردت كلمات الكتابة ومشتقاتها في القرآن الكريم نحو ثلاثمائة مرة ونيف، وكلمة القراءة ومشتقاتها نحو تسعين ونيف

(١) شوقي ضيف، العصر الجاهلي، ص١٣٢.
(٢) البلاذري، فتوح البلدان، ص٤٧٩.
(٣) جواد علي، المفصل، ج٧، ص٥٤.
(٤) الملاح، الوسيط في تاريخ العرب، ص٣٠٥.
(٥) جواد علي، المفصل، ج٧، ص٢١٥.

مرة[١]. وتميزت قريش بكثرة استخدام الأمثال والحكم وهذا دليل آخر على مدى ما اتصفت به قريش من البلاغة في الكلام[٢].

والشعر لون من ألوان الفن الذي عرفه أهل مكة، ويعد من أبرز النشاطات الثقافية التي تفاخرت بها قريش في الأسواق الموسمية كما أشرنا إليها أثناء الحديث عن الأسواق في مكة، ونتيجة لذلك شهدت مكة نهضة أدبية شعرية وظهر في مكة مجموعة من الشعراء كان منهم أبو طالب بن عبد المطلب، وأبو سفيان بن الحارث ومسافر ابن أبي عمر بن امية... وغيرهم[٣] إن هذا يدل على مدى اهتمام قبيلة قريش بالشعر واهتمامها به، لذا فقد روي عن عمر بن الخطاب رضي الله عنه قوله: (كان الشعر علم قوم لم يكن لهم علم أصح منه)[٤]. وإن تعليق القصائد السبعة[٥] على جدران الكعبة دليل على مدى اهتمامهم بالشعر واختيار أجوده[٦]. وعلى الرغم من أن قريشا كانت تشجع الشعراء، إلا أنه لم يبرز من أهلها شعراء كبار، فكان معظم الشعراء البارزين ينتمون إلى قبائل بدوية، لأن الشعر كان ينسجم مع نمط الحياة البدوية أكثر من الحياة الحضرية (ولأنه يقوم على العاطفة والتعبير الحر عن سجايا النفس) في حين كانت الحياة الحضرية تقوم على التعقل والصنعة.

ولم يقتصر نشاط قريش الثقافي على الشعر بل امتد إلى الخطابة والدعوة إلى الأفكار والمبادىء فيها، لأنها كانت مكانا لالتقاء القبائل العربية من اماكن شتى فكانت أسواقها مركزاً لهذا الالتقاء وقد أشارت المصادر إلى بعض هؤلاء الخطباء الذين كانوا يحضرون هذه الأسواق ومنهم قس بن ساعدة، وهو الذي قال فيه النبي صلى الله عليه وسلم: ((رأيته بسوق عكاظ على جمل أحمر وهو يقول: أيها الناس

---

(١) الملاح، الوسيط في تاريخ العرب، ص٣٠٥؛ دروزة، عصرالنبي، ص٤٤٢؛ ناجي معروف، أصالة الحضارة، ص١١٥.
(٢) شوقي ضيف، العصر الجاهلي، ص١٣٢.
(٣) محمد سلام الجمحي، طبقات الشعراء، بيروت، ١٩٨٨م، ص٣٤-٩٢.
(٤) المصدر نفسه، ص٣٤ - ٩٢.
(٥) والتي عرفت بالمعلقات السبع وهي عبارة على أن العرب تخيروا النماذج من القصائد والأشعار فكتبوها بماء الذهب في القباط المدرجة وعلقوها على جدار الكعبة. القيرواني، العمدة، ص٧٣.
(٦) شوقي ضيف، العصر الجاهلي، ص١٤٠ - ١٤١.

اجتمعوا واسمعوا وعوا. من عاش مات، ومن مات فات، وكل ماهو آت آت))[١].

في ضوء ما تقدم فقد غدت مكة مركزا للحياة الثقافية عند العرب, فيها تتلاقى الأفكار، وتتصارع الدعوات، وتعرف مكانة الأدباء والشعراء، وبذلك تجمعت لقريش أسباب السيادة فكانت إرهاصا لتهيئة أسباب النجاح للدعوة الإسلامية التي حملها أحد أبناء قريش, لينقل العرب من أمة موحدة ثقافيا إلى أمة موحدة سياسيا وحضاريا في إطار رسالة الإسلام الإنسانية ﴿ وَمَآ أَرۡسَلۡنَٰكَ إِلَّا رَحۡمَةً لِّلۡعَٰلَمِينَ ١٠٧ ﴾[٢].

(١) الجاحظ، البيان والتبيين، ج١، ص٣٠٨ - ٣٠٩.
(٢) سورة الأنبياء، الآية ١٠٧.

المبحث الرابع: - الصراع بين قيم الحضارة والبداوة في مكة

في المبحث الأول من هذا الفصل تكلمنا عن القيم البدوية لقريش، ومن ثم عرضنا أهم القيم والأصول الحضرية التي اكتسبتها بعد استقرارها في مكة، فأصبحنا أمام نقطتين مهمتين متناقضين وهما ثنائيتا البداوة والحضارة، فقريش عندما استقرت وتحضرت لم تترك تلك القيم البدوية التي عاشتها سنين طويلة، وإن كانت قد تركتها، ولم يكن ذلك بصورة تامة بل كانت جزئية وكان ذلك التحول يسير ببطىء، لذلك فلا بد من وجود صراع بين هاتين الثنائيتين التي عاشتها قريش في مكة ألا وهي البداوة والحضارة، وكان من نتائج ذلك أن ظهرت ثنائيات أخرى وحدث صراع بينهما.

ففي المجتمع البدوي يعتز الفرد كثيراً بقبيلته ويكون متمسكا بالمثل والقيم العليا للقبيلة، وهذا لا يعني أن الفرد لم يكن يعتز بقبيلته أو يتمسك بالمثل والقيم العليا في المجتمع الحضري، لأن الطريقة تختلف، فالواقع الاقتصادي لكلا المجتمعين هو الذي أوجد هذا الاختلاف، ففي المجتمع الحضري الذي يمارس التجارة كالمجتمع المكي ظهرت طبقة ثرية وغنية هذه الطبقة أو الفئة الثرية أخذت ترعى مصالحها على حساب المثل والقيم العليا القبلية إذ كان من أحد سماتها بروز (النزعة الفرديه)[١] فالفرد في مكة كما يصفه جواد علي: ((بأسرته وبمقدرته وقابلياته وكفاءته، قد يرفع الأشخاص من مستوى أسرهم، وقد يهبط مستوى الأسر ومكانتها بسبب هبوط مستوى رجالها وعدم ظهور أغنياء وأقوياء فيها، وكانت مكة مدينة عمل وتجارة ومال, والمال ينتقل بين الناس حسب اجتهاد الأفراد وجدهم في السعي وراءه، لذلك نجد من بين رجالها من يخمل ذكره بسبب خمول أولاده وتبذيرهم لما ورثوه من المال، وعدم سعيهم لإضافة مال جديد إليه ويستتبع ذلك تنقل النفوذ من بيت إلى بيت))[٢].

إن النزعة الفردية تبدو واضحة كل الوضوح من الأدلة التي أشرنا إليها، فقياس الفرد ومكانته على أساس الثروة وما يملكه هذا الفرد من الثروة لنفسه يعتمد على شخصيته وقابلية هذا الفرد وكفاءتة في المجتمع المكي، في حين لانرى لهذه المسالة صدى في المحتمع البدوي، فالفرد في المجتمع البدوي يقاس بما تملكه

---

(١) عبد الرحمن، المثل والقيم، ص١٣١.
(٢) المفصل، ج٤، ص٤٨.

قبيلته ورئيس عشيرته من المال والثروة، وليس لقابليته وثروته لأن طبيعة الوضع الاقتصادي الذي يعيش فيه البدوي لا يكون فئة غنية أو ثرية بل يعيش الجميع عيشة تكافل وتضامن.

ويلاحظ أن هناك أشارات إلى أن أهل مكة عملوا على رفع مستوى الفقير والقضاء على الفوارق الكبيرة التي ظهرت بين سادات مكة وسوادها استجابة لروح التضامن والتكافل بين أبناء القبيلة الواحدة، فحثوا كل مكي على المساهمة في أموال القوافل حتى إذا ماعادت رابحة وزعت أرباحها على هؤلاء كل حسب مقدار مساهمته من المال في القافلة[١] وبهذا خفف أهل مكة من حدة التناقض بين مصالح الأغنياء والفقراء، ولكن مع هذا كان هناك صراع بين الأغنياء والفقراء في مكة ففقراء مكة كانوا يستغلون استغلالاً كبيراً من قبل أغنياء مكه وإن هذا الإستغلال شمل أنواعاً مختلفه من الاحتكار وجمع الأموال على حساب الفقراء. وقد أشار القرآن الكريم إلى أن قلوب الأغنياء كانت قاسية إلى درجة كبيرة فكانوا يقرضون الفقراء الأموال بفوائد عالية وأرباح طائلة عن طريق الربا[٢] ، إن ما تقدم لم يمنع الأغنياء الذين كانوا يعيشون عيشه مترفة على إبداء ضروب السخاء والكرم تجاه الفقراء، فإن المروءة كانت إحدى القيم البدوية التي ظل بعض القريشين يتمسكون بها لكنها لم تكن كافيةً لإيجاد التكافل الاجتماعي[٣].

وعلى الرغم من بعض ضروب المروءة التي كان يتحلى بها عدد من أغنياء مكة، فقد كان التجار يستغلون جهل المتعاملين معهم لاسيما أهل البادية وأمتدت مظاهر الاستغلال إلى العلاقات الاجتماعية، ولم يعد بعضهم يقيم وزناً لرابطة القرابة فتجاوز هؤلاء على حقوق الوصية وأهملوا الاهتمام باليتامى[٤] فبعدما كانوا يتمسكون بالوفاء في المجتمع البدوي أصبح الغدر شيمة من شيم بعض المكيين في المعاملة حتى بعدما ما تحضروا واستقروا فيها. هذا كان الغدر سمة من

(١) جواد علي، المفصل، ج٤، ص٤٨.
(٢) سورة البقره، الآية ٧٢٥ - ٢٧٨ - ٢٧٩؛ سورة آل عمران، الآية ١٣٠؛ سورة النساء، الآية ١٦٠ - ١٦١؛ سورة الروم، الآية ٣٩.
(٣) الشريف، مكة والمدينة، ص٢٤٢.
(٤) المرجع نفسه، ص٢١٦.

سمات الاجتماعية عند بعض أهل مكة(١).

وهناك روايات وأخبار عن أنواع من الغبن تعرض لها الناس في مكة مما دفع بعض رجالات مكة إلى عقد حلف الفضول لمقاومة الظلم والغدر في هذا المجتمع، فيذكر أن رجلاً من زبيد من اليمن باع سلعة للعاص بن وائل السهمي فمطله حقه وثمنه حتى يئس فنادى رافعا صوته يشكو من ظلامته ويطلب إنصافه مستجيراً من قريش وفعلاً عقدوا حلفا لنصرته وإرجاع الحق إليه، وسمي بحلف الفضول(٢) وكان الزبير بن عبد المطلب هو الداعي له والناهض فيه، فتحالفوا في دار عبد الله بن جدعان لشرفه ونسبه وكان بنو هاشم وبنو عبدالمطلب وبنو أسد بن عبد العزي بن كلاب وتيم بن مرة قد تحالفوا وتعاقدوا أن لايجدوا بمكة مظلوماً بمكة من أهلها أو من غيرهم من سائر الناس إلا قاموا معه وكانوا معه على من ظلمه حتى ترد عليه مظلمته ويؤدى إليه حقه وأقسموا على التأسي في المعاش والتساهم بالمال وسمى ذلك الحلف بحلف الفضول لفضله وفضيلة أهله وسميت القبائل التي اشتركت فيه بأصحاب حلف الفضول(٣). ولقد شارك الرسول صلى الله عليه وسلم فيها(٤) وحادثه أخرى هو أن مليس بن سعد البارقي ظلمه بمكة أمية بن خلف الجمحي عندما باعه سلعة فقال البارقي:

أيفجرني ببطن مكه ظالماً ... أبي ولا قومي دالي ولا صحبي

وناديت قومي بارقاً لتجيبني ... وكم دون قومي من فياف وسهب(٥)

إن هذا دليل واضح على وجود الغبن والظلم في مكة.

(١) جواد علي، المفصل، ج٤، ص٤٤٥ ومابعدها.
(٢) ابن هشام، السيرة، ج١، ص١٤٠ - ١٤١؛ ابن سعد، الطبقات، ج١، ص٧٥.
(٣) ابن هشام، السيرة، ج١، ص١٤٠ - ١٤١؛ ابن سعد، الطبقات، ج١، ص٧٥؛ ابن الأثير، الكامل، ج٢، ص٤١.
(٤) ينظر مشاركة الرسول صلى الله عليه وسلم في حلف الفضول المبث الأول من الفصل الثالث.
(٥) ابن حبيب، المنمق في اخبار قريش، تحقيق خورشيد أحمد فاروق، الهند، ١٩٦٤م، ط١، ص٤٥.

المبحث الخامس: - الحياة الجاهلية وديانات أهل الكتاب من اليهود والنصارى والأحناف

بعد أن تطرقنا في كلامنا عن القيم الحضرية والبدوية في المجتمع المكي لا بدّ من الحديث عن الحياة الجاهلية لهذا المجتمع وماتتضمنه من دعوات أهل الكتاب من اليهود والنصارى والأحناف، فبالنسبة إلى وصف هذا المجتمع بوصف الجاهلية لا بدّ من الإشارة إلى المغزى المقصود من كلمة الجاهلية، وهي مشتقة من (الجهل) لكي نستطيع أن نضع أيدينا على خيوط هذه الحياة في المجتمع المكي، إن لفظة الجاهلية تطلق على العصر الذي سبق الإسلام ومعنى كلمة الجهل لغة (إنها ضد العلم)[١] وإن هذا جعل الكثير يظنون من أنها مشتقة من الجهل الذي هو ضد العلم والمعرفه[٢].

ولقد جاء ذكر لفظة الجاهلية مرات عديدة في القرآن الكريم إذ نفى أن تكون لفظة الجاهلية بهذا المعنى وأثبت عكس ذلك نحو قوله تعالى: ﴿ يَظُنُّونَ بِٱللَّهِ غَيْرَ ٱلْحَقِّ ظَنَّ ٱلْجَٰهِلِيَّةِ ﴾[٣] وفسر ابن كثير هذا بقوله: إن القصد منها هو الشك والريب في الله عزو وجل[٤] وكذلك وردت في القرآن الكريم ﴿ أَفَحُكْمَ ٱلْجَٰهِلِيَّةِ يَبْغُونَ ﴾[٥] تعني حسب تفسير ابن كثير الخروج عن حكم الله المشتمل على خير الناس إلى ما سواه[٦] وإن كلمة الجهل والجاهلية مشتقة من من الجهل بالدين الحق وقد أشار القرآن الكريم في عده آيات إلى هذا المعنى ﴿ وَيَصُدُّونَ عَن سَبِيلِ ٱللَّهِ وَيَبْغُونَهَا عِوَجًا ۚ أُو۟لَٰٓئِكَ فِى ضَلَٰلٍۭ بَعِيدٍ ﴾[٧]، ﴿ وَقَالُوٓا۟ ءَأَٰلِهَتُنَا خَيْرٌ أَمْ هُوَ ۚ مَا ضَرَبُوهُ لَكَ إِلَّا جَدَلًۢا ۚ بَلْ هُمْ قَوْمٌ خَصِمُونَ ﴿٥٨﴾ ﴾[٨]، ﴿ وَيْلٌ لِّكُلِّ أَفَّاكٍ أَثِيمٍ ﴿٧﴾ يَسْمَعُ ءَايَٰتِ ٱللَّهِ

---

(١) الرازي، مختار الصحاح، بيروت، ١٩٧٩م، ص١١١٥.
(٢) ناجي معروف، أصالة الحضاره، ص١١٣.
(٣) سورة آل عمران، الآية ١٥٤.
(٤) ابن كثير، تفسيرالقرآن الكريم، بيروت، ٢٠٠٤م، ج١، ص٣٨٦.
(٥) سورة المائدة، الآية ٥٠.
(٦) تفسير القرآن الكريم، ج٢، ص٦٧.
(٧) سورة إبراهيم، الآية ٣.
(٨) سورة الزخرف، الآية ٥٨.

تُتْلَىٰ عَلَيْهِ ثُمَّ يُصِرُّ مُسْتَكْبِرًا كَأَن لَّمْ يَسْمَعْهَا فَبَشِّرْهُ بِعَذَابٍ أَلِيمٍ ﴿٨﴾ ﴾[1].

وهكذا يتضح أن الجاهلية في القرآن الكريم تعني الجهل بتعاليم الله والانحراف عنها، وإن القصد من الجاهلية اصطلاحاً غير القصد منها لغةً، فهي كما قلنا محددة بالجهل بعبادة الله وتعاليمه، وإن هذا يفسر لنا سبب إطلاق هذه التسمية على الحقبة التي سبقت الإسلام[2] وخير دليل على ذلك أن الله عز وجل ذكر رسول الله صلى الله عليه وسلم بحال قريش من بلاغة المنطق ورجاحة الإحلام وصحة العقول كما وصف العرب بالدهاء وبلاغة الألسنه في الجدل والخصومة[3] فقال تعالى: ﴿ بَلْ هُمْ قَوْمٌ خَصِمُونَ ﴾[4].

فالجاهلية تعني الانحراف عن تعاليم الله وتشمل المشركين والمنحرفين من أصحاب الديانات السماوية عن الدين الحق[5] فضلاً عن الشرك، كانت الأديان السماوية معروفة في الجزيرة العربية قبل مجيء الإسلام وهي اليهودية والنصرانية، فبالنسبة لديانة أهل مكة فانها كانت قائمة على الشرك وتعدد الآلهة، وقد عرف أهل مكة عبادة عدد كبير من الأصنام[6] منها اللات والعزى ومناة، وقد وقد ذكرها القرآن الكريم بقوله: ﴿ أَفَرَءَيْتُمُ ٱللَّٰتَ وَٱلْعُزَّىٰ ﴿١٩﴾ وَمَنَوٰةَ ٱلثَّالِثَةَ ٱلْأُخْرَىٰ ﴿٢٠﴾ أَلَكُمُ ٱلذَّكَرُ وَلَهُ ٱلْأُنثَىٰ ﴿٢١﴾ تِلْكَ إِذًا قِسْمَةٌ ضِيزَىٰ ﴿٢٢﴾ إِنْ هِىَ إِلَّآ أَسْمَآءٌ سَمَّيْتُمُوهَآ أَنتُمْ وَءَابَآؤُكُم ﴾[7] فضلاً عن الآلهة الأخرى التي عبدتها قريش، وإلى جانب ذلك نرى ديانات أهل الكتاب من اليهودية والنصرانية وتقوم هذه الديانات على التوحيد، ويلاحظ أن عقيده الشرك كانت قبيل ظهور الإسلام في حالة ضعف وتراجع أمام دعوات التوحيد، وإن ما يؤكد ذلك ظهور أشخاص رفضوا عبادة الأصنام ودعوا إلى التوحيد، دين أبيهم إبراهيم ويروي ابن أسحق في السيره النبوية حادثة وقعت قبل بعثة النبي محمد صلى الله عليه وسلم إذ حاول أربعة رجال من قريش الخروج على

(١) سورة الجاثية، الآية ٧ - ٨.
(٢) جواد علي، المفصل، ج١، ص٣٧.
(٣) الجاحظ، البيان والتبيين، ج١، ص٣٢.
(٤) سورة الزخرف، الآية ٥٨.
(٥) فالد العسلي، دراسات في تاريخ العرب، بغداد، ٢٠٠٢م، ط١، ج١، ص٢٠٥.
(٦) ناجي معروف، أصالة الحضارة، ص١٢٨.
(٧) سورة النجم، الآية ١٩ - ٢٣.

عبادة الاصنام في الكعبة والبحث عن الدين الصحيح، وأعلنوا أن قومهم قد افسدوا دين أبيهم إبراهيم، وبأن الحجارة التي يطوفون حولها لا قيمة لها، فهي لاتسمع ولا تبصر ولا تضر ولا تنفع، وقالوا إن عليهم أن يبحثوا لهم عن دين، فليس لهم و الـلـه من دين يدينون به ومن ثم جعلوا يضربون في الأرض سعياً وراء الحنفية دين إبراهيم عليه السلام[١].

وهؤلاء الذين عرفوا بالأحناف هم عبد الـلـه بن جحش، وعثمان بن الحويرث، وزيد بن عمرو بن نفيل، وورقة بن نوفل[٢] والحنيف هو الموحد الذي يرفض عبادة الأصنام ويعمل على اتباع ملة إبراهيم ومن تعاليمهم الختان والحج إلى بيت الـلـه الحرام وإن بعضهم كانوا يمتنعون عن أكل الذبائح التي ذبحت للأصنام[٣] كما عارضوا وأد البنات[٤] وإنهم كانوا ذوي اهتمامات دينية عامة فكانوا فكانوا دائمي البحث عن الدين الحق[٥] وإنهم كانوا يقرأون الكتب ويناقشون اليهود والنصارى في تعاليم دينهم فإن أميه بن أبي الصلت دارس النصارى وقرأ معهم ودارس اليهود وكل الكتب قرأ[٦] وورقه بن نوفل وقد تحول إلى النصرانية وكان من أبناء عمومة زوجة الرسول الأولى خديجة وأنه شجعه وآزره مؤازرة مهمة عندما بدأ يتلقى الوحي[٧] وهناك رواية أخرى تؤكد على دور الأحناف في البحث عن الدين الحق حيث أن زيداً بن عمرو بن نفيل قبل إرغامه على مغادرة مكة، وقف بجوار الكعبة واتكأ على البيت الحرام ثم صاح قائلاً أثناء الطواف: ((يامعشر قريش، والذي نفس زيد بن عمرو بيده ما أصبح منكم أحد على دين إبراهيم غيري، ثم يقول: اللهم لو أني أعلم أحب الوجوه إليك عبدتك به، ولكنني لا أعلمه، ثم يسجد على راحته))[٨].

(١) ابن هشام، السيرة، ج١، ص٢٣٧.
(٢) ابن هشام، السيرة، ج١، ص٢٣٧.
(٣) ابن إسحاق، السيرة النبوية، ج١، ص١٨٧.
(٤) ابن منظور، لسان العرب، مج١، ص٤٠٢ - ٤٠٤.
(٥) ابن هشام، السيرة، ج١، ص ٢٤٠.
(٦) ابن دريد، الاشتيقاق، بغداد، ١٩٧٩م، ص٣٠٣.
(٧) كارين أرمستر ونج، سيرة النبي، ترجمة فاطمة نصر، محمد غثائي، د. م، ١٩٩٨م، ط٢، ص١١٠.
(٨) ابن هشام، السيرة، ج١، ص٢٤٠.

لقد كان للأحناف أثر كبير في إضعاف عبادة الأوثان، وإعداد العرب قبل الإسلام وتهيئتهم لعقيدة التوحيد[١] وبذلك مهدت الطريق لظهور الإسلام الذي أكد أنه دين الحنيفية السمحة.

والى جانب الحنيفية فقد كان لليهودية والنصرانية وجود في شبه الجزيرة العربية، وإن أبرز ما يميز الديانة اليهودية الدعوة إلى توحيد الله ومحاربة الوثنية والإيمان بالأنبياء والرسل وقد انتشرت اليهودية في الجزيرة العربية بعد أن تغلب الامبراطور طيطس الروماني على القدس، وشتت يهودها فسكنوا في خيبر ويثرب وفدك واليمن واليمامة والبحرين وكان من نتائج ذلك تهود جماعة من العرب في الحجاز[٢] وفي اليمن تهودت حمير وعلى راسهم (ذو نواس) ملك الحمريين[٣].

هذا وظهرت الديانة المسيحية (النصرانيه) في شبه الجزيرة العربية واعتنقتها بعض القبائل العربية ولاسيما الشمالية منها فتنصرت بعض القبائل في نجران اليمن في الجنوب وفي الحيرة في الشمال[٤] من القبائل التي تنصرت من بني تميم بنو امروء القيس بن زيد مناة ومن ربيعة بنو تغلب، ومن اليمن طيئ ومذحج وبهراء، وسليخ وتنوخ، وغسان, ولخم[٥] ويلاحظ أن انتشار النصرانية في شبه الجزيرة العربية لم يكن بدرجة كبيرة فإن عبادة الأوثان كانت الغالبة على أهل مكة ويؤكد هذا القول ما أشار إليه ابن حزم: ((وكانت سائر العرب عباد أوثان))[٦] ومع ذلك فقد كان لليهودية والنصرانية تاثير واضح على الفكر الديني عند العرب[٧] من حيث تعريفهم على بعض مسائل التوحيد والبعث بعد الموت وقصص الأنبياء والأقوام التي أرسلوا إليها وغير ذلك من الأمور[٨].

ويلاحظ أنه كان ثمة ارتباط بين اليهودية والتصرانية والحنيفية في مسالة

---

(١) عبدالحكيم الكعبي، التاريخ الإسلامي، عمان، ٢٠٠٣م، ص٦٣.
(٢) الملاح، الوسيط في تاريخ العرب، ص٤٢٠.
(٣) ناجي معروف، أصالة الحضارة، ص١٣٤.
(٤) ابن هشام, السيرة، ج١، ص٢٣٩.
(٥) جواد علي، المفصل، ج٦، ص٦١٥؛ ناجي معروف، أصالة الحضارة، ص١٣٤.
(٦) ابن حزم، جمهرة أنساب العرب، ص٤٩١.
(٧) ناجي معروف، أصالة الحضارة، ص١٣٤.
(٨) أحمد أمين، فجر الإسلام، ص٢٤ ـ ٢٨.

مهمة ألا وهي التوحيد[١] فالحنيفية التي ظهرت في مكة تأثرت بهاتين الديانتين التوحيديتين اللتين عرفهما عرب الجزيرة فالحنيفية لم يكن هدفها شن الحرب على الرذائل الاجتماعية والمنكرات السلوكية فحسب بل نبذ عبادة الأصنام التي كانت من عوامل الفرقة بين القبائل، حيث يكون لكل قبيلة أو أكثر صنم تعبده وتذبح له، وتنتظر منه النفع والضر وتستشيره عن الطريق القداح في حالة السفر والحرب... فدعوة الحنيفية للتوحيد كانت لأجل القضاء على هذا المظهر، فالتوحيد يعد مظهراً من مظاهر الحضارة[٢] والوثنية والشرك مظهر من مظاهر البداوة، لهذا فإن العلاقة بين الحنيفية والشرك هي علاقة صراع بين الحضارة والبداوة.

(١) خليل عبدالكريم، قريش من قبيلة إلى دولة، ص١٨٦.
(٢) خليل عبدالكريم، قريش من قبيلة إلى دولة، ص١٨٦.

الفصل الثالث

موقف الدعوة الإسلاميه من قيم البداوة والحضارة في الحقبة المكية

المبحث الأول: - نشأة الرسول محمد صلى الله عليه وسلم في مكة

من المعروف أن الرسول محمد بن عبد الله صلى الله عليه وسلم، ينتمي إلى قبيلة قريش، وهي قبيلة من صميم عرب الشمال العدنانيين، وقد عاشت هذه القبيلة قبل أن تستقر في مكة على رعي الإبل[١].. وحتى بعد استقرارها في مكة واشتغال القسم الأكبر من أبنائها في أعمال التجارة (وهم الذين عرفوا بقريش البطاح) فإن القسم الثاني (الذين عرفوا بقريش الظواهر) قد واصلوا الحياة البدوية.

إن هذا الواقع الاجتماعي الذي نشأ الرسول محمد (صلى الله عليه وسلم) في أحضانه، وهو واقع تختلط فيه القيم الحضرية والبدوية يطرح على الباحثين تساؤلاً مهماً، وهو إلى أي مدى قد أثر هذا الواقع في نشأة الرسول صلى الله عليه وسلم وتكوينه؟ وما هي آثاره على موقف الرسول صلى الله عليه وسلم بعد نزول الوحي عليه من السماء من قيم البداوة والحضارة؟ إن ما تقدم يفرض على الباحث أن يقدم نبذة عن نشأة الرسول صلى الله عليه وسلم وحياته في مكة حتى قيامه بحمل رسالة الإسلام ونشر شرائعه بين الناس.

أولاً: - نسبه وأجداده

يتفق المؤرخون على انتساب محمد صلى الله عليه وسلم إلى قبيله قريش وهم يذكرون نسبه على النحو الآتي: ((محمد بن عبد الله بن عبدالمطلب بن هاشم بن عبدالمناف بن قصي بن مره بن كعب بن لؤي بن غالب بن فهر بن مالك بن النضر بن كنانة بن خزيمة بن مدركة بن الياس بن مضر بن نزار بن

(١) ينظر أصول قبيلة قريش البدوية من الفصل الثاني.

سعد بن عدنان))[١] وكان من أجداد محمد بن عبد اللـه الذين لعبوا دوراً كبيراً في مكة قصي بن كلاب وهاشم بن عبدمناف وعبدالمطلب بن هاشم، وكان عبد المطلب من الشخصيات المرموقة والمؤثرة في نفوس أهل مكة، وقد لعب دوراً كبيراً فيها[٢] وقدم خدمات جليلة لأهلها ويذكر أنه كان يطعم بيده الحاج ويسقيهم الماء في حياض من أدم بمكة[٣] وحفر بئر زمزم فيها ليزود أهلها بالماء فلكرمه وجوده كان يطلق عليه عامراً[٤] إذاً فإن أجداد الرسول صلى اللـه عليه وسلم لعبوا دوراً كبيراً في تسيير أمور مكة في جميع النواحي، وكان لهم صدى وأثر كبير في تشكيل شخصية الرسول صلى اللـه عليه وسلم، وذلك لما اتصفوا به من المثل والقيم الخلقية التي تتجلى فيها مظاهر الكرم والمروءة وتحقيق العدالة الاجتماعية وغيرها من الأمور.

ثانياً: - ولادته ونشأته

ولد الرسول محمد بن عبد اللـه صلى اللـه عليه وسلم بشعب بني هاشم[٥] في حوالي سنة ٥٦٩م[٦] وتذكر معظم الروايات أن والده توفي وهو لايزال في بطن أمه، أي انه ولد يتيم الأب[٧] لهذا نرى أنّ المرضعات اللواتي قدمن من البادية قد ترددن في أخذه من والدته[٨] وقد أشار القرآن الكريم إلى حالة اليتيم التي كان عليها الرسول صلى اللـه عليه وسلم بقوله: ﴿ أَلَمْ يَجِدْكَ يَتِيمًا فَـَٔاوَىٰ ﴿٦﴾ ﴾[٩].

وبما أنه ولد يتيم الأب فإن أمه آمنة بنت وهب أرسلت من يخبر جده عبدالمطلب، ويبشره بمولد حفيده فجاء مستبشراً وأخذه ودخل به إلى الكعبة، ودعا

(١) ابن إسحاق، السير والمغازي، ص٧؛ ابن قتيبة، المعارف، بيروت، ١٩٨٧، ص٧٠؛ ابن حزم، جوامع السيرة، تحقيق إحسان عباس ناصر الدين الأسد، القاهرة، د. ت، ص٢.
(٢) ينظر الملاح، الوسيط في السيرة، ص٧٥.
(٣) ابن سعد، الطبقات، ج١، ص٨٣.
(٤) ابن قتيبه، المعارف، ص٤٣.
(٥) ابن هشام، السيرة، ج١، ص١٦٧؛ الأزرقي، أخبار مكة، ج٢، ص٢٣٣.
(٦) الملاح، الوسيط في السيرة، ص٧٩.
(٧) ابن إسحاق، المغازي، ص١١٤؛ ابن هشام، السيرة، ج١، ص١٦٨؛ ابن سعد، الطبقات، ج١، ص١٠٠.
(٨) ابن إسحاق، المغازي، ص١١٢.
(٩) سورة الضحى، الآية ٦.

الـلـه وشكره واختار له اسم محمد[١]، ومكث محمد صلى الـلـه عليه وسلم عند أمه مدة قصيرة من الزمن بعد ولادته ريثما يجدون له مرضعة تتولى أمر إرضاعه، فالتمس جده عبدالمطلب الرضعاء[٢]، واسترضع له امرأة من بني سعد بن بكر وهي حليمة بنت أبي ذؤيب[٣].

إن إرسال الأطفال مع المرضعات إلى البادية، كانت عادة قريشية تمارسها الأسر الموسرة في مكة[٤]، وكان لهذه العادة مبررات وأسباب متعددة، ويرى البعض بأن حرص أهل مكة على أن ينشأ أطفالهم في جو صحي بعيداً عن الوباء[٥] كان أحد الأسباب التي حملت قريش على إرسال أطفالهم إلى إلى البادية لأن هواء البادية أصح يبعدهم عن أمراض الحواضر ويقوي اجسامهم وتشتد أعصابهم[٦]، والسبب الثاني هو من أجل أن يتعلموا فصاحة اللسان ويتقنوه[٧]، وقد نفى الدكتور صالح أحمد العلي العلي أن يكون التعليل الأول صحيحاً واعتبر التعليل الثاني أصح مشيراً إلى أن مناخ مكة جاف صحي لايختلف كثيراً عن مناخ الصحراء لذا فلا يمكن اعتبار العامل الأول صحيحاً[٨]، لهذا يعتبر هذا التعليل أصح مـن السبب الأول وخير دليـل علـى ذلك ما قاله الرسول صلى الـلـه عليه وسلم لأصحابه: ((أنا أعربكم وأنا قريشي، واسترضعت في بني سعد بن بكر))[٩] حيث كان يفتخر دائماً بتنشئته في البادية وتعلمه لغة الفصاحة، وهكذا نستنتج مما سبق أن إرسال قريش أبناءها إلى البادية دليل على مـدى تمسـك قريش بأصولها البدوية وحنينها إلى حياة البداوة على الرغم من إقامتهم الطويلة في مكة.

(١) ابن إسحاق، المغازي، ص١١٧ - ١١٨؛ ابن هشام، السيرة، ج١، ص١٦٨ - ١٦٩.
(٢) ابن إسحاق، المغازي، ص١١٨ - ١١٩.
(٣) ابن هشام، السيرة، ج١، ص١٦٩.
(٤) الملاح، الوسيط في السيرة، ص٨٢.
(٥) ابن إسحاق، المغازي، ص١١٩ - ١٢٠؛ السهيلي، الروض الأنف في تفسير السيرة النبوية، مصر، ١٩١٤م، ج١، ص١٠٩.
(٦) صفي الرحمن المباركفوري، الرحيق المختوم، عمان، ٢٠٠٥م، ص٤٠.
(٧) الملاح، الوسيط في السيرة، ص٨١؛ العلي، محاضرات، ص٢٦٥؛ المباركفوري، الرحيق المختوم، ص٤٠.
(٨) محاضرات، ص٢٦٦.
(٩) ابن هشام، السيرة، ج١، ص١٧٢.

أما بالنسبة للمدة التي مكثها رسول صلى الـلـه عليه وسلم في بادية بني سعد لدى مرضعته حليمة السعدية، فهناك اختلاف بين الروايات حول مدة إقامته، فقيل إنه بقي سنتان في كنف حليمة السعدية حسب رواية ابن إسحاق[١]، وربما تكون هذه المدة المرحلة الأولى من إقامته لدى حليمة السعدية وهي في الحقيقة فترة حضانة ورضاعة[٢] وبعد هذه الفترة أرادت أمه إرجاعه إلى مكة إلا أن حليمة السعدية أقنعت أمه بتمديد إقامته عندها سنة أخرى لأنها ((تخشى عليه أوباء مكة))[٣] غير أن أن حليمة السعدية أعادته إلى أمه بعد شهرين أو ثلاثة، لأنها خشيت عليه ((الإتلاف والأحداث))[٤]. وفي رواية أخرى مخالفة لرواية ابن إسحاق ذكر بأن مدة بقاء الرسول صلى الـلـه عليه وسلم عند حليمة السعدية استغرقت أربع سنوات[٥] وذهبت روايات أخرى إلى أن مدة إقامته عند مرضعته استغرقت خمس سنوات[٦]. ويبدو أن مدة إقامة الرسول صلى الـلـه عليه وسلم على الأرجح استغرقت استغرقت بحدود خمس سنوات[٧] وذلك لأن الرسول صلى الـلـه عليه وسلم كان شديد الاعتزاز والافتخار بأن لسانه ((لسان بني سعد بن بكر))[٨] وكذلك رعيه للغنم في بني سعد مع اخيه في الرضاعة[٩] خير دليل على أنه مكث بحدود خمس سنين في البادية، وإن هذه الفترة تركت أثراً عميقاً في نفسه صلى الـلـه عليه وسلم وجعلته يشعر تجاه مرضعته حليمة وأبنائها بالمحبة والتعاطف وكأنه واحدٌ منهم[١٠].

وبعد ذلك رجع إلى مكة وعاش إلى جوار والدته مدة تقرب سنة حسب ما

(١) المغازي، ص٥٠ - ٥١.
(٢) الملاح، الوسيط في السيرة، ص٨٢.
(٣) ابن إسحاق، المغازي، ص٥٠ - ٥١.
(٤) المصدر نفسه، ص٥٠ - ٥١.
(٥) ابن سيد الناس، عيون الأثر في فنون المغازي والشمائل والسير، بيروت، ١٩٨٦م، ج١، ص٥٢.
(٦) ابن سعد، الطبقات، ج١، ص١١٢؛ ابن قتيبة، المعارف، ص٧٩.
(٧) الملاح، الوسيط في السيرة، ص٨٣.
(٨) ابن هشام، السيرة، ج١، ص١٧٢.
(٩) المصدر نفسه؛ السهيلي، الروض الأنف، ج١، ص١١٢.
(١٠) الملاح، الوسيط في السيرة، ص٨٣.

جاء في أغلب الروايات[١] وبعد وفاة أمه أصبح يتيم الأم والأب وعمره لايتجاوز السادسة على أرجح الأقوال[٢]، وكان لهذا الحادث أثر كبير في نفس الرسول صلى اللـه عليه وسلم، بعدها انتقلت العناية به إلى جده عبدالمطلب وعوضه عن حنان أمه وعامله احسن معاملة وحرص عليه كل الحرص وكان من مظاهر هذا الاهتمام ما ذكره ابن هشام: ((كان رسول اللـه صلى اللـه عليه وسلم مع جده عبدالمطلب بن هاشم، وكان يوضع لعبدالمطلب فراش في ظل الكعبة، فكان بنوه يجلسون حول فراشه ذلك حتى يخرج إليه، لايجلس عليه أحد من بنيه إجلالاً له. قال: فكان رسول اللـه صلى اللـه عليه وسلم يأتي وهو غلام جفر، حتى يجلس عليه، فيأخذه أعمامه ليؤخروه عنه، فيقول عبدالمطلب، إذا رأى منهم: دعوا إبني، فوالله إن له لشأناً؛ ثم يجلسه معه على الفراش، ويمسح ظهره بيده، ويسره ما يراه يصنع))[٣] وبعدها توفي جده عبدالمطلب وعمر محمد صلى اللـه عليه وسلم ثماني سنوات وتعهد بكفالته بعد وفاته عمه أبو طالب شقيق والده[٤].

شارك الرسول صلى اللـه عليه وسلم منذ شبابه مشاركة فعالة في الحياة العامة في مكة، وأوردت المصادر التاريخية أنه كان يعمل منذ صغره وصباه في رعي الغنم، فقد رعى الغنم مع أخيه في الرضاعة عندما كان في ديار بني سعد عند حليمة السعدية[٥] وكذلك مارسها بعد عودته إلى مكة، حيث كان يرعى الغنم عندما كان عند عمه ليساعده اقتصادياً[٦]، وإن اشتغاله في رعي الغنم لمساعدة عمه يبرز لنا استمرار بعض صور الحياة البدوية عند أهل مكة كما صحب عمه في إحدى رحلاته التجارية[٧] وحينما بلغ مرحلة الشباب حاول ترك مهنة الرعي والاشتغال بعمل يناسب سنه ويدر عليه ربحاً أوفر، وكان المجال الوحيد المتاح له هو العمل

(١) ابن هشام، السيرة، ج١، ص١٧٧؛ ابن سعد، الطبقات، ج١، ص١١٦.
(٢) ابن هشام، السيرة، ج١، ص١٧٧؛ ابن سعد، الطبقات، ج١، ص١١٦.
(٣) السيرة، ج١، ص١٧٨.
(٤) السيرة، ج١، ص١٨٩.
(٥) ابن هشام، السيرة، ج١، ص١٧٦؛ ابن سعد، الطبقات، ج١، ص١٢١؛ المباركفوري، الرحيق المختوم، ص٤٣.
(٦) ابن سعد، الطبقات، ج١، ص١٢٥.
(٧) ابن إسحاق، المغازي، ص٧٣؛ ابن هشام، السيرة، ج١، ص١٩٨.

في التجارة مهنة آبائه وأجداده[١]. وعندما بلغ عمر الرسول صلى الـلـه عليه وسلم خمساً وعشرين سنة شارك في التجارة فخرج تاجراً إلى الشام في مال السيدة خديجة بنت خويلد، لما بلغها عنه من صدق حديثه وعظم أمانته وكرم أخلاقه على أن تعطيه أفضل ما كانت تعطي غيره من التجار[٢]، إن الصفات التي اتصف بها الرسول صلى الـلـه عليه وسلم جعلت السيدة خديجه تعرض عليه الزواج، فوافق الرسول صلى الـلـه عليه وسلم على عرض خديجة بعد استشارة أعمامه[٣] فتزوج منها، وبذلك انتهت إقامته عند عمه أبي طالب فانتقل إلى بيت زوجتة خديجة حيث وفرت له الطمأنينة والاستقرار[٤].

إن زواج الرسول صلى الـلـه عليه وسلم من خديجة كان من أهم العوامل التي أثرت في حياته من جميع النواحي المادية والمعنوية لأنه حقق له حياة الاستقرار وكفاه مؤونة العيش ومشقة الأسفار والعمل.

ثالثاً: - مشاركته في الحياة العامة في مكة حتى نزول الوحي

ومن أجل إبراز دور محمد صلى الـلـه عليه وسلم في الحياة العامة بصورة مفصلة لا بدّ من الإشارة إلى دوره في الحوادث التي وقعت في مكة وسنوردها فيما يأتي:

١ـ المشاركة في حرب الفجار وحلف الفضول

عندما بلغ عمر محمد صلى الـلـه عليه وسلم بحسب أغلب الروايات التاريخية عشرون سنة[٥]، شارك في حرب الفجار، وكان يناول السهام لأعمامه[٦] ويبدو أن مشاركته قد اقتصرت على مساعدة أعمامه في القتال[٧] وبعد هذه الحرب

(١) الملاح، الوسيط في السيرة، ص٨٩.
(٢) ابن إسحاق، المغازي، ص٨٩.
(٣) المصدر نفسه، ص١٥٤.
(٤) ابن هشام، السيرة، ج١، ص١٩٨؛ ابن سعد، الطبقات، ج١، ص١٣١.
(٥) ابن سعد، الطبقات، ج١، ص١٢٨؛ ابن قتيبة، المعارف، ص٨٨؛ الطبري، تاريخ، ج١، ص٢٨٧.
(٦) ابن هشام، السيرة، ج١، ص١٩٥؛ ابن سعد، الطبقات، ج١، ص١٢٦.
(٧) ابن هشام، السيرة، ج١، ص١٩٥؛ ابن سعد، الطبقات، ج١، ص١٢٦ - ١٢٧.

بفترة وجيزة وقع حلف الفضول[١] وقد شارك الرسول صلى الله عليه وسلم في هذا الحلف، ويبدو أن الرسول صلى الله عليه وسلم بعد ما بلغ مبلغ الرجال أخذ اهتمامه بالقضايا العامه بالتزايد وأخذ قومه يلحظون في شخصيته هذا الجانب، لهذا دعوه لحضور هذا الحلف وكان ذلك موضع اعتزاز وفخر للرسول صلى الله عليه وسلم حتى بعد نزول الوحي عليه برسالة الإسلام لذا فقد روى عنه قوله: ((لقد شهدت في دار عبد الله بن جدعان حلفاً ما أحب أن لي به حمر النعم، ولو أدعى به في الإسلام لأجبت))[٢].

٢ـ بناء الكعبة وتحكيم محمد صلى الله عليه وسلم

عندما بلغ رسول الله صلى الله عليه وسلم خمساً وثلاثين سنة، اجتمعت قريش لبناء الكعبة[٣] وبعد الانتهاء من بنائها، حدث خصام شديد بين العشائر المكية في موضع الركن، أي وضع الحجر الأسود في الكعبة وكانت كل عشيرة تريد أن يكون لها شرف في وضع الحجر ((فمكثت قريش أربع ليال أو خمساً بعضهم من بعض، ثم إنهم اجتمعوا في المسجد، فتشاوروا وتناصفوا))[٤] وطلب كبير وسيد قريش أبو أمية بن المغيرة بن عبد الله بن عمر بن مخزوم، بأن يجعلوا بينهم أول من يدخل عليهم من باب المسجد حكماً فيما يختلفون فيه فلما توافقوا على ذلك ورضوا به، دخل رسول الله صلى الله عليه وسلم من باب المسجد، فرضيت ورحبت العشائر المتنازعة بالرسول ليكون حكماً بينها، لأنه كان يعرف بالأمين، وبعدها حكم الرسول صلى الله عليه وسلم بينهم فقال: ((هلموا ثوباً، فأتوا به، فوضع رسول الله صلى الله عليه وسلم الركن فيه بيديه، ثم قال: لتأخذ كل قبيلة بناحية من الثوب، ثم ارفعوا جميعاً، فرفعوا، حتى إذا بلغوا به موضعه، وضعه رسول الله صلى الله عليه وسلم بيده، ثم بنى عليه))[٥].

إن قبول وترحيب العشائر المكية المتنازعة بحكم الرسول صلى الله عليه وسلم، ووصفه بالأمين، يدل على المكانة المتميزة التي كان يتمتع بها الرسول صلى

---

(١) ابن هشام، السيرة، ج١، ص١٩٥؛ ابن سعد، الطبقات، ج١، ص١٢٦ / ١٢٧.
(٢) ابن هشام، السيرة، ج١، ص١٤١؛ الملاح، الوسيط في السيرة، ص٨٩.
(٣) ابن هشام، السيرة، ج١، ص٢٠٤.
(٤) المصدر نفسه، ج١، ص٢٠٩ - ٢١٠.
(٥) المصدر نفسه، ج١، ص٢١٠.

الـلـه عليه وسلم في بين قومه، كما أن مبادرته إلى تقديم الحل المناسب للنزاع من غير تردد أو تلكؤ تدل على مدى ماكان يتمتع به من حكمة وسرعـة بديهة في مواجهة المواقف الصعبة[١] من خلال عرض حياة الرسول صلى الـلـه عليه وسلم تتبين لنا نقطتان مهمتان، النقطة الأولى: هي أن الرسول صلى الـلـه عليه وسلم عاش في بيئتين البيئة البدوية والبيئة الحضرية، فالبيئة البدوية تمثلها ديار بني سعد عندما أرسل هناك للرضاعة حيث يجد في ديار بني سعد الناقة والأغنام والصحراء والهواء النقي والعمل في رعي الأغنام، فالرسول رعى الغنم هناك وحتى بعد رجوعه إلى مكة مارس رعى الأغنام[٢] أما البيئة الحضرية فقد عاشها في مكة فيجد فيها الكعبة والتنظيمات المدنية والدينية وممارسة التجارة وقد مارس الرسول صلى الـلـه عليه وسلم نفسه التجارة وتولى قيادة قافلة تجارية للسيدة خديجة وجاء بأرباح جيدة، وإن المغزى من هذا العرض هو أن هاتين البيئتين قد أثرت بشكل مباشر في نمو شخصيه النبي صلى الـلـه عليه وسلم وتشكيلها وتنوع مشاهد البيئة في مراحل نموه بين البداوة والحضارة حيث أدت إلى شحذ ملكة المقارنة عنده بين الأشياء في سن مبكرة. أما بالنسبة للناحية الاجتماعية فإن زواجه من السيدة خديجة (رضي الـلـه عنها) كان من أهم العوامل التي اثرت في حياته الثقافية وتوجهاته الروحية، وذلك لأنها وفرت له المستلزمات المادية والمعنوية التي تساعده على التأمل والتفكير وممارسة بعض الرياضات الروحية، فضلاً عن أن معايشة الرسول لخديجة رضي الـلـه عنها كانت مفيدة له لأن خديجة كانت امرأة واسعة الخبرة في الحياة، فقد تزوجت مرتين قبل زواجها من الرسول صلى الـلـه عليه وسلم، كما اشتغلت بالتجارة، وعرفت بأنها امرأة حازمة وصلدة[٣].

وفي الناحية العقيدية الدينية، فإن نشأة الرسول صلى الـلـه عليه وسلم في مكة جعلته يحيط بشكل دقيق بأحوال قومه المشركين من هذه الناحية هذا بالإضافة إلى إحاطته بأحوال العقائد الأخرى التي لها أثر في مكة كاليهودية والنصرانية والمجوسية[٤] والحقيقة أن الرسول صلى الـلـه عليه وسلم لم يقتنع بعقيدة قومه في

(١) الملاح، الوسيط في السيرة، ص٩٥
(٢) ابن سعد، الطبقات، ج١، ص١٢٥.
(٣) الملاح، الوسيط في السيرة، ص٩٧.
(٤) ينظر الحياة الدينية في مكة من الفصل الثاني.

عبادة الأصنام والأوثان[١] ونبذ عبادة الأصنام، وقد ذكر ابن سعد: ((أن أحد التجار طلب منه أن يحلف بـ اللات والعزى فقال الرسول صلى اللـه عليه وسلم: ما حلفت بها قط، وإني لأمر فأعرض عنهما فقال الرجل، القول قولك))[٢] إذاً فالرسول لم يؤمن بعقيدة الشرك وكان يتجه بفكره إلى عقيدة التوحيد ويبدو أن فكرة التعدد والشرك كانت عقيدة ملائمة لحياة المجتمع البدوي القائم على المحافظة والانقسام القبلي أكثر من المجتمع الحضري الذي يقوم على الوحدة والتفاعل الحضاري، لهذا فإن الشرك وفكرة تعدد الآلهة يمكن اعتبارها إحدى القيم الدينية للبدو، وقد حافظ أهل مكة على هذه العقيدة كامتداد لحياتهم البدوية القديمة فضلاً عن أنها كانت تساعد على زيادة أرباحهم الاقتصادية وتوطيد أوضاعهم السياسية.

في ضوء ماتقدم فقد ظهرت في مكة حركة مناوأة للشرك تمثلت في دعوة الأحناف إلى التوحيد والعودة إلى دين إبراهيم عليه السلام. وكانت علاقة الرسول مع اولئك الأحناف علاقة تجاوب وبخاصة في النفرة من عبادة الأصنام والبحث عن الدين الحق[٣] دين إبراهيم الحنيف عليه الصلاة والسلام وقد أورد القرآن الكريم آيات بهذا الصدد قال تعالى: ﴿ قُلْ إِنَّنِى هَدَىٰنِى رَبِّىٓ إِلَىٰ صِرَٰطٍ مُّسْتَقِيمٍ دِينًا قِيَمًا مِّلَّةَ إِبْرَٰهِيمَ حَنِيفًا ۚ وَمَا كَانَ مِنَ ٱلْمُشْرِكِينَ ﴿١٦١﴾ ﴾[٤].

وهكذا نلاحظ أن الرسول صلى اللـه عليه وسلم لم يشارك قومه من المشركين عقيدتهم، وأنه كان منذ شبابه مع أولئك الموحدين، وإن هذا التوجه عمق لدى الرسول صلى اللـه عليه وسلم روح العزلة عن قومه والاعتكاف لغرض العبادة والتحنث في غار حراء[٥] وكان الرسول صلى اللـه عليه وسلم يمارس خلال اعتكافه أنواعاً من الصلاة والتأمل.

٣ـ نزول الوحي على محمد صلى اللـه عليه وسلم

وعندما أكمل الرسول محمد صلى اللـه عليه وسلم أربعين سنة من عمره،

(١) دروزة، عصر النبي، ص٧٠٤ - ٧٠٦.
(٢) ابن سعد، الطبقات، ج١، ص١٣٠.
(٣) ينظر، الملاح، الوسيط في السيرة، ص٩٨
(٤) سورة الأنعام، الآية ١٦١.
(٥) ابن سعد، الطبقات، ج١، ص ١٩٩.

بدأت آثار النبوة تلوح وتلمع من وراء افاق الحياة وقد تمثلت بالرؤيا الصالحة ((وكان لايرى رؤية في نومه إلا جاءت كفلق الصبح))[١] نستطيع أن نقول بأن هذه الرؤيا الصالحة كانت بمثابة إعداد نفسي، وبقي على هذا الحال مدة طويلة نسبياً ربما امتدت عدة سنوات[٢] وبعد ذلك ((حبب إليه الخلاء، فكان يخلو بغار حراء، فيتحنث فيه، وهو التعبد الليالي ذوات العدد قبل أن ينزع إلى أهله ويتزود لذلك، ثم يرجع إلى خديجة فيتزود لمثلها حتى جاءه الحق وهو في غار حراء))[٣].

هكذا تعود الرسول صلى الله عليه وسلم على حب العزلة بين الفينة والأخرى وحبب الله إليه الخلاء، إلى أن جاءه جبريل وهو في احدى خلواته تلك[٤] ولأول مرة وهو في غارحراء فقال له: اقرأ ورد عليه الرسول صلى الله عليه وسلم بقوله ما أنا بقارئ[٥] وقال له ذلك ثلاث مرات إلى أن نزل عليه قوله تعالى: ﴿ ٱقْرَأْ بِٱسْمِ رَبِّكَ ٱلَّذِى خَلَقَ ۝١ خَلَقَ ٱلْإِنسَـٰنَ مِنْ عَلَقٍ ۝٢ ٱقْرَأْ وَرَبُّكَ ٱلْأَكْرَمُ ۝٣ ٱلَّذِى عَلَّمَ بِٱلْقَلَمِ ۝٤ عَلَّمَ ٱلْإِنسَـٰنَ مَا لَمْ يَعْلَمْ ۝٥ ﴾[٦].

وبعدما جاء جبريل إلى الرسول صلى الله عليه وسلم أصابه اضطراب وقلق شديدان وقد أخبر زوجته خديجة بذلك، ومن أجل أن يطمئن الرسول صلى الله عليه وسلم على حقيقة ما شاهده، فإن خديجة كما يقول ابن إسحاق: ((قامت فجمعت ثيابها عليها ثم انطلقت إلى ورقة بن نوفل، وهو ابن عمها، وكان قد قرأ الكتب، وكان قد تنصر وسمع من التوراة والإنجيل، فأخبرته الخبر، وقصت عليه ما قص عليها رسول الله أنه رأى وسمع. فقال ورقة قدوس، قدوس والذي نفس ورقة بيده، لأن كنت صدقتني يا خديجة، إنه لنبي هذه الأمة، وإنه ليأتيه الناموس الأكبر الذي يأتي موسى عليه السلام، فقولي له فليثبت))[٧] فعندما علم الرسول صلى الله

(١) ابن هشام، السيرة، ج١، ص٢٤٩ - ٢٥٠.
(٢) ابن إسحاق، المغازي، ص١٣٣ - ١٣٤.
(٣) ابن المبارك، التجريد الصريح لأحاديث الجامع الصحيح، بيروت، د. ت، ج١، ص٥.
(٤) البوطي، فقه السيرة، د. م، ١٩٨٠م، ط٨، ص٧٩؛ محمد الغزالي، فقه السيرة، د. م، د. ت، ص٨٨.
(٥) ابن إسحاق، المغازي، ص ١٣٣.
(٦) سورة العلق، الآية ١ـ ٥.
(٧) ابن إسحاق، المغازي، ص١٣٣.

عليه وسلم حقيقة نزول الوحي وأنه نبي هذه الأمة اطمأن وأخذ ينتظر ساعات نزول الوحي بشوق وتلهف[1].

هكذا نزل الوحي على محمد صلى الله عليه وسلم وأخذت الآيات القرآنية تنزل على الرسول صلى الله عليه وسلم بوساطة الوحي حسب احتياجات الدعوة الإسلامية بالآية أو الآيتين والخمس والعشر، وهناك إشارة في القرآن الكريم إلى ذلك قال تعالى: ﴿ وَقُرْءَانًا فَرَقْنَٰهُ لِتَقْرَأَهُۥ عَلَى ٱلنَّاسِ عَلَىٰ مُكْثٍ وَنَزَّلْنَٰهُ تَنزِيلًا ۝١٠٦ ﴾[2].

(1) الملاح، الوسيط في السيرة، ص106.
(2) سورة الإسراء، الآية 106

المبحث الثاني: مبادئ الإسلام الأولى وعلاقتها بقيم الحياة الحضرية والبدوية

بعد ما تكلمنا عن أهم القيم والمبادىء التي كانت منتشرة عند العرب في الجزيرة العربية بصورة عامة وقريش بصورة خاصة في الفصل الأول والثاني من الرسالة، فلا بد من التطرق إلى مبادىء وتعاليم الإسلام الأولى لما لهذه المبادئ من علاقة وثيقة بقيم الحياة الحضرية والبدوية. وتتمثل هذه المبادئ في ثلاثة أمور مهمة وهي الإيمان بالله وقدرته, والإيمان بأن العناية الإلهية قد اصطفت محمد بن عبد الله صلى الله عليه وسلم من بين البشر ليكون رسول الله إلى الناس، والإقرار بدور الملك (جبريل) في إيصال الرسالة الإلهية إلى النبي محمد صلى الله عليه وسلم عبر عملية الوحي[1].

إن هذه الأمور الثلاثة عالجها القرآن الكريم في العهد المكي ويتبين ذلك من خلال دراسة السور المكية[2] التي نزلت في مرحلة سرية الدعوة حيث ركزت اهتمامها على توضيح عقيدة المسلمين في الله تعالى. فبالنسبة للأمر الأول يلاحظ أن الخطاب القرآني قد تعامل مع هذه المسألة بصفتها من المسلمات التي لاتحتاج إلى برهان، وذلك لأن المشركين من العرب كانوا يقرون بذلك ويتضح ذلك في قوله تعالى: ﴿ وَلَئِن سَأَلْتَهُم مَّنْ خَلَقَ ٱلسَّمَٰوَٰتِ وَٱلْأَرْضَ وَسَخَّرَ ٱلشَّمْسَ وَٱلْقَمَرَ لَيَقُولُنَّ ٱللَّهُ ﴾[3] إن هذا يدل على أن العرب عرفوا الاعتقاد بالله، لهذا انصب اهتمام القرآن الكريم في هذه المرحلة على بيان فضل الله على الإنسان وقال تعالى بهذا الصدد: ﴿ خَلَقَ ٱلْإِنسَٰنَ مِنْ عَلَقٍ ﴿٢﴾ ﴾[4] والذي خلق السموات والأرض وما فيها من خيرات ومخلوقات مسخرة لخدمة بني الإنسان لذا فقد قرر القرآن الكريم أن الله هو رب العالمين، لأنه خالقهم ومالكهم ومربيهم[5].

---

(١) الملاح، الوسيط في السيرة، ص١١٠.
(٢) سورة العلق، الآية ١ - ٥؛ سورة القلم، الآية ١ - ٧؛ سورة المزمل، الآية ١ - ٩؛ سورة المدثر، الآية ١ - ١٠؛ سورة التكوير، الآية ١ - ١٤؛ سورة الأعلى، الآية ١ - ١٩.
(٣) سورة العنكبوت، الآية ٦١.
(٤) سورة العلق، الآية ٢.
(٥) الملاح، الوسيط في السيرة، ص١١١.

أما بالنسبة للمسالة الثانية فهي أن القرآن الكريم أكد أن الحكمة الإلهية اقتضت أن يصطفي الله تعالى بين حين وآخر رجالاً ذوي قدرات خاصة، فاصطفت العناية الإلهية محمد بن عبد الله صلى الله عليه وسلم من بين البشر ليكون رسول الله إلى الناس، ومن أجل حمل الناس على الإيمان بذلك وصف القرآن الكريم محمداً بأنه (عبد الله ورسوله)، وهو ﴿ وَمَا يَنطِقُ عَنِ ٱلْهَوَىٰٓ ۝٣ إِنْ هُوَ إِلَّا وَحْيٌ يُوحَىٰ ۝٤ ﴾[١] ومن هنا تظهر مسالة مهمة للغاية وهي الإقرار بدور الملك (جبريل) في إيصال الرسالة الإلهية إلى النبي محمد صلى الله عليه وسلم عبر عملية الوحي. وقد تمثل ذلك الوحي بآيات القرآن الكريم، التي هي كلام الله تعالى، وتضمنت هذه الآيات توجيهات وأوامر دينية واجتماعية وسياسية من أجل هداية قوم الرسول صلى الله عليه وسلم من العرب لأنهم أول من نزل عليهم القرآن ثم هداية بقية الأقوام والشعوب من بعدهم[٢].

ولم تقتصر آيات القرآن الأولى على الأمور التي ذكرناها، بل إنها أوضحت أن الله تعالى سيبعث الناس بعد موتهم وسيحاسبهم على أعمالهم في الدنيا، فوعد الذين آمنوا بالثواب على إيمانهم يوم القيامة بدخول (الجنة) حيث النعيم الأبدي ويعاقب الكافرين بإدخالهم الجحيم[٣] فقد جاء في سورة العلق أن البشر سيحاسبون على اعمالهم يوم القيامة فقال تعالى: ﴿ إِنَّ إِلَىٰ رَبِّكَ ٱلرُّجْعَىٰٓ ۝٨ ﴾[٤].

إن المبادئ والقيم الأولى التي جاء بها الإسلام لم تحظ بالرضا والقبول من زعماء مكة لأنها تتعارض مع تقاليد الآباء والأجداد فضلاً عن مناقضتها لمصالحهم السياسية والاقتصادية والاجتماعية. لذا فقد نشب الصراع العقائدي والفكري بين قيم الإسلام ومبادئه وقيم الشرك والجاهلية. وقد شمل هذا الصراع مجالات عدة، كان من أبرزها ما يأتي:

---

(١) سورة النجم، الآية ٣ - ٤؛ سورة الأحقاف، الآية ٩.
(٢) سورة النجم، الآية ١ - ١٨؛ سورة الشورى، الآية ٥٢؛ ابن حزم، المحلى، مصر، ١٣٤٧هـ - ١٣٥٢هـ ج١، ط١، ص٨ - ٩.
(٣) سورة الصافات، الآية ١٧١ - ١٨٢.
(٤) سورة العلق، الآية ٨.

أولاً: - التوحيد في مواجهة الشرك

تعد الدعوة إلى التوحيد إحدى النقلات المهمة في الفكر العربي والإنساني وقد وصفها الدكتور عماد الدين خليل بالنقلة التصورية - الاعتقادية - حيث حول التوجه الإنساني من التعدد إلى التوحيد ومن عبادة العباد إلى عبادة الـلـه وحده، من عشق الحجارة والأصنام والتماثيل والأوثان إلى محبة الحق الذي لا تلمسه الأيدي أو لاتراه العيون وكسر الحاجز المادي باتجاه الغيب وتمكين العقل من تحقيق تفاعلات تعلو على الحس القريب [١].

إن دعوة الإسلام إلى التوحيد هي من أولى المفاهيم التي جاء بها الإسلام ودعا إليها العرب، بحيث أن هذه الدعوة قدمت للعرب مفاهيم جديدة، لم يكونوا يعرفونها أو لم يكونوا يؤمنون بها [٢] لكن مع هذا فإن القيم الدينية التي جاء بها الإسلام لم تكن منقطعة الجذور عن واقع العرب الديني قبل الإسلام فالعرب ظهر بينهم من يؤمن بمبدأ التوحيد الذي دعا إليه الأحناف وخاصة في المجتمعات الحضرية كمكة ونرى إن فكرة التوحيد كانت معروفة عندهم [٣].

ويلاحظ أن الإيمان بالله في الإسلام يختلف كثيراً عما كان عليه قبيل الإسلام فعلى الرغم من اعتقاد العرب بالله تعالى، وإيمانهم بقدرة الـلـه، وأنه هو الذي خلق السموات والأرض وسخر الشمس والقمر [٤] وهو الذي خلقهم [٥] إلا أن هذا الاعتقاد لم يكن واضحاً تماماً حيث كانت تغلفه مظاهر الغموض والتشويش فمنهم من كان يؤمن بالله تعالى، إلا أنهم كانوا يشركون به، ونجد أكثر الناس إيماناً به كثيراً ما يشركون آلهتهم الأخرى معه حتى في إيمانهم [٦] كما أنهم لم يكونوا يتصورون أن الـلـه موجود في كل مكان واعتقدوا أن مكانه الوحيد هو السماء [٧].

وفي المقابل فإن فكرة التوحيد فكرة واضحة وقوية في جميع آيات القرآن

(١) الفعل الحضاري، ص٢١٥.
(٢) الشريف، مكة والمدينة، ص٢٠١.
(٣) ينظر الحياة الدينية في مكة من الفصل الثاني.
(٤) سورة الأعراف، الآية ٥٤.
(٥) سورة الزخرف، الآية ٨٧.
(٦) ابن الكلبي، الأصنام، ص١٧.
(٧) جواد علي، المفصل، ج٦، ص٤٠٦.

الأولى، وهي تقوم على الإقرار بوحدانية الـلـه، فالوحدانية التي جاء بها الإسلام كاملة وشاملة ومطلقة فليس للوجود جميعاً غير رب واحد فالإسلام لا يقر إلا بوحدانية مطلقة وذات الـلـه لاتتعدد ولا تنفصل ولا تشبه الخلق[١]، إن دعوة الإسلام إلى عبادة الـلـه في بادىء الأمر لم تستفز المشركين، لأنهم كانوا يسلمون بوجود الـلـه تعالى لهذا لم يحدث صراع بين المشركين والمسلمين في البداية، غير أنه حينما دعا الإسلام بشكل صريح وقوي إلى توحيد الـلـه تعالى وحده بالعبادة، ونبذ عبادة الأصنام وترك الشرك في عبادة الـلـه تعالى اعتبروا ذلك خرقاً لإحدى المبادئ التي كانوا يتمسكون بها وهي احترام البدوي لتقاليد الآباء والأجداد وعدوها تكفيراً وتسفيهاً لما كان عليه آبائهم[٢] فنبذ الشرك يعني نبذ إحدى القيم البدوية التي كان يتمسك بها مشركوا مكة.

ومن أجل حمل المشركين على الإيمان بوحدانية الـلـه تعالى أكد الخطاب القرآني في المرحلة المكية أهمية الإيمان بالله وانصب اهتمام القرآن الكريم في هذه المرحلة على بيان فضل الـلـه على الإنسان من خلال توضيح صفاته وفضائله وقدرته[٣] فهو الذي ﴿ خَلَقَ ٱلْإِنسَٰنَ مِنْ عَلَقٍ ۝٢ ﴾ والذي ﴿ ٱلَّذِى عَلَّمَ بِٱلْقَلَمِ ۝٤ عَلَّمَ ٱلْإِنسَٰنَ مَا لَمْ يَعْلَمْ ۝٥ ﴾[٤] إذاً فلا بد للإسلام الذي جاء بعقيدة التوحيد أن يملك أداة لتحقيق أهداف هذه العقيدة، وهذه الأداة تتمثل بنبذ القيم والمثل الدينية التي تمسك بها مشركو مكة وبناء أمة تؤمن بالله وتتحرر من الشرك القائم على عبادة الأصنام وتعدد الإلهة، كما يلاحظ أن فكرة التوحيد حين تستقر في النفوس وتصبح عقيدة ثابته. تساهم في توفير الأساس العقائدي في توحيد قبائل الجزيرة العربية، لأن الإيمان بدين واحد أو عقيدة واحدة يخالف من كافة الوجوه وشتى المناحي اعتقاد كل القبيلة بإله خاص بها، فالتوحيد في العقيدة سوف يؤدي بطريق الحتم واللزوم إلى صهر القبائل في بوتقة واحدة[٥].

(١) الشريف، مكة والمدينة، ص٢٠٢ - ٢٠٣.
(٢) الملاح، الوسيط في السيرة، ص١٣٤.
(٣) سورة الرعد، الآية ٢٦؛ سورة الحجر، الآية ٢٣؛ سورة الأنعام، الآية ٣.
(٤) سورة العلق، الآية ٤ - ٥.
(٥) خليل عبدالكريم، قريش من قبيلة إلى دولة، ص١٨٥.

ثانياً: - الإسلام في مواجهة الكفر

كان للإسلام أثر مباشر في عقلية العرب حيث جاء بعقائد وتعاليم مخالفة لعقائد العرب القديمة[١] فكلمة الإسلام تعني المسالمة أي الانقياد والخضوع والاستسلام للأوامر والتعاليم التي جاء بها بها الإسلام ونبذ الكفر والشرك فالإنسان المسلم الملتزم بالمنظومة الخلقية المتجذرة في العقيدة في مواجهة (الجاهلي) المتمرس على الفوضى والتسيب[٢] أما الكفر من حيث الدلالة اللغوية فيعني ستر الشيء وتغطيته[٣] فالكافر هو الذي يخفي الحقيقة وينكرها على الرغم من معرفته بها[٤] وبما أن أن الإسلام يقوم على الانقياد لأوامر الله والخضوع له، فقد عد المشركون ذلك تكفيراً وتسفيها لما كان عليه آباؤهم وأجدادهم، لأن دعوة الإسلام إلى التوحيد وترك الشرك[٥] تعني خروجهم على تقاليد آبائهم وأجدادهم، وإن احترام هذه التقاليد هو مظهر من مظاهر الحياة البدوية كما أوضحنا ذلك سابقاً.

ويلاحظ أن عقيدة المشركين التي وصفها القرآن بالكفر تقوم على عقيدة الشرك وعبادة الأصنام، وهي عقيدة يصعب تقديرها والدفاع عنها عقلياً (بالحجة والبرهان) ولم تكن لها فلسفة قوية تدافع عنها، كما يظهر من محاجة القرآن للمشركين، حيث لايظهر من هذه المحاججة وجود فكرة حية واضحة عندهم، كما لم تذكر أراء واضحة عن ديانتهم أو عن وجود رجال دين يتحمسون في الدفاع عن هذه الديانة[٦].

في ضوء ما تقدم، يظهر أن قدرة القرآن الكريم على مخاطبة عقول المشركين، والفلسفة القوية التي دافع عنها تشكل مظهراً مهماً من المظاهر الحضارية التي جاء بها الإسلام، فبدلاً من أن يسلم مشركو مكة أمرهم لهذه الدعوة

(١) أحمد أمين، فجر الإسلام، ج١، ص٦٩.
(٢) هاشم يحيى الملاح، الرسالة الإسلامية ودورها في نشأة الحضارة العربية الإسلامية، بغداد، ٢٠٠١م، ع ٤٨، ص٨٥.

(٣) ابن منظور، لسان العرب، مج٥، ص١٤٤.
(٤) ينظر، هاشم يحيى الملاح، الاجتهاد في أمور العقيدة، مجلة آداب الرافدين، ع٦، الموصل، حزيران، ١٩٧٥م، ص٣ - ٢٢.
(٥) الملاح، الوسيط في السيرة، ص ١٢٥.
(٦) العلي، محاضرات، ص٢٩٩؛ الملاح، الوسيط في السيرة، ص١٢٤.

رفضوا ذلك، بل وأصروا على تمسكهم بتقاليد آبائهم وأجدادهم، تلك التقاليد التي جعلتهم غيرقادرين على التمييز بين الطالح والصالح وبدلاً من أن يدخلوا في نقاش مع المسلمين من أجل فهم الحقيقة والإيمان بما جاءهم به الإسلام اضطهدوا المسلمين وظلوا متمسكين بعقيدة الشرك، لذا لقد وصف القرآن الكريم موقفهم هذا بالكفر والضلال. كما وصفهم بأنهم صم بكم عمي، وأنهم كالأنعام بسبب رفضهم التفكير واستخدام عقولهم في فهم ما جاء به الإسلام[١].

ثالثاً: - حكم الـلـه في مواجهة الأعراف والتقاليد والقيم الجاهلية

عندما جاء الإسلام تعرض للقانون الجاهلي (أي عادات العرب) وتقاليدهم، فأقر بعضها وأنكر بعضاً آخر، وعدل بعضها، والشيء المهم هنا هو أن الإسلام عندما جاء كان لا بدّ من نفي حاكمية الأعراف والعادات والتقاليد وأصبح الأمر والتشريع لله خاصة لايشاركه فيه أحد يقول الـلـه تعالى: ﴿ إِنِ ٱلْحُكْمُ إِلَّا لِلَّهِ ﴾[٢] ويقول جل شأنه: ﴿ يَقُولُونَ هَل لَّنَا مِنَ ٱلْأَمْرِ مِن شَيْءٍ قُلْ إِنَّ ٱلْأَمْرَ كُلَّهُۥ لِلَّهِ ﴾[٣] ويقول: ﴿ وَمَن لَّمْ يَحْكُم بِمَآ أَنزَلَ ٱللَّهُ فَأُوْلَٰٓئِكَ هُمُ ٱلظَّٰلِمُونَ ﴿٤٥﴾ ﴾[٤] فهذه الآيات صريحة في أن الحاكمية لله وحده، وليس لأحد أن يأمر أو ينهى من غير أن يكون له سلطان من الـلـه، وأن التشريع لله يستمده المجتهد مما جاء به الرسول صلى الـلـه عليه وسلم. فمصطلح الحاكمية يعني السيادة وأكد القرآن الكريم أن الـلـه تعالى هو خالق العالم ومنه بنو الإنسان، وأنه القادر على كل شيء[٥].

كما أكد أن الـلـه تعالى هو صاحب الكلمة العليا في كل شيء وأن محمداً صلى الـلـه عليه وسلم هو عبد الـلـه ورسوله إلى الناس لهذا فإنه من واجب الرسول تبليغ الناس الأوامر الإلهية على وفق ما جاء في العقيدة الإسلامية[٦] وأن السيادة في

(١) سورة الزخرف، الآية ٢٢ - ٢٤؛ سورة الأنعام، الآية ٢٥؛ سورة يونس، الآية ٤٢ - ٤٣؛ سورة النحل، الآية ٨٠.
(٢) سورة الأنعام، الآية ٥٧.
(٣) سورة آل عمران، الآية ١٥٤.
(٤) سورة المائدة، الآية ٤٥.
(٥) الملاح، حكومة الرسول، ص٤٦.
(٦) المرجع نفسه، ص٩٣.

الإسلام هي ملك لله وحده[١] فمعنى (الإسلام) هو خضوع الإنسان لأوامر الـلـه تعالى لأن الـلـه هو المصدر الأساسي لأحكام الشريعة[٢].

إذاً فحاكمية الـلـه تعني السيادة لله والانقياد لأوامره وهي تعد مظهراً من المظاهر الحضرية التي جاء بها الإسلام ليخرج بها الإنسان من الانقياد والخضوع للاعراف والعادات والتقاليد إلى الانقياد لأوامر الـلـه والخضوع له وهذه الأوامر تمثلت بـ نصوص القرآن الكريم الذي غدا معبراً عن أوامر الـلـه ونواهيه علما أن فهم القرآن متاح لكل مسلم بالغ عاقل، وهو ليس بحاجة إلى سلطة كهنوتيه تحتكر هذا الحق كما كانت عليه الجاهليه قبل الإسلام[٣].

وهكذا نلاحظ أن حاكمية الـلـه حلت محل حاكمية الأعراف والتقاليد أي الخضوع لله والانقياد لأوامره وفق أحكام القرآن الكريم، وأن الرسول صلى الـلـه عليه وسلم حكم بما أنزل في ذكره الحكيم. ولقد عاب الرسول صلى الـلـه عليه وسلم على قومه أن يجعلوا أنفسهم أسرى للتقاليد الموروثة عن آبائهم وأجدادهم من دون تفكير في مدى صلاحها أو فسادها ودعاهم إلى تحرير عقولهم من أسر الاتباع الأعمى للتقاليد التي لاتقوم على شيء من الفكر والمنطق[٤].

رابعاً: - الإيمان بالبعث والحساب بعد الموت في مواجهة النظرة الدنيوية

إن فكرة الإيمان بالبعث بعد الموت كانت موجودة عند بعض العرب في الجاهلية وعلى نطاق ضيق جداً، وإن هذه الظاهرة وإن كان يشار إليها في الشعر العربي قبل الإسلام لكن هذا لا يعني أن العرب في الجزيرة العربية كانوا كلهم يعتقدون بذلك[٥] إذ إن معظم المشركين لم يكونوا يؤمنون بعقيدة البعث، ولايؤمنون بوجود العقاب والحساب والجنة والنار، ولقد أشار القرآن الكريم إلى ذلك بقوله: ﴿ وَقَالُوٓاْ إِنۡ هِيَ إِلَّا حَيَاتُنَا ٱلدُّنۡيَا وَمَا نَحۡنُ بِمَبۡعُوثِينَ ﴿٢٩﴾ ﴾[٦].

وبعدما جاء الإسلام كان من أبرز عقائده الدينية الإيمان بالبعث بعد

---

(١) المرجع نفسه، ص٩٣.
(٢) صالح أحمد العلي، التنظيمات الاجتماعية والسياسية في البصرة، بغداد، ١٩٨٣م، ص٨٧.
(٣) الملاح، حكومة الرسول، ص١٠٠.
(٤) البوطي، فقه السيرة، ص١٠٢.
(٥) جواد علي، المفصل، ج١، ص٢٦٧ - ٢٦٨.
(٦) سورة الأنعام، الآية ٢٩.

الموت، وهي العقيدة التي لم يكن يؤمن بها المشركون العرب لا في مكة ولا في شبه الجزيرة العربية كافة، وعدوها من أساطير الأولين وقد حكى القرآن الكريم ذلك على لسانهم فقال تعالى: ﴿ وَقَالَ ٱلَّذِينَ كَفَرُوٓاْ أَءِذَا كُنَّا تُرَٰبًا وَءَابَآؤُنَآ أَئِنَّا لَمُخۡرَجُونَ ﴿٦٧﴾ ﴾(١) وكانوا يرددون كما ذكر القرآن عنهم: ﴿ وَقَالُوٓاْ إِنۡ هِيَ إِلَّا حَيَاتُنَا ٱلدُّنۡيَا وَمَا نَحۡنُ بِمَبۡعُوثِينَ ﴿٢٩﴾ ﴾(٢) ﴿ وَأَقۡسَمُواْ بِٱللَّهِ جَهۡدَ أَيۡمَٰنِهِمۡ لَا يَبۡعَثُ ٱللَّهُ مَن يَمُوتُ ﴾(٣).

ويلاحظ أن الإيمان بالبعث بعد الموت يعني الإيمان بوجود الثواب بالجنة والعقاب بجهنم، لهذا فإن هذه العقيده كانت حافزاً ومشجعاً للإنسان في محاسبة نفسه ومراعاة القواعد الدينيه والأخلاقيه في سلوكه من غيرحاجة إلى سلطة خارجية تلزمه بمراعاة أوامرها، فالمؤمن يعتقد أنه سيحاسب على أعماله يوم القيامة فيجزى عليها بصورة عادلة إما بدخول الجنه أو الجحيم(٤).

إن جمود المشركين على تقاليد آبائهم وأجدادهم قد حملهم على رفض عقيدة البعث والحساب وجعلهم يجادلون المسلمين حول هذه العقيدة ويسالونهم عن كيفية البعث بعد الموت ويطلبون منهم أدلة، على سبيل التعجيز والإنكار لكي يصلوا إلى طريق مسدود ويكذبوا بالدعوة لأنها مخالفة لما كان عليه آباؤهم واجدادهم، وقد وصف القرآن الكريم هؤلاء المشركين بقوله تعالى: ﴿ وَجَعَلۡنَا مِنۢ بَيۡنِ أَيۡدِيهِمۡ سَدًّا وَمِنۡ خَلۡفِهِمۡ سَدًّا فَأَغۡشَيۡنَٰهُمۡ فَهُمۡ لَا يُبۡصِرُونَ ﴿٩﴾ ﴾(٥).

ويلاحظ أن تأكيد الإسلام على عقيدة البعث بعد الموت ووجود الثواب والعقاب قد أشاعت روح الشك والتردد في صفوف المشركين، كما حملت أعداداً متزايدة منهم على الإيمان بها(٦).

---

(١) سورة النمل، الآية ٦٧.
(٢) سورة الأنعام، الآية ٢٩.
(٣) سورة النحل، الآية ٣٨.
(٤) الملاح، الوسيط في السيرة، ص١١٢.
(٥) سورة يس، الآية ٩.
(٦) هاشم يحيى الملاح، دور العقيدة الإسلامية في تحقيق وحدة العرب الأولى، مجلة آداب المستنصرية، ع٨، بغداد، ١٩٨٤م، ص٦٥٥.

يظهر مما سبق أن عقيدة البعث بعد الموت تعد من المبادئ الدينية العليا التي جاء بها الإسلام، لأنها دعمت فكرة التوحيد وربطتها بفكرة الحساب، وهي بذلك دفعت الناس لعمل الخير سعياً وراء الثواب يوم القيامة[١] وإن هذه الفكرة ساعدت على إنشاء المجتمع الحضري الإسلامي، لأن فكرة الحساب في الإسلام كما هو معروف قائمة على أن كل إنسان سيحاسب يوم القيامة على مقدار العمل الذي يقدمه سواء أكان خيراً أم شراً[٢] ولا يؤاخذ بجريرة غيره[٣] وبهذا فإنه الغى مبدأ التكافل القبلي الذي كان معروفاً عند العرب قبل الإسلام والذي يقوم على فكرة الاشتراك في المسؤولية عن الأعمال حتى لو كانت تلك الأعمال خاطئة.

خامساً: - طاعة الرسول صلى اللـه عليه وسلم في مواجهة طاعة الملأ

مثل ظهور الدعوة الإسلاميه أكبر تحدٍ لحكومة الملأ في مكة، لأن قبول الناس الدعوة يعني الإيمان بنبوة محمد صلى اللـه عليه وسلم ومن ثمّ سيتحول ولاء الناس وطاعتهم لرجال الملأ إلى الولاء للرسول صلى اللـه عليه وسلم وطاعته وهذا بدوره سيؤدي إلى انتقال السلطة والسيادة إلى يده، لهذا بدأت معارضة رجال الملأ للدعوة الإسلامية ومقاومتها[٤] ولم يقتصر الأمر على ذلك، فقد عد رجال الملأ دعوة الرسول صلى اللـه عليه وسلم، إلى التوحيد وترك الشرك تكفيراً أو تسفيها لما كان عليه آباؤهم وأجدادهم[٥] وكذلك عدّوا مقاييس التفاضل الاجتماعي التي جاء بها الإسلام الذي جعل التقوى والعمل الصالح أساس التفاضل بين الناس خطراً على نظامهم الاجتماعي الذي يقوم على النسب والثروة[٦] كما عدّوا خروج المسلمين على إرادة عشائرهم واجتماعهم تحت قيادة الرسول صلى اللـه عليه وسلم تهديداً لوحدة المجتمع وتفريقاً له.

وهكذا فقد اتخذت حكومة الملأ موقفاً معارضاً من الدعوة الإسلامية في

---

(١) عبدالرحمن، المثل والقيم، ص٦٦.
(٢) سورة الزلزلة، الآية ٧ - ٨.
(٣) سورة الإسراء، الآية ١٥.
(٤) هاشم يحيى الملاح، حكومة الملاء في مكة منذ ظهور الإسلام وحتى الفتح، مجلة المجمع العلمي، مجلد ٥١، بغداد، ٢٠٠٤م، ص١٣٠.
(٥) سورة الزخرف، الآية ٢٢ - ٢٤.
(٦) سورة السبأ، الآية ٣٥ - ٣٧.

مكة، وقد تطور هذا الموقف مع تطور الدعوة، ومدى قوة التهديد الذي أخذت تمثله لمصالحهم السياسية والاجتماعية والدينية، والدليل على ذلك انهم لم يتخذوا أي موقف عدائي في مدة سرية الدعوة الإسلامية التي استمرت حوالي ثلاث سنين حيث لم يظهر رجال الملأ موقفاً حاداً من الرسول بل كان موقفهم يتسم بالبرود وبنوع من السخرية وعدم الرضا لأنهم ظنوا أن الرسول محمداً صلى الله عليه وسلم لا يعدو أن يكون واحداً من أولئك الأحناف الذين يبحثون عن الدين الحق فكان إذا مر عليهم في مجالسهم ((يشيرون إليه أن غلام بني عبدالمطلب ليكلم من السماء))[١].

ولكن بعدما انتقلت الدعوة إلى المرحلة العلنية تغير موقف رجال الملأ واتخذوا موقفاً حاداً من الرسول صلى الله عليه وسلم ومن الدعوة الإسلامية وربما كانت الآيات القرآنية التي نزلت على الرسول صلى الله عليه وسلم بإعلان الدعوة والتي هي بمثابة نقد لموقف المشركين من الرسول صلى الله عليه وسلم قال تعالى: ﴿ فَٱصْدَعْ بِمَا تُؤْمَرُ وَأَعْرِضْ عَنِ ٱلْمُشْرِكِينَ ﴿٩٤﴾ إِنَّا كَفَيْنَٰكَ ٱلْمُسْتَهْزِءِينَ ﴿٩٥﴾ ٱلَّذِينَ يَجْعَلُونَ مَعَ ٱللَّهِ إِلَٰهًا ءَاخَرَ ۚ فَسَوْفَ يَعْلَمُونَ ﴿٩٦﴾ وَلَقَدْ نَعْلَمُ أَنَّكَ يَضِيقُ صَدْرُكَ بِمَا يَقُولُونَ ﴿٩٧﴾ فَسَبِّحْ بِحَمْدِ رَبِّكَ وَكُن مِّنَ ٱلسَّٰجِدِينَ ﴿٩٨﴾ وَٱعْبُدْ رَبَّكَ حَتَّىٰ يَأْتِيَكَ ٱلْيَقِينُ ﴿٩٩﴾ ﴾[٢]. هكذا اتخذ رجال الملأ موقفاً عدائياً من الرسول صلى الله عليه وسلم ماعدا بني هاشم وبني المطلب، ذلك لأن العرف القبلي الذي كان يتمسك به أهل مكة فرض عليهم هذا الموقف التضامني فقاموا بحماية شخص الرسول صلى الله عليه وسلم، ولم يسمحوا لأحد بأن يمسه بأذى لأنهم ((أنفوا أن يستذلوا ويسلموا أخاهم لمن فارقه من قومه))[٣] وعلى الرغم من ذلك فإن أبا طالب ومن معه من بني هاشم وبني المطلب لم يتركوا عقيدة الشرك بل ظلوا متمسكين بها، لكن هذا الموقف كان عاملاً مهماً في حدوث الخلاف بينهم وبين حكومة الملأ، وبالتالي فقد أثر هذا الخلاف على مكانة هذه الحكومة وجعلها عاجزة عن اتخاذ قرارات حاسمة تحضى بقبول العشائر المكية كافة، لهذا لجأ غالبية رجال الملأ إلى استخدام وسائل الضغط المختلفة ضد الأقلية المعارضة من أجل تنفيذ قراراتها،

(١) ابن سعد، الطبقات، ج١، ص١٩٩؛ الملاح، حكومة الملأ، ص١٣٤.
(٢) سورة الحجر، الآية ٩٤ - ٩٩.
(٣) ابن إسحاق، المغازي، ص١٣٧.

ففي البداية اتخذوا طرقاً سلمية لمنع الرسول صلى الله عليه وسلم من الاستمرار في نشر الدعوة الإسلامية فأرسلوا وفداً إلى عمه أبي طالب بحجة أن الرسول صلى الله عليه وسلم قد سب آلهتهم وعاب دينهم ((فقال لهم أبو طالب قولاً رقيقاً، وردهم رداً جميلاً))[١]. وعندما فشل الوفد في ما سعى إليه اتبع رجال الملأ طريقة أخرى وقاموا بتعذيب من أسلم من عبيدهم حتى يرجعوا عن عقيدتهم وحبس من أسلم من أفراد عشائرهم ومارسوا ضغوطاً شتى عليهم لحملهم على الرجوع عن عقيدتهم[٢] ومع أن بعض العشائر المكية نجحت في حمل قلّة من المسلمين من أبنائها وحلفائها على الرجوع عن دينهم[٣] فإن الملأ أدركوا جيداً بأن الإجراءات المذكورة آنفاً لايمكن أن تؤتي ثمارها إلا إذا تعاون معهم بنو هاشم في ممارسة الضغط على الرسول صلى الله عليه وسلم واتجه رجال الملأ إلى أبي طالب مرة أخرى عارضين عليه تسليمهم محمداً في مقابل أن يقدموا أحد شبابهم اللامعين ليكون ابناً له[٤] إلا أن أبا طالب رفض ذلك، واستمرت حكومة الملأ على تعذيب المسلمين واضطهادهم وبقي الحال على ذلك إلى أن لجاؤا إلى طريقة أخرى، ففي حوالي السنة السابعة للبعثة أعلن الملأ المقاطعة ضد بني هاشم، وتشكل هذه الحادثة حلقة مهمة من حلقات الصراع الذي كان دائراً بين رجال الملأ في مكة وبين الرسول صلى الله عليه وسلم، وشملت المقاطعة كافة المعاملات الاقتصادية والاجتماعية، إلا أن الرسول صلى الله عليه وسلم والمسلمين لم يستسلموا إلى أن نجح خمسة رجال من قريش على تحدي قرار المقاطعة وإلغائها وتمزيق الصحيفة، إن هذا دليل واضح على تفكك وحدة الملأ وميل غالبية العشائر المكية إلى إلغاء المقاطعة والتعامل مع بني هاشم وبني المطلب بروح من التسامح والتعاطف[٥] وهكذا لعبت صلة الرحم ورابطة القرابة دوراً كبيراً في فشل المقاطعة.

وقد كان من المتوقع أن يؤدي هذا التطور إلى ضعف موقف المشركين وارتفاع شأن الإسلام، لكن وفاة أبي طالب أحدثت تغيراً في سير الحوادث

(١) ابن هشام، السيرة، ج١، ص٢٨٤.
(٢) ابن إسحاق، المغازي، ص١٣٩؛ ابن هشام، السيرة، ج١، ص٢٨٧.
(٣) ابن هشام، السيرة، ج١، ص٢٨٨.
(٤) المصدر نفسه، ج١، ص٣٤٣.
(٥) ابن هشام، السيرة، ج٢، ص١٤؛ الملاح، حكومة الملأ، ص١٣٩.

التاريخية لأن أبا لهب تولى رئاسة عشيرة بني هاشم وهو منذ البداية كان معارضاً لسياسة عشيرته في حماية الرسول صلى اللـه عليه وسلم بل كان من اشد المعارضين لها، وهكذا أصبح بإمكان الملأ التصرف ضد الرسول صلى اللـه عليه وسلم بدون معارضة عشيرته[١].

وهكذا فقد الرسول صلى اللـه عليه وسلم حماية عشيرته، وتعرض لاضطهاد شديد، إلا أن تخلي بني هاشم عن حماية الرسول صلى اللـه عليه وسلم لم يمثل موقف مجموع عشيرته بل كان يمثل موقفاً خاصاً بأبي لهب ومن تابعه، ويتضح ذلك من المواقف اللاحقة لبعض بني هاشم من الرسول صلى اللـه عليه وسلم وبخاصة عمه العباس الذي حضر بيعة العقبة الثانية واستمرار اعتزاز الرسول صلى اللـه عليه وسلم بانتمائه لبني هاشم[٢].

سادساً: - الإيمان بالغيب الإسلامي في مواجهة الإيمان بالخرافات الجاهلية

يعد الإيمان بالغيب من أهم المبادئ التي دعا إليها الإسلام وهي مناقضة تماماً للإيمان بالغيب عند أهل الجاهلية ومن أجل إبراز هذا التناقض والاختلاف نورد أهم ما دعا إليه الإسلام في هذا المجال:

١ـ الإيمان بوحدانية اللـه

إن أهم ما حققه الإسلام في هذا المجال هو بعث الحيوية والنشاط في هذا الاعتقاد، لأنه على الرغم من أن هذا الاعتقاد كان معروفاً عند العرب المشركين إلا أن هذا الاعتقاد كان مبهماً وسلبياً، وليس له تأثير واضح على حياتهم الاجتماعية والسياسية[٣] فنجد أكثر الناس إيماناً به كثيراً ما يشركون به آلهتهم الأخرى[٤] بصفتهما أنداداً وشركاء اللـه تعالى حيث جعلوا هذه الألهات وسيلة للتقرب إلى اللـه الزلفى[٥] فالإسلام عمل على هدم المجتمع القائم على الشرك، وإقامة مجتمع جديدٍ قائم على الإيمان بالله وحده وتحت قيادة رسول اللـه صلى اللـه عليه وسلم.

---

(١) ابن سعد، الطبقات، ج١، ص٢١١؛ الملاح، حكومة الملأ، ص١٤٤.
(٢) ابن هشام، السيرة، ج٢، ص٨٩.
(٣) سورة العنكبوت، الآية ٦١ - ٦٦.
(٤) ابن الكلبي، الأصنام، ص١٧.
(٥) عماد الدين خليل، الفعل الحضاري، ص٢١٧.

٢ـ الإيمان بالملائكة والجن

إن إيمان العرب قبل الإسلام بالله على النحو المشار إليه لم يجعلهم يتجهون إليه وحده بالعبادة، بل عبدوا إلى جانبه آلهة وأصناماً بصفتها شركاء لله وعلى أمل أن تقربهم من اللـه زلفى، وإن هذا الاعتقاد جعلهم يفكرون بأن آلهتهم التي يشركونها في عبادة اللـه أقل منزلة من اللـه، ومن هذا المنطلق نرى أن المشركين كانوا يعتقدون أن آلهتهم هي الملائكة وأنها بنات اللـه[١].

أما الإسلام فقد نفى بنصوص القرآن الكريم أن تكون الملائكة بنات اللـه، لأن ذلك يتعارض تماماً مع فكرة التوحيد التي أكدها الإسلام والتي أنكر فيها أن يكون لله ولد [٢] وأكد الإسلام أيضاً أن الملائكة من مخلوقات اللـه وليسوا أنداداً لـه، وأنهـم يتمتعون بمقام كبير عنده، وسبقوا آدم في الخلق وأمرهم اللـه أن يسجدوا لـه[٣] وهـم كباقي مخلوقات اللـه يعبدونه ويقرون بوحدانيته[٤].

بوحدانيته[٤].

أما بالنسبة للجن فإن العرب قبل الإسلام اشركوها في العبادة مع اللـه، لأنهم اعتقدوا بأن بعض آلهتهم من الجن، أما في الإسلام فقد أنكر القرآن الكريم مثل هذا الاعتقاد بقوة بقوله: ﴿ وَجَعَلُواْ لِلَّهِ شُرَكَآءَ ٱلْجِنَّ وَخَلَقَهُمْ ۖ وَخَرَقُواْ لَهُۥ بَنِينَ وَبَنَٰتٍۭ بِغَيْرِ عِلْمٍ ۚ سُبْحَٰنَهُۥ وَتَعَٰلَىٰ عَمَّا يَصِفُونَ ﴿١٠٠﴾ ﴾[٥] إن العرب قبيل الإسلام كانوا يتصورون الجن كائنات غيبية تبعث على الخوف والفزع، وكانوا يستعيذون بها كما كانوا يعتقدون أن الجن يمكن أن تلحق الأذى بالإنسان إذا مسته[٦]. ورغم أن القرآن أعلن الحرب على هذه التصورات المنحرفة فإنه أكد على وجود وجود الجن واعتبره احد مقتضيات الإيمان باعتباره حقيقة غيبية واقعة.

---

(١) سورة النحل، الآية٥٧.
(٢) سورة الإخلاص، الآية ١ - ٤.
(٣) سورة البقرة، الآية ٣١ - ٣٤.
(٤) سورة آل عمران، الآية ١٨.
(٥) سورة الأنعام، الآية ١٠٠.
(٦) سورة المؤمنون، الآية ٢٥.

خبيث، أما في الإسلام فإن الشياطين هي إحدى الملائكة التي انحرفت وتمردت على أوامر الـلـه، وهي تلعب الدور الأول في إفساد الناس وغوايتهم وأنها مصدر الشرور في العالم حيث تحاول الشياطين إضلال الناس وفتنتهم[1] والشياطين للإنسان عدو مبين[2] وهي تعد الناس الفقر وتأمرهم بالفحشاء والمنكر[3] وإبليس هو الـذي أغـوى آدم وزوجته وقاده إلى الخروج من الجنة.

يظهر مما سبق بأن الرسالة الإسلامية، جاءت لتحرير عقول الناس من الجبت والطاغوت ومن الإيمان بالأرواح وعبادة الآلهة البشرية والحجرية، وإقامة نظام سليم بديل عن تلك الأنظمة التي تقوم على الاعتقاد بوجود كائنات روحية مؤثرة في حياة البشر كالملائكة والجن وغيرها وأن مثل هذه المفاهيم ترتبط بالحياة البدوية[4] وترتبط بالإيمان بالسحر والكهانة وأخذ التمائم والتعاويذ والرقي كي كي تبعد عنهم الشر والأذى[5] فكل ذلك يرتبط بقيم البداوة التي جاء الإسلام لمقاومتها وتحرير عقول الناس من سلطانها.

سابعاً: - التقوى والعمل الصالح في الإسلام مقابل كثرة الأموال والبنين وعراقة النسب

إن من القيم والمبادىء التي جاء بها الإسلام هي التقوى والعمل الصالح، فالتقوى هي الخوف من الـلـه، والعمل الصالح معناه إطاعة أوامر الـلـه وتطبيقها، قال تعالى: ﴿ وَقَالُواْ نَحْنُ أَكْثَرُ أَمْوَٰلًا وَأَوْلَٰدًا وَمَا نَحْنُ بِمُعَذَّبِينَ ﴿٣٥﴾ قُلْ إِنَّ رَبِّى يَبْسُطُ ٱلرِّزْقَ لِمَن يَشَآءُ وَيَقْدِرُ وَلَٰكِنَّ أَكْثَرَ ٱلنَّاسِ لَا يَعْلَمُونَ ﴿٣٦﴾ وَمَآ أَمْوَٰلُكُمْ وَلَآ أَوْلَٰدُكُم بِٱلَّتِى تُقَرِّبُكُمْ عِندَنَا زُلْفَىٰٓ إِلَّا مَنْ ءَامَنَ وَعَمِلَ صَٰلِحًا فَأُوْلَٰٓئِكَ لَهُمْ جَزَآءُ ٱلضِّعْفِ بِمَا عَمِلُواْ وَهُمْ فِى ٱلْغُرُفَٰتِ ءَامِنُونَ ﴿٣٧﴾ ﴾[6].

يستنتج ممـا سبق أن إطاعـة أوامر الـلـه وتطبيقها يخالف تعاليم الجاهلية التي

---

(1) سورة المجادلة، الآية ١٠.
(2) سورة الأعراف، الآية ٢٢؛ سورة يوسف، الآية ٥؛ سورة الإسراء، الآية ٥٣.
(3) سورة البقرة، الآية ٢١٨؛ سورة النور، الآية ٢١.
(4) ينظر الحياة الدينية عند البدو من الفصل الأول.
(5) عبد المعيد خان، الأساطير والخرافات، ص٤٥ - ٦٣.
(6) سورة السبأ، الآية ٣٥ - ٣٧.

تقوم على معصية الـلـه والشرك به، هذا من جهة ومن جهة أخرى فإن العمل الصالح عندهم هو ماوافق العرف والتقاليد فهم لايعملون عملاً صالحاً نتيجه لخوفهم من الـلـه بل نتيجة لتمسكهم بالعرف والتقاليد التي تنظم مجتمعهم، وهذه تخالف في كثير من أحكامها ما جاء به الإسلام، ولقد عد زعماء قريش مقاييس التفاضل الاجتماعي التي جاء بها الإسلام التي تجعل من التقوى والعمل الصالح أساساً للتفاضل بين الناس خطراً على نفوذهم ونظامهم الاجتماعي الذي يستند إلى النسب والثروة[١].

في ضـوء مـا تقـدم فقـد قرر الإسلام أن قيمة الفرد لا تقاس بنسبه ومقدار الثروة التي يملكها وانتمائه القبلـي كمـا كـان الأمـر عنـد أهل الجاهليـة، وإنما تقـاس بما يقوم به من العمل الصالح كما جاء في الذكر الحكيم: ﴿ إِنَّ أَكْرَمَكُمْ عِندَ ٱللَّهِ أَتْقَىٰكُمْ ﴾[٢] وما يحققه ذلك من استبدال قيم المجتمع القائم على تعاليم الديـن بقيم المجتمع القائم على التضامن بين أفراد القبيلة، وجعل الأمة الواحدة هي البديل الأفضل عن القبائل المتصارعة والمتعددة[٣]. فالإسلام عد العمل الصالح أساساً لقيام المساواة بين الناس بدل كثرة الأموال والبنين والتفاخر بالنسب[٤] كما أكد الإسلام وحدة بني الإنسان والمساواة بينهم أمام الـلـه لأنهم جميعاً من أبناء أب واحد هو أدم عليه السلام قال تعالى: ﴿ يَٰٓأَيُّهَا ٱلنَّاسُ ٱتَّقُواْ رَبَّكُمُ ٱلَّذِى خَلَقَكُم مِّن نَّفْسٍ وَٰحِدَةٍ ﴾[٥] فالإسلام يهدف من وراء ذلك شد الناس ببعضهم وأحكام ما بينهم وبين الـلـه من علاقة ليتقوا الـلـه وليدفعوا عن أنفسهم كل مكروه لذلك قرن التقوى بكثير من الصفات الصالحة كالاستقامة والصدق والعدل والمغفرة والبر والوفاء[٦].

ويلاحظ أن اعتبار الإسلام التقوى الأساس الأول للتفاضل والتمايز بين الناس، قد جعل المجتمع مفتوحاً أمام جميع الناس ليكون التنافس عادلاً بينهم، فلا

(١) الملاح، الوسيط في السيرة، ص١٢٦.
(٢) سورة الحجرات، الآية ١٣.
(٣) الملاح، حكومة الرسول، ص٤٤.
(٤) ناجي معروف، أصالة الحضارة، ص٢٩٤.
(٥) سورة النساء الآية ١.
(٦) ناجي معروف، أصالة الحضارة، ص٢٩٥.

يمنع الإنسان من دخول ميدان التفاضل بالتقوى أي مانع، لهذا لا يكون هناك أي فارق وتمييز بين الناس[١] وأن التشريعات التي جاء بها الإسلام هي تشريعات عامة للمسلمين بسادتهم وعبيدهم تحكمهم شريعة واحدة، لا فرق بين السيد والعبد والحاكم والمحكوم، والغني والفقير[٢].

إذاً فالإسلام جعل التقوى والعمل الصالح أحد الأسس العامة التي يقوم عليها المجتمع الإسلامي وإحدى الدعائم والركائز التي قامت عليها الحضارة الإسلامية.

---

(١) محمد ميرزا، الجريمة في الإسلام، رسالة ماجستير غير منشور، أربيل، ٢٠٠٠م، ص ٥٢.
(٢) محمود حلمي، تطور المجتمع الإسلامي العربي، د. م، ١٩٧٤م، ص٢٤.

المبحث الثاني: قيم الحياة الحضرية في تشريعات الإسلام الأولى

إن الإسلام جاء بقيم وتشريعات ذات طابع حضاري في مواجهة القيم البدوية التي اقترنت عند العرب بـ العصبية القبلية في الجاهلية، ويلاحظ أن هذه القيم الحضارية كانت قيماً دينية توحيدية وذات طابع إنساني، وقد تمثلت هذه القيم بعدد من المبادئ كان من أهمها ما يأتي:

أولاً: - الرسالة الإسلامية رحمة (للعالمين)

أكد القرآن الكريم أن الرسالة التي جاء بها محمد صلى الله عليه وسلم هي رحمة للناس كافةً ﴿ وَمَآ أَرۡسَلۡنَٰكَ إِلَّا رَحۡمَةٗ لِّلۡعَٰلَمِينَ ١٠٧ ﴾[1] ورحمة الله سبحانه وتعالى لم تشمل قريشاً فقط ولم تشمل العرب فقط بل شملت الناس أجمعين، على عكس ماكان عليه العرب قبل الإسلام في شبه الجزيرة العربية عندما كانت قريش تعمل لمصلحتها القبليه وكانت الجزيزة العربية متنافرة ومنقسمة إلى قبائل كل قبيلة تفكر بمصلحتها الخاصة، وكانت العلاقة بينهم قائمة على أساس العصبية القبلية، فالإسلام جاء لينفي هذه العصبية والأفكار الضيقة التي كان يعيش فيها العرب قبل الإسلام في الجاهلية ويحل محلها.

في ضوء ما تقدم فقد جاءت فاتحة القرآن لتؤكد أن الله تعالى هو رب العالمين وهو، الرحمن الرحيم[2] ويبدو أن هذه التوجهات الإنسانية العميقة التي جاء بها الإسلام قد حملت أحد أحد الباحثين على القول: ((بأنه لاتوجد نظرية لا في القديم ولا في الحديث توحد الإنسانية وتصلح أساساً للدولة العالمية، إلا نظرية الإسلام، فهو المنهج الوحيد الذي باستطاعته أن يجمع بين الناس جميعاً ويجعل منهم عائلة واحدة ويتكون به المجتمع العالمي، ولا يمكن للإنسان أن يلتقي مع أخيه على صعيد واحد، وينشىء معه علاقة أخوية إلا في ظل هذا المنهج القائم على الإيمان بالله رباً وخالقاً))[3].

إذاً فالإسلام نزل للعالم أجمع وهو دين الإنسانية العامة فقال تعالى:

---

(١) سورة الأنبياء، الآية ١٠٧.
(٢) سورة الفاتحة، الآية ١ - ٢.
(٣) أبو الأعلى المودودي، كيف السبيل إلى الوحدة الإسلامية، بيروت، د. ت، ص١٩.

﴿ تَبَارَكَ ٱلَّذِى نَزَّلَ ٱلْفُرْقَانَ عَلَىٰ عَبْدِهِۦ لِيَكُونَ لِلْعَٰلَمِينَ نَذِيرًا ﴿١﴾ ﴾[١] وإن الله سبحانه وتعالى أرسل محمداً صلى الله عليه وسلم برسالته ليدعوهم إليه ولا فرق بينهم وقد وصفه سبحانه وتعالى بأنه على خلق عظيم، فأمره الله سبحانه وتعالى أن يتوجه برسالته إلى الناس كافة قال تعالى: ﴿ يَٰٓأَيُّهَا ٱلنَّاسُ إِنِّى رَسُولُ ٱللَّهِ إِلَيْكُمْ جَمِيعًا ﴾[٢] وقال تعالى أيضاً: ﴿ وَمِنْ ءَايَٰتِهِۦ خَلْقُ ٱلسَّمَٰوَٰتِ وَٱلْأَرْضِ وَٱخْتِلَٰفُ أَلْسِنَتِكُمْ وَأَلْوَٰنِكُمْ ۚ إِنَّ فِى ذَٰلِكَ لَءَايَٰتٍ لِّلْعَٰلِمِينَ ﴿٢٢﴾ ﴾[٣].

وقال أيضاً: ﴿ وَإِنَّهُۥ لَتَنزِيلُ رَبِّ ٱلْعَٰلَمِينَ ﴿١٩٢﴾ ﴾[٤] أي أن القرآن الكريم تنزيل رب العالمين للعالمين أجمع وقال تعالى: ﴿ إِنْ هُوَ إِلَّا ذِكْرٌ لِّلْعَٰلَمِينَ ﴿٨٧﴾ ﴾[٥] فالذكر هو القرآن الذي أنزله الله للعالمين أجمع[٦] وإن الله رب العالمين واسع الرحمة ورحمته للعالم أجمع وقال تعالى: ﴿ إِنَّ ٱللَّهَ بِٱلنَّاسِ لَرَءُوفٌ رَّحِيمٌ ﴿٦٥﴾ ﴾[٧] إن الله لم يخص جماعة برحمته ويحرم جماعة أخرى بل إن رحمته للناس أجمع أي للعالمين وإن وإن الرسول الله صلى الله عليه وسلم أرسل للعالمين أجمع كما جاء في ذكره الحكيم: ﴿ قَالَ يَٰقَوْمِ لَيْسَ بِى ضَلَٰلَةٌ وَلَٰكِنِّى رَسُولٌ مِّن رَّبِّ ٱلْعَٰلَمِينَ ﴿٦١﴾ ﴾[٨].

هكذا كانت الرسالة الإسلامية رحمة للإنسانيه وعلى الرغم من أن هذه الرسالة نزلت في مكة فإن القرآن الكريم يؤكد أنه لا يقصد منه أن قريشاً فقط هم المشمولون برحمة الله سبحانه وتعالى بل إن الإسلام دين عالمي نزل للعالم أجمع فقال تعالى في الذكر الحكيم: ﴿ إِنَّ أَوَّلَ بَيْتٍ وُضِعَ لِلنَّاسِ لَلَّذِى بِبَكَّةَ مُبَارَكًا وَهُدًى

---

(١) سورة الفرقان، الآية ١.
(٢) سورة الأعراف، الآية ١٥٨.
(٣) سورة الروم، الآية ٢٢.
(٤) سورة الشعراء، الآية ١٩٢.
(٥) سورة المدثر، ص ٨٧.
(٦) المحلي والسيوطي، تفسير الجلالين، القاهرة، ٢٠٠٤م، ص ٤٩٢.
(٧) سورة الحج، الآية ٦٥.
(٨) سورة الأعراف، الآية ٦١.

لِّلْعَٰلَمِينَ ﴿٩٦﴾ ﴾[١].

وهكذا لم يكن الإسلام دين العرب وحدهم أو دين أهل شبه الجزيرة العربية وحدها بل كان دين الإنسانية عامه في بلاد العالم كله، بهذا حقق الإسلام بعداً حضارياً كبيراً من خلال الإيمان بالرسالة وأنه بداية لذوبان الحواجز القبلية بين أبناء الأمة العربية وبين كافة الناس[٢] ولقد نص القرآن الكريم على ذلك بقوله:

﴿ يَٰٓأَيُّهَا ٱلنَّاسُ إِنَّا خَلَقْنَٰكُم مِّن ذَكَرٍ وَأُنثَىٰ وَجَعَلْنَٰكُمْ شُعُوبًا وَقَبَآئِلَ لِتَعَارَفُوٓا۟

إِنَّ أَكْرَمَكُمْ عِندَ ٱللَّهِ أَتْقَىٰكُمْ ﴾[٣] ونص على أن نبينا الكريم ذو خلق عظيم وقد أرسله

الله رحمة للعالمين.

ثانياً: - تواصل الرسالة الدينية في الإسلام من آدم وحتى محمد صلى الله عليه وسلم

لم يكن هناك اختلاف بين الأنبياء من آدم حتى محمد صلى الله عليه وسلم في مسألة مهمة ألا وهي التوحيد فالكل كانوا مسلمين مطيعين لله تعالى ولم يحصل فيما بينهم اختلاف في الدين[٤] قال تعالى في هذا الصدد: ﴿ كَانَ ٱلنَّاسُ أُمَّةً وَٰحِدَةً فَبَعَثَ ٱللَّهُ ٱلنَّبِيِّـۧنَ مُبَشِّرِينَ

وَمُنذِرِينَ وَأَنزَلَ مَعَهُمُ ٱلْكِتَٰبَ بِٱلْحَقِّ لِيَحْكُمَ بَيْنَ ٱلنَّاسِ فِيمَا ٱخْتَلَفُوا۟ فِيهِ ۚ وَمَا ٱخْتَلَفَ فِيهِ

إِلَّا ٱلَّذِينَ أُوتُوهُ مِنۢ بَعْدِ مَا جَآءَتْهُمُ ٱلْبَيِّنَٰتُ بَغْيًۢا بَيْنَهُمْ ۖ فَهَدَى ٱللَّهُ ٱلَّذِينَ ءَامَنُوا۟ لِمَا

ٱخْتَلَفُوا۟ فِيهِ مِنَ ٱلْحَقِّ بِإِذْنِهِۦ ۗ وَٱللَّهُ يَهْدِى مَن يَشَآءُ إِلَىٰ صِرَٰطٍ مُّسْتَقِيمٍ ﴿٢١٣﴾ ﴾[٥].

وبناءً على ما تقدم اتضح أن ديانة التوحيد وعبادة الله هي فطرة الله التي فطر الناس عليها، فهي أقدم الديانات على وجه الأرض إطلاقاً، لأنها رافقت نشأة الإنسان وتواءمت هذه النشأة أيضاً مع النشأة الأولى للشرائع وهي شريعة السماء

---

(١) سورة آل عمران، الآية ٩٦.
(٢) الملاح، دور العقيدة، ص٦٤١.
(٣) سورة الحجرات، الآية ١٣.
(٤) محمد الرازي، تفسير الفخر الرازي، بيروت، ١٩٩٣م، ص٧٢؛ سيد قطب، في ظلال القرآن، القاهرة، ١٩٨٨م، ص٧٦.
(٥) سورة البقرة، الآية ٢١٣.

وتولى حملها أبو البشرية آدم (عليه السلام) ومن جاء بعده من الأنبياء ومن الواضح أيضا أن شرائع الأنبياء مصدرها الوحي الإلهي لذلك فإن الرسالات الإلهية وشرائعها متحدة في مصدرها وأصولها التشريعية ومقاصدها، فهي جميعاً تدعو إلى وحدانية الخالق وإخلاص العبادة له، بجانب التمسك بأمهات الفضائل كالأمانة والإخلاص والصدق في القول والعمل، والابتعاد عن الشرك والوثنية وأمهات الرذائل كالخيانة والسرقة والقتل العمد والزنا.

وأكدت نصوص القرآن الكريم والسنة النبوية أن الله تعالى قد أمد البشرية بالهداية ودين الحق والشريعة المستقيمة.

وهكذا تواصل إرسال الرسل والأنبياء، فكلما انحرفت البشرية عن هدى السماء، وأطبقت الوثنية والكفر على الأرض أرسل سبحانه وتعالى نبياً ورسولاً لإنقاذها من ضلالتها وحيرتها. وختم الله سبحانه وتعالى شرائعه بشريعة المصطفى صلى الله عليه وسلم وجعلها صالحة لكل زمان ومكان بشمولية أحكامها لكافة مجالات الحياة من دين وأخلاق ونظام حكم واقتصاد وتنظيم اجتماعي، وهكذا فإن عالمية الدين الإسلامي وشمولية شرائعه أكدت أن رسالة الرسول صلى الله عليه وسلم هي خاتمة الشرائع وأنها جاءت عامة لمختلف العصور والأجناس وأنها جمعت بين الروحانيات والماديات ومزجت العقيدة بالحياة وربطت بين الدين والدنيا[١] يقول الله سبحانه وتعالى: ﴿ وَٱبْتَغِ فِيمَآ ءَاتَىٰكَ ٱللَّهُ ٱلدَّارَ ٱلْءَاخِرَةَ ۖ وَلَا تَنسَ نَصِيبَكَ مِنَ ٱلدُّنْيَا ۖ ﴾[٢] فالرسلات السابقة على الإسلام كانت رسالات محلية نزل بها الرسل إلى أقوامهم وأممهم ليهدوهم إلى الصراط المستقيم، فلم تكن دعوتهم عامة للناس، وفي ذلك قوله سبحانه وتعالى: ﴿ وَلَقَدْ أَرْسَلْنَا مِن قَبْلِكَ رُسُلًا إِلَىٰ قَوْمِهِمْ ﴾[٣] وقال تعالى: ﴿ وَلَقَدْ أَرْسَلْنَا نُوحًا إِلَىٰ قَوْمِهِۦٓ ﴾، ﴿ وَإِلَىٰ عَادٍ أَخَاهُمْ هُودًا ۗ ﴾[٤]، ﴿ ۞ وَإِلَىٰ ثَمُودَ أَخَاهُمْ صَٰلِحًا ۚ ﴾[٥]، ﴿ ۞ وَإِلَىٰ مَدْيَنَ أَخَاهُمْ

(١) محمد سلام مدكور، معالم الدولة الإسلامية، الكويت، ١٩٨٣م، ط١، ص٦١.
(٢) سورة القصص، الآية ٧٧.
(٣) سورة الروم، الآية ٤٧.
(٤) سورة هود، الآية ٢٥ - ٥٠.
(٥) سورة هود، الآية ٦١.

شُعَيۡبٗاۚ ﴾[١] إذاً فالعالمية والشمولية التي جاء بها الإسلام كانت ذات بعد حضاري كبير فالإسلام هو دين رسالة، وبما أن الدين الإسلامي يقوم على أساس الإيمان بالله وحده بصفته خالق الكون، والحياة والإنسان وإن من حق الله على الناس بصفته خالقهم ومربيهم (رب العالمين) أن سلموا أنفسهم لأوامره ونواهيه التي أرسلها لهم بوساطة الأنبياء والرسل المتعاقبين والمتواصلين في حمل الرسالة الإلهيه مثل نوح وإبراهيم وموسى وعيسى و(محمد) صلى الله عليهم وسلم فهناك تطابق بين هؤلاء الأنبياء، في الأسس العامة التي جاؤا بها إلى قومهم ولكل منهم منهاج وشرعة قال تعالى: ﴿ لِكُلٍّ جَعَلۡنَا مِنكُمۡ شِرۡعَةٗ وَمِنۡهَاجٗاۚ وَلَوۡ شَآءَ ٱللَّهُ لَجَعَلَكُمۡ أُمَّةٗ وَٰحِدَةٗ ﴾[٢] وإن نزول الوحي على النبي هدفه هداية قومه من المشركين والعرب والناس كافة إلى الإسلام وفي الوقت الذي دعا فيه الرسول صلى الله عليه وسلم قومه من المشركين إلى التوحيد كان يعلم أن في جزيرة العرب أقواماً من أهل الكتاب الذين يؤمنون بالتوحيد[٣] وأن دعوته ليست دعوة محلية تشمل قريشاً فقط بل هي دعوة إنسانية شاملة كما أوضحت الآيات القرآنية ذلك كما في قوله تعالى:

﴿ وَمَآ أَرۡسَلۡنَٰكَ إِلَّا رَحۡمَةٗ لِّلۡعَٰلَمِينَ ﴿١٠٧﴾ ﴾[٤] لهذا خصه الله على سائر أنبيائه بأنه أرسل للأمم كافة[٥] فالرسالة التي جاء بها محمد صلى الله عليه وسلم هي امتداد للرسالات السابقه التي بشر بها إبراهيم وموسى وعيسى وغيرهم من الرسل ﴿ ۞ شَرَعَ لَكُم مِّنَ ٱلدِّينِ مَا وَصَّىٰ بِهِۦ نُوحٗا وَٱلَّذِيٓ أَوۡحَيۡنَآ إِلَيۡكَ وَمَا وَصَّيۡنَا بِهِۦٓ إِبۡرَٰهِيمَ وَمُوسَىٰ وَعِيسَىٰٓۖ أَنۡ أَقِيمُواْ ٱلدِّينَ وَلَا تَتَفَرَّقُواْ فِيهِۚ ﴾[٦]. ويلاحظ أن القرآن الكريم قد وضع اليهود والنصارى والصابئيين من حيث المبدأ في صف واحد مع المؤمنين برسالة محمد صلى الله عليه وسلم وأثنى عليهم جميعاً وبشرهم برضوان الله عليهم طالما التزموا بالإيمان والتعاليم التي جاء بها أنبياؤهم والتي آلت إلى محمد صلى

(١) سورة هود، الآية ٨٤.
(٢) سورة المائدة، الآية ٤٨.
(٣) ابن هشام، السيرة، ج١، ص١٨٠.
(٤) سورة الأنبياء، الآية ١٠٧.
(٥) الملاح، الرسالة الإسلامية، ص٨٦ - ٨٧.
(٦) سورة الشورى، الآية ١٣.

الله عليه وسلم خاتم الأنبياء فأوجب عليهم ذلك الانتماء إلى الإسلام بحكم منطوق الآية: ﴿ وَمَن يَبْتَغِ غَيْرَ ٱلْإِسْلَٰمِ دِينًا فَلَن يُقْبَلَ مِنْهُ وَهُوَ فِى ٱلْءَاخِرَةِ مِنَ ٱلْخَٰسِرِينَ ﴿٨٥﴾ ﴾[١] والآية ﴿ ٱلْيَوْمَ أَكْمَلْتُ لَكُمْ دِينَكُمْ وَأَتْمَمْتُ عَلَيْكُمْ نِعْمَتِى وَرَضِيتُ لَكُمُ ٱلْإِسْلَٰمَ دِينًا ﴾[٢]. وهو ما أجمع عليه المفسرون.

إن الشمولية والعالمية التي امتازت بها شريعة محمد صلى الله عليه وسلم أعطت مجالاً لأهل الكتاب من يهود ونصارى في مزاولة عباداتهم وأن هذا يدل على روح السماحة التي عامل بها الإسلام أهل الذمه ومدى ماضمنه لهم من الحقوق الدينية، وهذا بعد حضاري آخر حققه الإسلام والمسلمون للناس، وكان عاملاً في تشكيل حضارة ذات أسس إنسانية عامة.

فروح السماحة التي امتاز بها الإسلام تتمثل في دعوة الإسلام إلى المساواة بين اتباعه أيا كان أصلهم أو الفئه التي ينحدرون منها وبذلك ساعد على إزالة الحواجز الاجتماعية فيما بينهم، ومهد الطريق لإقامة جسور الثقة والتعاون بين المسلمين وبين كل من النصارى واليهود وإن خير مثال على ذلك عندما هاجر المسلمون إلى الحبشه في السنة الخامسة للبعثة، وهي تمثل أول ترجمة عملية لروح التعاون بين المسلمين والنصارى التي بشرت بها الدعوة الإسلامية وإن النجاشي رفض تسليم المسلمين للمشركين عندما طلبوا منه ذلك وقال للوفد بعدما سمع قولهم في سيد المسيح: ((إن هذا الذي جاء به عيسى ليخرج من مشكاة واحدة، انطلقوا فلا و الله لا أسلمهم إليك))[٣].

هكذا عملت روح السماحة التي نادى بها الإسلام دوراً كبيراً في صهر الناس في بوتقة واحدة من خلال تطبيق مبدأ المساواة وقال تعالى: ﴿ يَٰٓأَيُّهَا ٱلنَّاسُ إِنَّا خَلَقْنَٰكُم مِّن ذَكَرٍ وَأُنثَىٰ وَجَعَلْنَٰكُمْ شُعُوبًا وَقَبَآئِلَ لِتَعَارَفُوٓا۟ ۚ إِنَّ أَكْرَمَكُمْ عِندَ ٱللَّهِ أَتْقَىٰكُمْ ﴾[٤].

وفضلاً عما امتاز به الإسلام من الشمولية والعالمية فإن من أهم مميزات

(١) سورة آل عمران، الآية٨٥.
(٢) سورة المائدة، الآية ٣.
(٣) ابن هشام، السيرة، ج١، ص٣٦٠.
(٤) سورة الحجرات، الآية ١٣.

الدعوة الإسلامية هي عدم إكراه الناس على اعتناقه وإعطاء حرية العقيدة الكاملة للامم كافة، ولقد جاء في الذكر الحكيم قوله تعالى: ﴿ لَآ إِكۡرَاهَ فِي ٱلدِّينِۖ ﴾ كما أكد أن الرسول صلى الله عليه وسلم قد أرسل من أجل إنقاذهم من الضلالة وإقناع الناس بالحكمة والموعظة الحسنة ومجادلتهم بالتى هي أحسن[١] ولقد وصف القرآن الكريم الرسول صلى الله عليه وسلم بأنه مذكر ومبلغ وليس عليهم بمسيطر، وليس بجبار وهو رحمة للعالمين.

ثالثاً: - مبدأ المساواة بين الناس والدفاع عن المستضعفين

إن أحد المبادىء التي جاء بها الإسلام هو مبدأ المساواة فالناس كلهم، لآدم وآدم من تراب، ولا فضل لعربي على أعجمي إلا بالتقوى وليس هناك فرق بين العبد وسيده.

وهكذا فالمسلمون جميعاً في نظر الإسلام سواء وتحكمهم شريعة واحدة، فحرم الإسلام التفاضل بالأجناس والأنساب، أو بالغني والفقر أو غير ذلك مما كان الناس يتعارفون عليه ويجعلونه مقياساً[٢] وإن فكرة المساواة الاجتماعية كانت تجديداً تاماً أحدثه الإسلام، فعلى صعيد المثال أصبحت مساعدة الفقير واجباً مقدساً، فالزكاة أصبحت فرضاً تجبى إلى بيت المال وينفق منها على الفقراء، وعلى الأفراد أن يعطوا كيفما يشاؤن[٣] وفضلا عن تأسيس الإسلام لشبكة من دعائم التكافل الاجتماعي على المستويين التشريعي والتوجيهي، ونظر الإسلام إلى الإنسان على أنه سيد العالم، وأشرف المخلوقات (ولقد كرمنا بني آدم) وأن قيمة الإنسان لا تقدر بثمن لذلك استخلفه الله في الأرض، وأسجد له الملائكة، وسخر له الأحياء وكل شيء في الأرض السماء[٤] وأن التأكيد على مبدأ المساواة كان يمثل مسألة في غاية الأهمية، لئلا يستعلي الناس بعضهم على بعض ومحا الدين الإسلامي الفوارق بين الناس ليس في العبادات فقط بل في المعاملات أيضاً فهم

---

(١) سورة البقرة، الآية ٢٥٦.
(٢) محمود حلمي، تطور المجتمع الإسلامي العربي، ص٢٤.
(٣) أي هل، الحضاره العربية، ترجمة إبراهيم أحمد العدوى، راجعه حسين مؤنس، مصر، د. ت، ص٢٤.
(٤) ناجي معروف، أصالة الحضارة، ص٢٦٧.

متساوون أمام الله والشريعة في جميع الأمور والمطالب المشروعة[١]. هكذا شمل مبدأ المساواة الذي جاء به الإسلام جميع النواحي في الحقوق والواجبات والمكانة الاجتماعية فمن الناحية الاجتماعية ساوى الإسلام بين العبد وبين سيده وبين الرجل والمرأة بعد ما كانت المرأة ممتهنة الحقوق ومسلوبة[٢]، وكذلك فإن الأمر باتباع العدل بين الناس مظهر من مظاهر تطبيق المساواة، وجعل التقوى أساساً لنبذ الفوارق بينهم، وبما أن الإسلام يمثل شرعةً واحدةً، وحكماً واحداً، فالناس سواسية أمام الشريعة وقد أكد الرسول صلى الله عليه وسلم هذا المبدأ بقوله: ((الناس سواسية كأسنان المشط))[٣].

أما بشأن المستضعفين وكانوا يضمون في عصر الرسالة فئات متعددة من أبرزها النساء والرقيق والفقراء والمساكين، فقد دعا الإسلام إلى المساواة بينهم وبين غيرهم من المسلمين وإزالة الفوارق بينهم، ومحاربة التمييز الاجتماعي الذي كان يعيشه العرب في شبه الجزيرة العربية بصورة عامة ومكة بصورة خاصة، فمن خلال تطبيق هذا المبدأ حقق الإسلام ركناً أساسياً من أركان قيام حضارة إنسانية تتسم بالعدل والمساواة، وعن طريق الدعوة للمساواة تمكن الإسلام من تحقيق هدف مهم ألا وهو الدفاع عن المستضعفين ومراعاة حقوق المرأة وتقليل الفوارق بينها وبين الرجل، وإرجاع حقوقها المسلوبة، وكذلك الدعوة لتحرير الرقيق ومساعدة المحتاجين والمساكين والفقراء.

وفي هذا الصدد يقول ماسينيون: ((يمتاز الإسلام بأنه يمثل فكرة المساواة الصحيحة بمساهمة كل فرد من أفراد الشعب أو العشيرة في موارد الجماعة، وللإسلام ماض بديع من تعاون الشعوب وتفاهمها، وليس من مجتمع آخر له مثل ماللإسلام من ماض كله توفيق في جمع كلمة مثل هذه الشعوب الكثيرة المتباينة على بساط المساواة من الحقوق))[٤].

فبالنسبة للمرأة، كات المرأة تعيش في مهانة واضطهاد وسوء معاملة،

(١) المرجع نفسه، ص ٣٦٩.
(٢) ينظر ص ٩٧ ـ ١٠٠.
(٣) محمد بن إسماعيل الصغاني، سبل السلام لشرح بلوغ المرام، تحقيق إبراهيم عصر، القاهرة، د. ت، ج٣، ص١٢٩.
(٤) زكريا هاشم زكريا، فضل الحضارة الإسلامية العربية على العالم، القاهره، ١٩٧٠م، ص٢٢٥.

وكانت حقوقها مسلوبة في المعاملات وحق الإرث وهي عرضة للسبي في الغزوات، وعرضه للوأد، ولم يكن لها أي دور سوى تربية الأبناء، وإن مرتبتها تأتي بالدرجة الثانية بعد الرجل[١] وعلى الرغم من أن أحوالها تحسنت بعض الشيء في المجتمع العربي وبالأخص المجتمع المكي[٢] لكن تحسن أوضاعها لم يكن بالمستوى المطلوب.

وعندما جاء الإسلام أكد أهمية دور المرأة في الحياة الاجتماعية وتطبيق العدالة الاجتماعية، من عدة أوجه، ففي مجال الإرث، أقر الإسلام للمرأة نصيباً مفروضاً من أموال المتوفين قل أم كثر في حين نرى أن العرب كانت ترى أن النساء لايؤول إليهن من ميراث الرجل شيء، وإن البنات لا يرثن[٣] كانوا يقولون في ذلك: (لا يرثنا إلا من يحمل السيف ويحمي البيضة)[٤].

لكن الإسلام حارب هذا الظلم، واختص النساء بنصيب مما ترك الرجال، وجاء في الذكر الحكيم: ﴿ لِّلرِّجَالِ نَصِيبٌ مِّمَّا تَرَكَ ٱلْوَٰلِدَانِ وَٱلْأَقْرَبُونَ وَلِلنِّسَآءِ نَصِيبٌ مِّمَّا تَرَكَ ٱلْوَٰلِدَانِ وَٱلْأَقْرَبُونَ مِمَّا قَلَّ مِنْهُ أَوْ كَثُرَ ۚ نَصِيبًا مَّفْرُوضًا ﴿٧﴾ ﴾[٥] ومع هذا فقد نادى الإسلام بقوامة الرجال على النساء، فحددها بدرجة[٦] بقوله تعالى: ﴿ وَلَهُنَّ مِثْلُ ٱلَّذِى عَلَيْهِنَّ بِٱلْمَعْرُوفِ ۚ وَلِلرِّجَالِ عَلَيْهِنَّ دَرَجَةٌ ۗ ﴾[٧].

أما في مجال تعدد الزوجات فقد أباح الإسلام على أن لا تتجاوز الأربعة، مع وجوب العدل بينهن وقال تعالى: ﴿ فَٱنكِحُوا۟ مَا طَابَ لَكُم مِّنَ ٱلنِّسَآءِ مَثْنَىٰ وَثُلَٰثَ وَرُبَٰعَ ۖ فَإِنْ خِفْتُمْ أَلَّا تَعْدِلُوا۟ فَوَٰحِدَةً أَوْ مَا مَلَكَتْ أَيْمَٰنُكُمْ ۚ ﴾[٨] فقبل الإسلام كان العرف السائد عند العرب هو السماح بأن يتزوج الرجال ما شاء من النساء من دون

---

(١) ينظرالتنظيمات الاجتماعية عند البدو والتنظيمات الاجتماعية عند الحضرمن الفصل الأول.
(٢) عبد الـله عفيفي، المرأة في جاهليتها وإسلامها، القاهرة، د. ت، ج١، ص٤٣.
(٣) سورة النساء، الآية ٧.
(٤) عفيفي، المرأة، ج٢، ص٣٢.
(٥) سورة النساء، الآية ٧.
(٦) التلسي، تاريخ الحضارة، ص٢٠١.
(٧) سورة البقرة، الآية ٢٢٨.
(٨) سورة النساء، الآية ٣.

تقييد[١] فالإسلام حل هذا المسألة وأباحها على أن لا يتجاوز أربعة[٢] لكن مع هذا جعل البقاء على واحدة فرضاً محتوماً عند توقع الجور، والشقاق والانحراف وإيثار واحدة على أخرى[٣] و اللـه سبحانه سبحانه وتعالى يقول: ﴿ وَلَن تَسْتَطِيعُوٓاْ أَن تَعْدِلُواْ بَيْنَ ٱلنِّسَآءِ وَلَوْ حَرَصْتُمْ ﴾[٤] فالإسلام هذب العادة والعرف السائد الذي يعطي مجالاً بأن يتزوج الرجل ما شاء من النساء دون قيد أو شرط وجعلها أربع زوجات في حالة توفر العدل والمساواة، وواحدة إن انعدم العدل.

وشرع الإسلام مبدأ المساواة بين الرجل والمرأة في الناحية الدينية وقال تعالى: ﴿ فَٱسْتَجَابَ لَهُمْ رَبُّهُمْ أَنِّى لَآ أُضِيعُ عَمَلَ عَٰمِلٍ مِّنكُم مِّن ذَكَرٍ أَوْ أُنثَىٰ بَعْضُكُم مِّنۢ بَعْضٍ ﴾[٥] كما ورد فيه: ﴿ وَمَن يَعْمَلْ مِنَ ٱلصَّٰلِحَٰتِ مِن ذَكَرٍ أَوْ أُنثَىٰ وَهُوَ مُؤْمِنٌ فَأُوْلَٰٓئِكَ يَدْخُلُونَ ٱلْجَنَّةَ وَلَا يُظْلَمُونَ نَقِيرًا ﴿١٢٤﴾ ﴾[٦].

أما في المسائل القضائية فالقرآن الكريم عد شهادة امرأتين موازية لشهادة رجل واحد وقال تعالى في ذكره الحكيم: ﴿ وَٱسْتَشْهِدُواْ شَهِيدَيْنِ مِن رِّجَالِكُمْ فَإِن لَّمْ يَكُونَا رَجُلَيْنِ فَرَجُلٌ وَٱمْرَأَتَانِ مِمَّن تَرْضَوْنَ مِنَ ٱلشُّهَدَآءِ أَن تَضِلَّ إِحْدَىٰهُمَا فَتُذَكِّرَ إِحْدَىٰهُمَا ٱلْأُخْرَىٰ ﴾[٧].

وانتقد القرآن المشركين الذين كانوا يتشاءمون من ولادة الأنثى ولا سيما أولئك الذين يعملون على وأد البنات لقوله: ﴿ وَإِذَا بُشِّرَ أَحَدُهُم بِٱلْأُنثَىٰ ظَلَّ وَجْهُهُۥ مُسْوَدًّا وَهُوَ كَظِيمٌ ﴿٥٨﴾ يَتَوَٰرَىٰ مِنَ ٱلْقَوْمِ مِن سُوٓءِ مَا بُشِّرَ بِهِۦٓ أَيُمْسِكُهُۥ عَلَىٰ هُونٍ أَمْ يَدُسُّهُۥ فِى ٱلتُّرَابِ أَلَا سَآءَ مَا يَحْكُمُونَ ﴿٥٩﴾ ﴾[٨].

---

(١) أحمد أمين، فجر الإسلام، ج١، ص٢٣٢ - ٢٣٣.
(٢) سورة النساء، الآية٣.
(٣) عفيفي، المرأة، ج٢، ص٥٦.
(٤) سورة النساء، الآية ١٢٩.
(٥) سورة آل عمران، الآية ١٩٥.
(٦) سورة النساء، الآية ١٢٤.
(٧) سورة البقرة، الآية ٢٨٢.
(٨) سورة النحل، الآية٥٨ - ٥٩.

فالغاية الأساسية للإسلام على المستوى الاجتماعي بناء الأسرة، وتكريم المرأة، لذا قال الرسول صلى الـلـه عليه وسلم: ((إنما النساء شقائق الرجال)) فالمرأة قسيمة الرجل لها من الحق ماله وعليها ما عليه ﴿ وَلَهُنَّ مِثْلُ ٱلَّذِى عَلَيْهِنَّ بِٱلْمَعْرُوفِ ۚ وَلِلرِّجَالِ عَلَيْهِنَّ دَرَجَةٌ ۗ وَٱللَّهُ عَزِيزٌ حَكِيمٌ ﴾(١) وهي درجة الرعاية ولا تتجاوز إلى قهر النفس وجحود للحق وأوصى الإسلام بتكريم المرأة وقرن الإحسان إليها بعبادة الـلـه(٢) قال تعالى: ﴿ ۞ وَقَضَىٰ رَبُّكَ أَلَّا تَعْبُدُوٓا۟ إِلَّآ إِيَّاهُ وَبِٱلْوَٰلِدَيْنِ إِحْسَـٰنًا ۚ ﴾(٣) على ضرورة معاملتها بالإحسان قال تعالى: ﴿ وَعَاشِرُوهُنَّ بِٱلْمَعْرُوفِ ۚ ﴾(٤).

وحارب الإسلام المظاهر السلبية التي عاشتها المرأة فكانت المولودة تتعرض لعملية الوأد أي قتلها وهي حية وقد حرمها الإسلام بقوله وقال تعالى:
﴿ وَلَا تَقْتُلُوٓا۟ أَوْلَـٰدَكُمْ خَشْيَةَ إِمْلَـٰقٍ ۖ نَّحْنُ نَرْزُقُهُمْ وَإِيَّاكُمْ ۚ ﴾(٥) واستنكر الإسلام تلك الجريمة بقوله: ﴿ وَإِذَا ٱلْمَوْءُۥدَةُ سُئِلَتْ ﴿٨﴾ بِأَىِّ ذَنۢبٍ قُتِلَتْ ﴿٩﴾ ﴾(٦) والمعلوم أنه ليس لها ذنب، ولكن هذا التسائل فيه توبيخ وتقريع لقاتلها(٧).

وكانت ظاهرة (تفضيل الذكر على الأنثى) من الظواهر السلبية السائدة في المجتمع الجاهلي وكان المجتمع العربي قبل الإسلام يفرح بولادة الذكور أكثر من الإناث لأنه يحتاج إلى حملة السيوف والرماح.

وكذلك حرم الإسلام ظاهرة (السبي) وبحكم حياة العرب قبل الإسلام القائمة على الحرب والصراع القبلي وكان ذلك أشد مواطن الروع والفزع في حياة المرأة العربية، فلما جاء الإسلام حرم عليهم السبي، فلا يحل للمسلم أن يسبي

(١) سورة البقرة، الآية ٢٢٨.
(٢) شكران خربوطلي وسهيل زكار، تاريخ الدولة العربية الإسلامية، دمشق، ٢٠٠٤م، ص١١٤.
(٣) سورة الإسراء، الآية ٢٣.
(٤) سورة النساء، الآية ١٩.
(٥) سورة الإسراء، الآية ٣١.
(٦) سورة التكوير، الآية ٨ - ٩.
(٧) محمد بن عبد الـلـه بن إبراهيم العبيدي، فقه الدعوة في صحيح إمام البخاري، بيروت، ٢٠٠٢م، ص١١٢٦.

المسلمة مهما عصفت بالقوم عواصف الفتن ومزقتهم الشيع والأهواء(١).

بالإضافة إلى المرأة كان الرقيق الطبقة المضطهدة في الجاهلية والفئة المظلومة، وكان الرق عاماً في جميع الشعوب القديمة ونظاماً أساسياً في حياتها، والكيان الاقتصادي والاجتماعي قائم على هذا النظام(٢) ولم يكن الرق مقصورا على الاغراب، فقد كان العربي نفسه محلاً للاسترقاق، حيث تغزو قبيلة عربية جارة لها فتأسر رجالها وتسبي نساءها(٣).

فلما جاء الإسلام دعا إلى تحرير الرقيق وخصص لأجل ذلك ثمن واردات الزكاة بحسب الآية ﴿ ۞ إِنَّمَا ٱلصَّدَقَٰتُ لِلْفُقَرَآءِ وَٱلْمَسَٰكِينِ وَٱلْعَٰمِلِينَ عَلَيْهَا وَٱلْمُؤَلَّفَةِ قُلُوبُهُمْ وَفِى ٱلرِّقَابِ وَٱلْغَٰرِمِينَ ﴾(٤) وجعل الإسلام عتق العبيد كفارة من عدد من الذنوب، والآثام، وكذلك كفارة عن عقوبات القتل الخطأ قال تعالى في الذكر الحكيم: ﴿ وَمَن قَتَلَ مُؤْمِنًا خَطَـًٔا فَتَحْرِيرُ رَقَبَةٍ مُّؤْمِنَةٍ وَدِيَةٌ مُّسَلَّمَةٌ إِلَىٰٓ أَهْلِهِۦٓ إِلَّآ أَن يَصَّدَّقُوا۟ ۚ فَإِن كَانَ مِن قَوْمٍ عَدُوٍّ لَّكُمْ وَهُوَ مُؤْمِنٌ فَتَحْرِيرُ رَقَبَةٍ مُّؤْمِنَةٍ ۖ وَإِن كَانَ مِن قَوْمٍۭ بَيْنَكُمْ وَبَيْنَهُم مِّيثَٰقٌ فَدِيَةٌ مُّسَلَّمَةٌ إِلَىٰٓ أَهْلِهِۦ وَتَحْرِيرُ رَقَبَةٍ مُّؤْمِنَةٍ ۖ ﴾(٥).

وقد شجعت التشريعات الإسلامية الموسرين على تحرير الرقاب وأثنت على المسلمين، الذين يقومون بعتق وتحرير رقاب الرقيق مقابل دفع مبلغ من المال لغير المسلمين(٦) كما فعل أبو بكر الصديق رضي الله عنه عندما حرر رقبة (بلال الحبشي) من يد زعماء قريش مقابل دفع مبلغ من المال، وهكذا حث الإسلام على عتق العبيد وحبب ذلك إليهم ورتب عليه أجراً. كما أكد الإسلام أن يعامل الرقيق معاملة لائقة بشرف الإنسان، وكرامته وحرم الإسلام ضربه وقتله كما حرم إهانته وسبه وأمر بالإحسان إليه(٧) جاء في الذكر الحكيم: ﴿ وَبِٱلْوَٰلِدَيْنِ إِحْسَٰنًا وَبِذِى ٱلْقُرْبَىٰ

---

(١) عفيفي، المرأة، ص٢٨.
(٢) مدكور، معالم الدولة الإسلامية، ص٣٤.
(٣) مصطفى الرافعي، حضارة العرب في العصور الإسلامية، لبنان، ١٩٦٠م، ط١، ص٢٧.
(٤) سورة التوبة، الآية ٦٠.
(٥) سورة النساء، الاية ٩٢.
(٦) عفيفي، المرأة، ص٣١.
(٧) الجزائري، منهاج المسلم، بيروت، د. ت، ص٥١٧.

وَٱلْيَتَٰمَىٰ وَٱلْمَسَٰكِينِ وَٱلْجَارِ ذِى ٱلْقُرْبَىٰ وَٱلْجَارِ ٱلْجُنُبِ وَٱلصَّاحِبِ بِٱلْجَنۢبِ وَٱبْنِ ٱلسَّبِيلِ وَمَا مَلَكَتْ أَيْمَٰنُكُمْ ﴾[١] وبعد فقد تمكن الإسلام من وضع قواعد لمحاربة الرق ومقاومته بأسلوب حكيم يفضي إلى القضاء عليه ولو طبقت تعاليم الإسلام على الوجه الصحيح لما بقي في المجتمع الإسلامي أي رقيق ولانتهى الرق منذ صدر الإسلام، وإلى جانب الرقيق كان الفقراء من العناصر المستضعفة في المجتمع الجاهلي.

وكان الأغنياء بصورة عامة وفي مكة بصورة خاصة متغطرسين غلاظ الأكباد، يرون أنفسهم فوق الناس لغناهم ومكانتهم، وكانوا يتفاخرون ويتكاثرون بأموالهم ومكانتهم من قومهم[٢] هكذا كانت الهوة بين الأغنياء والفقراء كبيرة من الناحية الاقتصادية والناحية الاجتماعية حيث كان الغني مفضل على الفقير[٣] فلما جاء الإسلام، وضع حداً لهذه الفروق فالغني في الإسلام ليس بالمتفضل على الفقير بما يقدمه له من معونة لأن ذلك طبقاً لمبادىء الإسلام حق عليه وليس منحة يمتن بها عليه فالإسلام كفل العيش للفقير العاجز عن الكسب، ففي العهد المكي نرى أن الرسول صلى الله عليه وسلم يعطي اهتماماً للدفاع عن الفقراء كما جاء في قوله تعالى: ﴿ فَلَا ٱقْتَحَمَ ٱلْعَقَبَةَ ﴿١١﴾ وَمَآ أَدْرَىٰكَ مَا ٱلْعَقَبَةُ ﴿١٢﴾ فَكُّ رَقَبَةٍ ﴿١٣﴾ أَوْ إِطْعَٰمٌ فِى يَوْمٍ ذِى مَسْغَبَةٍ ﴿١٤﴾ يَتِيمًا ذَا مَقْرَبَةٍ ﴿١٥﴾ أَوْ مِسْكِينًا ذَا مَتْرَبَةٍ ﴿١٦﴾ ﴾[٤] وكذلك كفل الإسلام الفقير العاجز عن الكسب، وجعل نفقته واجبة على بيت المال، فالأغنياء قبل الإسلام يعطون ويساعدون الفقراء متى ما شاؤا، لكن الإسلام حدد مساعدة الفقير وجعلها فرضاً وواجباً على الاغنياء، وأصبح للفقير حق في مال الغني، ففي كل عام يجب على الغني أن يعطي زكاة (صدقة) للفقير أيا كانت نوعية تلك الزكاة وقال تعالى في ذكره الحكيم: ﴿ ۞ إِنَّمَا ٱلصَّدَقَٰتُ لِلْفُقَرَآءِ وَٱلْمَسَٰكِينِ وَٱلْعَٰمِلِينَ عَلَيْهَا وَٱلْمُؤَلَّفَةِ قُلُوبُهُمْ وَفِى ٱلرِّقَابِ وَٱلْغَٰرِمِينَ ﴾[٥].

---

(١) سورة النساء، الآية ٣٦.
(٢) جواد علي، المفصل، ج٧، ص٢٤٥.
(٣) ينظر محور حلف الفضول وحماية الضعفاء من الفصل الثاني.
(٤) سورة البلد، الآية ١١ - ١٦.
(٥) سورة التوبة، الآية ٦٠.

وقارن القرآن الكريم بين التقوى ومساعدة المحتاجين وبين الكفر والبخل، وقد جاء في القرآن الكريم: ﴿ فَأَمَّا مَنْ أَعْطَىٰ وَٱتَّقَىٰ ۝ وَصَدَّقَ بِٱلْحُسْنَىٰ ۝ فَسَنُيَسِّرُهُۥ لِلْيُسْرَىٰ ۝ وَأَمَّا مَنۢ بَخِلَ وَٱسْتَغْنَىٰ ۝ وَكَذَّبَ بِٱلْحُسْنَىٰ ۝ فَسَنُيَسِّرُهُۥ لِلْعُسْرَىٰ ۝ وَمَا يُغْنِى عَنْهُ مَالُهُۥٓ إِذَا تَرَدَّىٰٓ ۝ ﴾[1].

وعد القرآن الكريم الثروة وكيفية التصرف بها نوعاً من الاختبار والابتلاء للإنسان، فالإنسان الصالح يشكر الله في حالتي الغنى والفقر بينما يجزع الإنسان الطالح في حاله الابتلاء بالفقر ويعد ذلك عقابا وإهانة له من الله تعالى، أما في حالة الغنى، فإنه يبخل بماله ولايساعد اليتيم والمسكين[2] وقال تعالى في ذكره الحكيم: ﴿ فَأَمَّا ٱلْإِنسَٰنُ إِذَا مَا ٱبْتَلَىٰهُ رَبُّهُۥ فَأَكْرَمَهُۥ وَنَعَّمَهُۥ فَيَقُولُ رَبِّىٓ أَكْرَمَنِ ۝ وَأَمَّآ إِذَا مَا ٱبْتَلَىٰهُ فَقَدَرَ عَلَيْهِ رِزْقَهُۥ فَيَقُولُ رَبِّىٓ أَهَٰنَنِ ۝ كَلَّاۖ بَل لَّا تُكْرِمُونَ ٱلْيَتِيمَ ۝ وَلَا تَحَٰٓضُّونَ عَلَىٰ طَعَامِ ٱلْمِسْكِينِ ۝ وَتَأْكُلُونَ ٱلتُّرَاثَ أَكْلًا لَّمًّا ۝ وَتُحِبُّونَ ٱلْمَالَ حُبًّا جَمًّا ﴾[3].

هكذا فإن مساعدة المحتاجين والفقراء وإعطائهم الصدقات والإنفاق عليهم من أموال الزكاة، عامل أساسي لتقليل الفوارق الاجتماعية بين أبناء المجتمع[4].

رابعاً: - الدعوة إلى العدل وانتقاد الظلم والاستغلال والعدوان

إن الدعوة إلى العدل ومحاربة الظلم والاستغلال هي إحدى المبادئ الإسلامية التي قامت عليها الحضارة الإسلامية وقد جاء هذا المبدأ لمصلحة الفرد ومصلحة الجماعة في وقت واحد فالعدالة إحدى القواعد الأساسيه والأصليه في التشريع الإسلامي، وفي القرآن الكريم أكثر من مئتي آية ينهى الله تعالى فيها عن الظلم والإثم والضلال وغيرها وفيه ما لا يقل عن مائة تعبير يتضمن فكرة العدل بصورة مباشره في كلمات العدل والقسط والميزان وغيرها[5].

(١) سورة الليل، الآية ٥ - ١١.
(٢) الملاح، الوسيط في السيرة، ص١١٦.
(٣) سورة الفجر، الآية ١٥ - ٢٠.
(٤) عبدالرحمن، القيم والمثل، ص١٤٣.
(٥) مجيد خدوري، مفهوم العدل في الإسلام، دمشق، ١٩٩٨م، ص٢٥.

إن دعوة القرآن الكريم إلى العدل وانتقاد الظلم إن دل على شيء فإنه يدل على مدى انتشار الظلم في المجتمع وخاصة ما يخص المستضعفين ومظاهر وأد البنات وغيرها من الأفعال الظالمة والممارسات الجائرة وعلى الرغم من أن إحدى القيم التي تمسك بها البدوي هي المروءة، والمروءة هي إحدى مظاهر العدل والإنصاف لكن مع هذا فإنه كان خاضعاً لأحكام النظام التعسفي لأنهم كثيراً ما كانوا قساة في الدفاع عن الشرف واظهار الشجاعة ولاسيما لدى الأخذ بالثأر والانتقام وأخذ الديه[١] فالرسول صلى الـلـه عليه وسلم جاء لينقذهم من هذه المظاهر والقيم التي ظل عرب قريش في مكة والعرب في الجزيرة العربية عامة يتمسكون بها ويعالجها بالاستقامة والاتزان مع إدخال بعض الفضائل التي كانت موضع تقدير وأدخالها في تعاليمه فهو لم يأت لإلغاء مكارم الأخلاق بل كما ورد في الحديث إنما جاء ليتمم مكارم الأخلاق التي كانت قائمة في المجتمع[٢] وشمل العدل نواحي عديدة في الإسلام كالعدل السياسي والديني والاجتماعي... الخ.

فمن الناحية السياسية أمر الـلـه سبحانه وتعالى في الذكر الحكيم: ﴿ بِٱلْعَدْلِ وَٱلْإِحْسَٰنِ وَإِيتَآيِ ذِى ٱلْقُرْبَىٰ ﴾[٣] أي الإنصاف فالعدل أمر وواجب على كل فرد ويتحقق ذلك من خلال الإيمان بالله والتوحيد[٤] ويشمل الناحية السياسية أيضاً العدل في الحكم وأن الرسول صلى الـلـه عليه وسلم أكد على ذلك كما جاء في القرآن ﴿ وَأُمِرْتُ لِأَعْدِلَ بَيْنَكُمُ ﴾[٥] أي العدل في الحكم[٦].

وكان من أبرز مظاهر العدل التي دعا إليها الإسلام في بداية الدعوة الإسلامية أسلوب المجادلة والموعظة الحسنة في تبليغ الدعوة، فالجدل والمجادلة بالحكمة هي من أهم مظاهر العدل السياسي الذي اتبعه الرسول صلى الـلـه عليه وسلم في بداية دعوته في العهد المكي[٧].

---

(١) خدوري، مفهوم العدل في الإسلام، ص٢٥.
(٢) المرجع نفسه، ص٢٤.
(٣) سورة النحل، الآية ٩٠.
(٤) المحلي والسيوطي، تفسير الجلالين، ص٢٨٩.
(٥) سورة الشورى، الآية ١٥.
(٦) ابن كثير، تفسير، ج٤، ص٩٨؛ المحلي والسيوطي، تفسير الجلالين، ص٥١٦.
(٧) ينظر موضوع دعوة الإسلام بالحكمة والموعظة الحسنه من هذا الفصل.

وتعد المساواة من أهم مظاهر العدل التي دعا إليها الإسلام منذ بداية الدعوة الإسلامية في مكة، وكان ذلك رد فعل على النظام الاجتماعي في الجاهلية والذى لم يعط للعدل أي اهتمام أو عناية، وإن كان موجوداً لكنه كان على نطاق ضيق جداً حيث قال تعالى في العدل: ﴿ ۞ إِنَّ ٱللَّهَ يَأْمُرُ بِٱلْعَدْلِ وَٱلْإِحْسَـٰنِ وَإِيتَآيِ ذِى ٱلْقُرْبَىٰ وَيَنْهَىٰ عَنِ ٱلْفَحْشَآءِ وَٱلْمُنكَرِ وَٱلْبَغْىِ ۚ يَعِظُكُمْ لَعَلَّكُمْ تَذَكَّرُونَ ۝٩٠ ﴾[1].

ومن الناحية الاجتماعية، دعا الإسلام إلى إقامة العدل بين فئات المجتمع، أي بين الغني والفقير، وبين الرقيق وسيده فإن تطبيق المساواة بينهم وحتى في أثناء الحكم هو أحد مظاهر تطبيق العدل، فلا يجوز محاكمة الفقير وإهمال الغني لغناه ونسبه وشرفه بين السادة وقومه فالناس في نظر الإسلام سواء. فلا فضل بينهم بسبب العرق أو الجنس أو النسب والمال واللون، فالجميع أمام حكم الله العادل سواء، ويقول الرسول صلى الله عليه وسلم في هذا الصدد عندما سرقت شريفة من قريش وتشفع لها بعض الناس لإعفائها من إقامة الحد عليها: ((إنما أهلك الذين من قبلكم أنهم كانوا إذا سرق فيهم الشريف تركوه وإذا سرق فيهم الضعيف أقاموا عليه الحد وأيم الله لو أن فاطمه بنت محمد سرقت لقطعت يدها))[2] فدعوة الإسلام إلى المساواة جاءت لنبذ القيم البدوية التي كان عليها العرب قبل الإسلام، ومن أجل تطبيق العدالة يجب تطبيق المساواة ومن أجل تطبيق المساواة يجب تطبيق الإحسان فمن خلال الإحسان إلى الفقراء وذوي القربى والمساكين تتحقق المساواة بين فئات المجتمع[3] لذا فقد حث القرآن الكريم المسلمين على أن يكونوا كرماء، وأن يساعدوا الفقير واليتيم والرقيق[4].

وحقق الإسلام من خلال دعوته إلى العدل وانتقاد الظلم والعدوان هدفاً اجتماعياً آخر، وهو القضاء على مظهر من مظاهر الظلم والذي كان شائعاً عند العرب قبل الإسلام ألا وهي عادة وأد البنات[5] وكذلك الدفاع عن المستضعفين وإن تأكيد القرآن الكريم على أن أصل بني الإنسان واحد وأن خالقهم واحد وأن

(١) سورة النحل، الآية ٩٠.
(٢) البخاري، صحيح، ٦٧٨٨.
(٣) سورة النحل، الآية ٩٠.
(٤) سورة البلد، الآية١١ - ١٦.
(٥) سورة التكوير، الآية ٨ - ٩؛ سورة النحل، الآية ٥٨ - ٥٩.

مصيرهم جميعاً واحدة، فقيمة الإنسان لاتقاس بالثروة التي يملكها أو النسب الذي ينتمي إليه فأفضل الناس هو أفضلهم عملاً ﴿ إِنَّ أَكْرَمَكُمْ عِندَ ٱللَّهِ أَتْقَىٰكُمْ ﴾[١] وإن هذا يمثل أكبر عدالة ربانية على الأرض بأن تكون التقوى أساس التفضيل بين المسلمين وليس شيء أخر.

أما في مجال تطبيق العدالة في حل الخلافات الداخلية بين المسلمين فقد قال سبحانه: ﴿ وَإِن طَآئِفَتَانِ مِنَ ٱلْمُؤْمِنِينَ ٱقْتَتَلُوا۟ فَأَصْلِحُوا۟ بَيْنَهُمَا ۖ فَإِنۢ بَغَتْ إِحْدَىٰهُمَا عَلَى ٱلْأُخْرَىٰ فَقَٰتِلُوا۟ ٱلَّتِى تَبْغِى حَتَّىٰ تَفِىٓءَ إِلَىٰٓ أَمْرِ ٱللَّهِ ۚ فَإِن فَآءَتْ فَأَصْلِحُوا۟ بَيْنَهُمَا بِٱلْعَدْلِ وَأَقْسِطُوٓا۟ ۖ إِنَّ ٱللَّهَ يُحِبُّ ٱلْمُقْسِطِينَ ﴿٩﴾ ﴾[٢] فالإصلاح بين الطائفتين المتنازعتين واجب لكن إذا بغت أي (تعدت) إحداهما على الأخرى فقاتلوا التي تبغي حتى تفيء أي ترجع إلى أمر الله ﴿ فَإِن فَآءَتْ فَأَصْلِحُوا۟ بَيْنَهُمَا بِٱلْعَدْلِ وَأَقْسِطُوٓا۟ ۖ إِنَّ ٱللَّهَ يُحِبُّ ٱلْمُقْسِطِينَ ﴾ والعدل هنا يقصد به الإنصاف إن الله يحب العادلين[٣].

ومن العدل في الإسلام الاستفادة من ذوي الكفاءات الممتازة والمواهب النادرة، وتولية الوظائف من دون محاباة بسبب القرابة والجاه والثروة أو النسب[٤] وإن تطبيق العدالة بين المسلمين له أثر كبير في محاربة الظلم والاستغلال.

وفضلاً عما تقدم، فقد دعا الإسلام إلى العدل الاجتماعي ومساعدة المحتاجين، والاهتمام بذوي القربى، واليتامى الذين لهم في أموال الأغنياء حق معلوم وانتقد القرآن الكريم بعض أغنياء مكة لإساءتهم للفقراء واليتامى والمساكين واستغلالهم فقال تعالى: ﴿ أَرَءَيْتَ ٱلَّذِى يُكَذِّبُ بِٱلدِّينِ ﴿١﴾ فَذَٰلِكَ ٱلَّذِى يَدُعُّ ٱلْيَتِيمَ ﴿٢﴾ وَلَا يَحُضُّ عَلَىٰ طَعَامِ ٱلْمِسْكِينِ ﴿٣﴾ ﴾[٥] وقوله: ﴿ كَلَّا ۖ بَل لَّا تُكْرِمُونَ ٱلْيَتِيمَ ﴿١٧﴾ وَلَا تَحَٰٓضُّونَ عَلَىٰ طَعَامِ ٱلْمِسْكِينِ ﴿١٨﴾ وَتَأْكُلُونَ ٱلتُّرَاثَ أَكْلًا لَّمًّا ﴿١٩﴾

(١) سورة الحجرات، الآية ١٣.
(٢) سورة الحجرات، الآية ٩.
(٣) المحلي والسيوطي، تفسير الجلالين، ص٥٥٠.
(٤) ناجي معروف، أصالة الحضارة، ص٢٨٩.
(٥) سورة الماعون، الآية ١ - ٣.

﴿وَتُحِبُّونَ ٱلْمَالَ حُبًّا جَمًّا ٢٠﴾[١].

أما في الناحية الاقتصادية أو المالية فقد حارب الإسلام مظاهر الاستغلال وانتقد القرآن الربا بوصفه مظهراً من مظاهر الاستغلال حيث كان متفشياً بصورة كبيرة في المجتمع الجاهلي وقال تعالى: ﴿وَمَآ ءَاتَيْتُم مِّن رِّبًا لِّيَرْبُوَا۟ فِىٓ أَمْوَٰلِ ٱلنَّاسِ فَلَا يَرْبُوا۟ عِندَ ٱللَّهِ﴾[٢] هكذا انتقد الإسلام الربا وإن أخذ الزيادة في المعاملة لا ثواب له للمعطين[٣] وبالمقابل دعا الإسلام إلى إعطاء الزكاة أي الصدقة يتزكون بها مقابل ثواب من الله سبحانه وتعالى[٤].

ونهى الإسلام أيضاً عن أنواع من البيوع الفاسدة والقائمة على الغموض مارسها العرب قبل الإسلام في عملياتهم التجارية فكان الغرض من تلك البيوع احتكار الناس واستغلالهم، كبيع الفور والمنابذة والملامسة... إلخ[٥] لهذا حرم الإسلام هذه البيوع من أجل القضاء على مظاهر الاستغلال وإقامة العدل وكذلك دعا إلى اتباع العدل في الكيل والميزان كما جاء في ذكره الحكيم قال تعالى: ﴿وَأَوْفُوا۟ ٱلْكَيْلَ وَٱلْمِيزَانَ بِٱلْقِسْطِ﴾[٦] وحرم الإسلام الاحتكار أيضاً (وهي ظاهرة احتكار الطعام أي حبسه ويتربص به الغلاة)[٧] لكونه مظهراً من مظاهر الاستغلال، وكذلك حذر القرآن الكريم الكريم من أكل أموال الناس بالباطل وقال تعالى: ﴿يَٰٓأَيُّهَا ٱلَّذِينَ ءَامَنُوا۟ لَا تَأْكُلُوٓا۟ أَمْوَٰلَكُم بَيْنَكُم بِٱلْبَٰطِلِ إِلَّآ أَن تَكُونَ تِجَٰرَةً عَن تَرَاضٍ مِّنكُمْ ۚ وَلَا تَقْتُلُوٓا۟ أَنفُسَكُمْ ۚ إِنَّ ٱللَّهَ كَانَ بِكُمْ رَحِيمًا ٢٩ وَمَن يَفْعَلْ ذَٰلِكَ عُدْوَٰنًا وَظُلْمًا فَسَوْفَ نُصْلِيهِ نَارًا ۚ وَكَانَ ذَٰلِكَ عَلَى ٱللَّهِ يَسِيرًا ٣٠﴾[٨].

---

(١) سورة الفجر، الآية ١٧ - ٢٠.
(٢) سورة الروم، الآية ٣٩.
(٣) المحلي والسيوطي، تفسير الجلالين، ص٤٣٩.
(٤) سورة الروم، الآية ٣٩.
(٥) ينظر الحياة الاقتصادية عند أهل الحضر من الفصل الثاني.
(٦) سورة الأنعام، الآية ١٥٢.
(٧) العيني، عمده القاريء لشرح صحيح البخاري، القاهرة، ١٩٢٦م، ج١١، ص٢٤٩؛ ابن تيمية، الحسبة في الإسلام، تحقيق عبدالعزيز رباح، دمشق، ١٩٦٧م، ص٢٢.
(٨) سورة النساء، الآية ٢٩ - ٣٠.

خامساً: - العبادات الإسلامية الأولى ((الصلاة، والزكاة..))

تعد العبادات وسيلة مهمة من الوسائل التي يتقرب بها الإنسان إلى اللـه وكسب رضاه، فبعد التوحيد يجب على الإنسان أن يعبر عملياً عن التزامه بالقيم العليا للإسلام، وأدائه لتلك العبادات يكون واجباً وفرضاً عليه، فهو ليس أداء حركات فحسب بل له أهداف سامية يرمي إلى تحقيقها فالغاية الرئيسة من الصلاة هي الثناء والشكر لله ومن أولى تلك العبادات التي فرضها الإسلام في المرحلة المكية هي الصلاة(١) وهي فرض وواجب على كل من آمن بالله ويجب عليه أداءها قال تعالى: ﴿ قُل لِّعِبَادِيَ ٱلَّذِينَ ءَامَنُواْ يُقِيمُواْ ٱلصَّلَوٰةَ ﴾(٢) وقال تعالى أيضاً في ذكره الحكيم: ﴿ إِنَّنِيٓ أَنَا ٱللَّهُ لَآ إِلَٰهَ إِلَّآ أَنَا۠ فَٱعۡبُدۡنِي وَأَقِمِ ٱلصَّلَوٰةَ لِذِكۡرِيٓ ﴿١٤﴾ ﴾(٣) فالصلاة فرضت في مكة كفريضة حدد وقتها وعدد ركعاتها وكانت في بدايتها تؤدي في أوقات الضحى والعصر من كل يوم وبمعدل ركعتين في كل صلاة، ثم أصبحت تؤدى خمسة أوقات في أواخر المرحلة المكية(٤).

وقد أكد القرآن الكريم أن الصلاة تنهى عن الفحشاء والمنكر، قال تعالى: ﴿ ٱتۡلُ مَآ أُوحِيَ إِلَيۡكَ مِنَ ٱلۡكِتَٰبِ وَأَقِمِ ٱلصَّلَوٰةَۖ إِنَّ ٱلصَّلَوٰةَ تَنۡهَىٰ عَنِ ٱلۡفَحۡشَآءِ وَٱلۡمُنكَرِۗ ﴾(٥) ويجب أن نشير إلى أن مسالة العبادة لم تكن شيئاً غريباً على العرب في الجاهلية وخاصة في مكة، فالأحناف كانوا يقومون ببعض الأعمال الدالة على تأدية الصلاة(٦) وهناك إشارات في القرآن الكريم إلى لفظة السجود قال تعالى: ﴿ لَا تَسۡجُدُواْ لِلشَّمۡسِ وَلَا لِلۡقَمَرِ وَٱسۡجُدُواْ لِلَّهِ ﴾(٧).

ولقد فرض الإسلام على المسلمين في العهد المكي الزكاة بمفهومها العام لتطهير أموالهم وتزكيتهم فالعرب قبل الإسلام، عندما كانوا يساعدون الفقراء

---

(١) الملاح، الوسيط في السيرة، ص١١٤.
(٢) سورة إبراهيم، الآية ٣١.
(٣) سورة طه، الآية ١٤.
(٤) جواد علي، تاريخ العرب قبل الإسلام، ص١٧٠ - ١٧١.
(٥) سورة العنكبوت، الآية ٤٥.
(٦) ينظر الفصل الثاني من الرسالة.
(٧) سورة فصلت، الآية ٣٧.

يساعدونهم متى شاؤوا وفي أي وقت كان فبذلك زادت الهوة بين الفقراء والأغنياء فالإسلام لم يفرض الزكاة كفريضة ذات نصاب محدد ونظام خاص إلا في المدينة أما في العهد المكي فإن مفهوم الزكاة كان مفهوماً عاماً فهو أقرب ما يكون إلى الصدقة، وتعني كلمة الصدقة الهبة الطوعية[١] ولم تكن هذه الصدقة محددة بمقدار معين وثابت، إذ كثيراً ما يقترن مفهومها بمفهوم الإنفاق أو العطاء أو الزكاة وهذا ما أشارت إليه الآيات المكية قال تعالى: ﴿ فَأَمَّا مَنْ أَعْطَىٰ وَٱتَّقَىٰ ۝٥ وَصَدَّقَ بِٱلْحُسْنَىٰ ۝٦ فَسَنُيَسِّرُهُۥ لِلْيُسْرَىٰ ۝٧ وَأَمَّا مَنۢ بَخِلَ وَٱسْتَغْنَىٰ ۝٨ وَكَذَّبَ بِٱلْحُسْنَىٰ ۝٩ فَسَنُيَسِّرُهُۥ لِلْعُسْرَىٰ ۝١٠ وَمَا يُغْنِي عَنْهُ مَالُهُۥٓ إِذَا تَرَدَّىٰٓ ۝١١ ﴾[٢] وقال: ﴿ إِنَّ ٱلَّذِينَ يَتْلُونَ كِتَٰبَ ٱللَّهِ وَأَقَامُواْ ٱلصَّلَوٰةَ وَأَنفَقُواْ مِمَّا رَزَقْنَٰهُمْ سِرًّا وَعَلَانِيَةً يَرْجُونَ تِجَٰرَةً لَّن تَبُورَ ۝٢٩ ﴾[٣] وقال: ﴿ وَأَقِيمُواْ ٱلصَّلَوٰةَ وَءَاتُواْ ٱلزَّكَوٰةَ وَأَقْرِضُواْ ٱللَّهَ قَرْضًا حَسَنًا ﴾[٤] ومن خلال دراسة الآيات القرآنية المشار إليه آنفاً نستنتج بأن مفهوم الإنفاق أي التصدق يعني

تأكيد الإسلام على أن للفقراء حقاً معلوماً في أموال الأغنياء وهو امتداد للمثل الأعلى القبلي الذي يوجب على الأغنياء مساعدة الفقراء والمحتاجين فالمال في القبيلة هو ملك لجميع أفراد القبيلة وليس هناك فرق بين الفقير والغني[٥] وكذلك اتضح لنا على ضوء ما تقدم بأن القرآن الكريم ربط بين التقوى ومساعدة المحتاجين وبين الكفر والبخل. من أجل حمل الناس على الإنفاق والكرم وترك البخل. وعد القرآن الكريم الثروة وكيفية التصرف بها نوعاً من الاختبار والابتلاء الرباني للإنسان، فالإنسان الصالح يشكر الله في حالتي الغنى والفقر بينما الطالح يعد في الابتلاء بالفقر عقاباً وإهانه له من الله تعالى. اما في حالة الغنى فإنه يبخل ولا يساعد اليتيم والمسكين وقال تعالى: ﴿ فَأَمَّا ٱلْإِنسَٰنُ إِذَا مَا ٱبْتَلَىٰهُ رَبُّهُۥ فَأَكْرَمَهُۥ وَنَعَّمَهُۥ فَيَقُولُ رَبِّىٓ أَكْرَمَنِ ۝١٥ وَأَمَّآ إِذَا مَا ٱبْتَلَىٰهُ فَقَدَرَ عَلَيْهِ رِزْقَهُۥ فَيَقُولُ رَبِّىٓ أَهَٰنَنِ ۝١٦ كَلَّا ۖ بَل لَّا تُكْرِمُونَ

(١) مونتغمري وات، محمد في المدينة، ترجمة بركات شعبان، بيروت، د. ت، ص٥٤٥.
(٢) سورة الليل، الآية ٥ - ١١.
(٣) سورة فاطر، الآية ٢٩.
(٤) سورة المزمل، الآية ٢٠.
(٥) وات، محمد في المدينة، ص١٢٧ - ١٢٨.

ٱلْيَتِيمَ ﴿١٧﴾ وَلَا تَحَٰٓضُّونَ عَلَىٰ طَعَامِ ٱلْمِسْكِينِ ﴿١٨﴾ وَتَأْكُلُونَ ٱلتُّرَاثَ أَكْلًا لَّمًّا ﴿١٩﴾ وَتُحِبُّونَ ٱلْمَالَ حُبًّا جَمًّا ﴿٢٠﴾﴾[1]. ومن أجل حمل الناس في العهد المكي على التصدق ومساعدة الفقراء والمحتاجين، ربط الإسلام بين عناية الله ورعايته للإنسان وبين تكليفه له بأن يرعى أخاه الإنسان ويساعده على تجاوز المصاعب وإن هذا دليل على مدى حرص الإسلام منذ الوهلة الأولى على تصحيح الخلل الاجتماعي والاقتصادي الذي كان قائماً في المجتمع المكي نتيجة لغلبة النزعة الفردية كما أوضحنا ذلك في الفصل الثاني أثناء الحديث عن التنظيمات الاقتصادية في مكة، ومن أجل تحقيق الأهداف المشار إليه انفاً بدأ الخطاب القرآني بتوجيه الرسول صلى الله عليه وسلم شخصياً بضرورة رعاية المحتاجين ومساعدتهم كأحد مظاهر التعبير عن شكره لله تعالى على اهتمامه به ورعايته له منذ الطفولة وقد جاء في ذكره الحكيم في هذا الصدد قوله تعالى: ﴿وَلَسَوْفَ يُعْطِيكَ رَبُّكَ فَتَرْضَىٰٓ ﴿٥﴾ أَلَمْ يَجِدْكَ يَتِيمًا فَـَٔاوَىٰ ﴿٦﴾ وَوَجَدَكَ ضَآلًّا فَهَدَىٰ ﴿٧﴾ وَوَجَدَكَ عَآئِلًا فَأَغْنَىٰ ﴿٨﴾ فَأَمَّا ٱلْيَتِيمَ فَلَا تَقْهَرْ ﴿٩﴾ وَأَمَّا ٱلسَّآئِلَ فَلَا تَنْهَرْ ﴿١٠﴾ وَأَمَّا بِنِعْمَةِ رَبِّكَ فَحَدِّثْ ﴿١١﴾﴾[2].

هكذا أكد الإسلام في العهد المكي على التصدق والإنفاق ومساعدة المحتاجين من أجل تحقيق التكافل الاجتماعي وتقليل الفوارق الاجتماعية بين أبناء المجتمع. والإسلام بذلك يلتقي مع المثل الأعلى للمجتمع القبلي، وإن هذا دليل على أن الإسلام تبنى العديد من القيم الخلقية (البدوية) التي تنسجم مع منهجه الأخلاقي.

سادساً: - الدعوة إلى الإسلام بالحكمة والموعظة الحسنة (الجهاد بالقرآن)

كانت القاعدة الأساس التي اعتمدها الإسلام في نشر الدعوة في المرحلة المكية هي الدعوة إلى الإسلام بالحكمة والموعظة الحسنة. كما حث القرآن الكريم المسلمين على مجاهدة الكفار بالقرآن، ويتضح من تعريف ابن منظور لمصطلح الجهاد هو: ((أن الجهاد استفراغ الوسع في الحرب أو اللسان))[3] ويؤيد ذلك ما

---

(١) سورة الفجر، الآية ١٥ - ٢٠.
(٢) سورة الضحى، الآية ٥ - ١١.
(٣) لسان العرب، مج٣، ص١٣٥.

ورد في الحديث ((جاهدوا الكفار بأيديكم وألسنتكم))[١] هكذا فإن الأصل في العلاقات بين بني الإنسان هو السلام، ونجد ذلك واضحاً من خلال القيم والتشريعات التي جاء بها الإسلام قال تعالى: ﴿ قُلْ يَٰٓأَيُّهَا ٱلنَّاسُ قَدْ جَآءَكُمُ ٱلْحَقُّ مِن رَّبِّكُمْ ۖ فَمَنِ ٱهْتَدَىٰ فَإِنَّمَا يَهْتَدِى لِنَفْسِهِۦ ۖ وَمَن ضَلَّ فَإِنَّمَا يَضِلُّ عَلَيْهَا ۖ وَمَآ أَنَا۠ عَلَيْكُم بِوَكِيلٍ ﴿١٠٨﴾ ﴾[٢] وقال: ﴿ ٱدْعُ إِلَىٰ سَبِيلِ رَبِّكَ بِٱلْحِكْمَةِ وَٱلْمَوْعِظَةِ ٱلْحَسَنَةِ ۖ وَجَٰدِلْهُم بِٱلَّتِى هِىَ أَحْسَنُ ۚ إِنَّ رَبَّكَ هُوَ أَعْلَمُ بِمَن ضَلَّ عَن سَبِيلِهِۦ ۖ وَهُوَ أَعْلَمُ بِٱلْمُهْتَدِينَ ﴿١٢٥﴾ ﴾[٣] وقد أوضح القرآن الكريم بأن خير وسيلة لتحقيق السلام وحسم المنازعات بين البشر هي الحكمة واستخدام العقل لذا فقد أمر الله الرسول صلى الله عليه وسلم بالدعوة إلى الله بالحكمة والموعظة الحسنة ومجادلة المشركين بالتي هي أحسن وأمر المسلمين ألا يجادلوا أهل الكتاب إلا بالتي هي أحسن[٤].

هكذا فإن الهدف الأساسي والرئيسي في المرحلة المكية هو نشر الدعوة بالوسائل السلمية ويتضح ذلك جلياً من خلال الآيات التي تدعوا المسلمين إلى اتخاذ أسلوب المجادلة والحكمة والموعظة الحسنة في نشر الدين الإسلامي واستمر هذا الأسلوب في الدعوة بصفته القاعدة الأساسية في دعوة الناس وإقناعهم بمبادىء الإسلام، والطريق إليه يكون بالحكمة والعقل والمنطق لا بالقهر والإكراه[٥] وهناك إشارة في القرآن الكريم في هذا الصدد قال تعالى ﴿ لَآ إِكْرَاهَ فِى ٱلدِّينِ ۖ قَد تَّبَيَّنَ ٱلرُّشْدُ مِنَ ٱلْغَىِّ ۚ فَمَن يَكْفُرْ بِٱلطَّٰغُوتِ وَيُؤْمِنۢ بِٱللَّهِ فَقَدِ ٱسْتَمْسَكَ بِٱلْعُرْوَةِ ٱلْوُثْقَىٰ لَا ٱنفِصَامَ لَهَا ۗ وَٱللَّهُ سَمِيعٌ عَلِيمٌ ﴿٢٥٦﴾ ﴾[٦] وقد أشير إلى أن بعض المسلمين طلبوا من الرسول صلى الله عليه وسلم أن يغير أسلوب الدعوة إلى الله باستخدام القوة، ومواجهة المشركين بنفس طريقتهم أي استخدام الشدة والقوة معهم، لكن الرسول

(١) الراغب الأصفهاني، معجم الفاظ القرآن الكريم، تحقيق نديم المرعشلي، د. م، ١٩٧٢م، ص٩٩.
(٢) سورة يونس، الآية ١٠٨.
(٣) سورة النحل، الآية ١٢٥.
(٤) سورة العنكبوت، الآية ٤١.
(٥) هاشم يحيى الملاح، الجهاد في عصر الرسالة، أعمال الندوة العربية، د. م، ٢٠٠٢م، ص٤٨.
(٦) سورة البقرة، الآية ٢٥٦.

صلى الله عليه وسلم، لم يرضَ بتغيير طريقته، لأن القرآن الكريم نهاهم عن ذلك حيث أمر الله تعالى بالدعوة إلى الإسلام بالحكمة والموعظة الحسنة، والصبر على أذى المشركين. هكذا استمر المسلمون في منهجهم السلمي في الدعوة إلى الله صابرين على الأذى والاضطهاد والشيء الجدير بالذكر هو أن المسلمين واصلوا عملية الجهاد السلمي في الحقبة المكية ولم يغيروها.

فالدعوة إلى الله تعالى بطريقة سلمية هي أحد مظاهر الجهاد الإسلامي أي الجهاد باللسان وهو المجادلة بالحكمة والموعظة ولقد نزلت آيات تؤكد هذا المفهوم في الحقبة المكية، كما جاء في القرآن الكريم نحو قوله تعالى: ﴿ وَإِن جَٰهَدَاكَ عَلَىٰٓ أَن تُشْرِكَ بِى مَا لَيْسَ لَكَ بِهِۦ عِلْمٌ فَلَا تُطِعْهُمَا ﴾[١] ﴿ وَٱلَّذِينَ جَٰهَدُوا۟ فِينَا لَنَهْدِيَنَّهُمْ سُبُلَنَا ﴾[٢] وجاهدهم به - أي القرآن - جهاداً كبيراً[٣].

وعلى ضوء ما سبق نلاحظ إن أهم ما امتازت به الدعوة في العهد المكي هي عدم مجابهة المشركين بالقوة واستخدام الحكمة والموعظة في الدعوة وهناك إشارات كثيرة في القرآن الكريم تؤكد ذلك وقال تعالى: ﴿ خُذِ ٱلْعَفْوَ وَأْمُرْ بِٱلْعُرْفِ وَأَعْرِضْ عَنِ ٱلْجَٰهِلِينَ ﴿١٩٩﴾ ﴾[٤] وقال: ﴿ وَٱصْبِرْ عَلَىٰ مَا يَقُولُونَ وَٱهْجُرْهُمْ هَجْرًا جَمِيلًا ﴿١٠﴾ ﴾[٥] وقال ﴿ فَٱصْفَحْ عَنْهُمْ وَقُلْ سَلَٰمٌ فَسَوْفَ يَعْلَمُونَ ﴿٨٩﴾ ﴾[٦].

وعلى الرغم من أن الإسلام دعا بصورة سلمية إلى الله سبحانه، فإن المشركين تعصبوا وأصروا على شركهم وكفرهم وأثناء ذلك دعاهم الرسول إلى حرية العقيدة[٧] فقال تعالى: ﴿ قُلْ يَٰٓأَيُّهَا ٱلْكَٰفِرُونَ ﴿١﴾ لَآ أَعْبُدُ مَا تَعْبُدُونَ ﴿٢﴾ وَلَآ أَنتُمْ عَٰبِدُونَ مَآ أَعْبُدُ ﴿٣﴾ وَلَآ أَنَا۠ عَابِدٌ مَّا عَبَدتُّمْ ﴿٤﴾ وَلَآ أَنتُمْ عَٰبِدُونَ مَآ أَعْبُدُ ﴿٥﴾

(١) سورة لقمان، الآية ١٥.
(٢) سورة العنكبوت، الآية ٦٩.
(٣) سورة الفرقان، الآية ٥٢؛ المحلي والسيوطي، تفسير الجلالين، ص٣٩٤.
(٤) سورة الأعراف، الآية ١٩٩.
(٥) سورة المزمل، الآية ١٠.
(٦) سورة الزخرف، الآية ٨٩.
(٧) الملاح، الجهاد، ص٥٠.

لَكُمْ دِينُكُمْ وَلِيَ دِينِ ﴿٦﴾ ﴾[١] وكان هذا قبل أن يؤمر بالحرب[٢] فعندما شق على الرسول صلى الله عليه وسلم عناد المشركين وإعراض المكذبين كما أشرنا إلى ذلك، كانت الآيات القرآنية توضح له حدود الرسالة التي هي البلاغ وليست الإكراه قال تعالى: ﴿ لَآ إِكْرَاهَ فِى ٱلدِّينِ قَد تَّبَيَّنَ ٱلرُّشْدُ مِنَ ٱلْغَىِّ ﴾[٣].

فهكذا رفع الرسول صلى الله عليه وسلم راية السلام حتى يعيش الناس إخوانا متحابين، فالإسلام أمر بالرفق واللين في دعوة الناس إلى الإسلام وأمر بمناقشة المخالفين بالحسنى، وبين الله سبحانه وتعالى للنبي بأنه مكلف أن يبلغ الدعوة ويبشر بالإسلام، وليس مكلفاً أن يحمل الناس عليها بالقوة قال تعالى

﴿ فَذَكِّرْ إِنَّمَآ أَنتَ مُذَكِّرٌ ﴿٢١﴾ لَّسْتَ عَلَيْهِم بِمُصَيْطِرٍ ﴿٢٢﴾ ﴾[٤].

هكذا اتخذ الجهاد في العصر المكي طابعاً سلمياً ولم يغير الرسول صلى الله عليه وسلم طريقته في مواصلة نشر الدعوة بالحكمة والموعظة الحسنة، على الرغم من أن ذلك كان يتطلب من المسلمين جهداً كبيراً وإن هذا دليل على صبرهم وتحملهم وبذلهم أقصى الجهد من أجل استمرار الرسول صلى الله عليه وسلم في نشر الدعوة الإسلامية، ويلاحظ أنه بعد هجرة الرسول صلى الله عليه وسلم إلى المدينة وتأسيس الدولة الإسلامية فيها نزل القرآن الكريم بإباحة استعمال القوة في مواجهة الأعداء، فأضيف بذلك إلى الجهاد السلمي في نشر الدعوة الجهاد القتالي في مواجهة عدوان المشركين وظلمهم وتصفية الوجود الوثني باعتباره أحط الأديان تصوراً وممارسةً، وهو ما سنتحدث عنه بالتفصيل في الفصل الرابع.

سابعاً: - نشأة الأمة (الواحدة من دون الناس)

إن من أهم الإنجازات التاريخية التي حققها الرسول صلى الله عليه وسلم في مكة هو نجاحه في تكوين جماعة المؤمنين الذين أصبحوا نواة (الأمه) وكان أهم مايتصفون به من صفات هي (التقوى، والعمل الصالح، والتعاون على أساس الشورى) وقد لعبت هذه الجماعة دوراً كبيراً ومهماً في تعزيز وإغناء الشروط

(١) سورة الكافرون، الآية ١ - ٦.
(٢) المحلي والسيوطي، تفسير الجلالين، ص٦٦٥.
(٣) سورة البقرة، الآية ٢٥٦.
(٤) سورة الغاشية، الآية ٢١ - ٢٢.

الضرورية لإنشاء الحضارة الإسلامية.

لقد سعى الرسول صلى الله عليه وسلم لتكوين هذه الأمة منذ ظهور الدعوة الإسلامية في مكة[١] فكانت النواة الأولى لها أسرته (زوجته خديجة وابن عمه علي بن أبي طالب، ومولاه زيد بن حارثة) ثم انضاف إليهم بصورة تدريجية عدد من المقربين له كان من أبرزهم أبو بكر الصديق، وعثمان بن عفان وسعد بن أبي وقاص والزبير بن العوام وعبدالرحمن بن عوف، وعثمان بن مضعون، وابو سلمة بن عبد الأسد المخزومي، والأرقم بن أبي الأرقم المخزومي. وقد أخذ الإسلام في الانتشار في مكة على يد هذه القلة من المؤمنين بصورة سرية وهادئة حتى بلغ عددهم في أواخر السنة الخامسة للبعثة أكثر من خمسين مسلماً ومسلمة.

إن دراسة أسماء المؤمنين الأوائل ((توصلنا إلى أنهم كانوا يتوزعون على جميع العشائر المكية، وأنهم كانوا ينتمون إلى فئة الشباب بصورة رئيسية، إذ لم تتجاوز أعمار معظمهم حين إسلامهم الثلاثين سنة))[٢] ولم يقتصر انتشار الإسلام على فئة معينة بل انتشر بين فئات متعددة من الرجال والنساء والأحرار والحلفاء وكان أغلبية المؤمنين من فئة التجار المتوسطين أو من أبنائهم، وإن بعضهم من الفقراء والمعدومين والبعض الآخر من أبناء كبار تجار مكة[٣].

ويلاحظ أن أفراد الجماعة الإسلامية الأولى قد أخذوا يتميزون عن قومهم منذ قبولهم دعوة الرسول صلى الله عليه وسلم للدخول في الإسلام في عقيدتهم، وعبادتهم، وسلوكهم، ومواقفهم العامة. كما أن ولاءهم لرؤساء عشائرهم وقيم مجتمعهم القبلي أخذ بالضعف والتلاشي وحل محله الولاء الكامل للرسول محمد صلى الله عليه وسلم ومبادئ الدعوة الإسلامية وقيمها.

وقد ترتب على هذا التمايز بين أفراد الجماعة المؤمنة وبين قومهم من قريش أن تعمقت روح الانفصال بينهما وحل محل الشعور بالوحدة والتضامن السابق باعتبارهم أبناء قبيلة واحدة روح الصدام والتنافر مما جعل المؤمنين يشعرون بالغربة عن قومهم.. ويميلون إلى النظر إلى أنفسهم بأنهم ((أمة)) متميزة ((من دون الناس)) لها عقيدتها وأفكارها وتنظيمها وقيادتها التي تجعلها أمة مختلفة عن أمة

(١) الملاح، حكومة الرسول، ص٤٨.
(٢) الملاح، الوسيط في السيرة، ص١١٩.
(٣) المرجع نفسه، ص١١٩ - ١٢٠.

المشركين. وهكذا حقق الرسول صلى الله عليه وسلم نجاحاً كبيراً في تشكيل جماعة مؤمنة خلال الحقبة المكية على الرغم من مقاومة رجال الملأ لها، وكان من أهم الصفات والسمات التي تميز أفراد هذه الجماعة هي، إن المسلمين يوفون بعهودهم ويلتزمون بتنفيذها كما جاء في الذكر الحكيم وقال تعالى: ﴿ وَأَوْفُواْ بِعَهْدِ ٱللَّهِ إِذَا عَٰهَدتُّمْ وَلَا تَنقُضُواْ ٱلْأَيْمَٰنَ بَعْدَ تَوْكِيدِهَا وَقَدْ جَعَلْتُمُ ٱللَّهَ عَلَيْكُمْ كَفِيلًا ۚ إِنَّ ٱللَّهَ يَعْلَمُ مَا تَفْعَلُونَ ﴿٩١﴾ ﴾[١] ومن صفات هذه الجماعة التقوى والعمل الصالح وقال تعالى: ﴿ وَلْتَكُن مِّنكُمْ أُمَّةٌ يَدْعُونَ إِلَى ٱلْخَيْرِ وَيَأْمُرُونَ بِٱلْمَعْرُوفِ وَيَنْهَوْنَ عَنِ ٱلْمُنكَرِ ﴾[٢] وهم يحبون الإحسان إلى غيرهم ويساعد بعضهم بعضاً كما أنهم يخشون الله ويتقربون إليه عن طريق الصلاة وغيرها من العبادات وأعمال البر[٣].

وقد قامت العلاقات بين أفراد الجماعة المؤمنة على أساس الأخوة والمساواة والتكافل والشورى وقد وصف القرآن الكريم حالة المؤمنين من هذه الناحية بقوله: ﴿ وَٱلَّذِينَ يَجْتَنِبُونَ كَبَٰٓئِرَ ٱلْإِثْمِ وَٱلْفَوَٰحِشَ وَإِذَا مَا غَضِبُواْ هُمْ يَغْفِرُونَ ﴿٣٧﴾ وَٱلَّذِينَ ٱسْتَجَابُواْ لِرَبِّهِمْ وَأَقَامُواْ ٱلصَّلَوٰةَ وَأَمْرُهُمْ شُورَىٰ بَيْنَهُمْ وَمِمَّا رَزَقْنَٰهُمْ يُنفِقُونَ ﴿٣٨﴾ ﴾[٤].

هكذا أصبحت هذه الجماعة المؤمنة نواة الأمة الإسلامية[٥] حيث أخذت على عاتقها مهمة حمل مبادئ الإسلام ونشرها بالوسائل السلمية في العهد المكي على الرغم من تعرضهم لشتى أنواع الاضطهاد والأذى والتعسف من قبل المشركين، لهذا يلاحظ أن القرآن الكريم طوال العهد المكي كان يحث المسلمين على تحمل الأذى وعدم الرد عليه بالمثل[٦] لهذا اقتصرت صفات هذه الجماعة في العهد المكي على الناحية الدينية إلى أن أصبحت لهم دولة بعد هجرتهم إلى المدينة

---

(١) سورة النحل، الآية ٩١.
(٢) سورة آل عمران، الآية ١٠٤.
(٣) سورة النحل، الآية ٩٠؛ دروزة، سيرة الرسول، ج٢، ص٣٢٧.
(٤) سورة الشورى، الآية ٣٧ - ٣٨؛ القرطبي، الجامع لأحكام القرآن، ج١٦، ص٣٦.
(٥) برنارد لويس، العرب في التاريخ، ترجمة نبيه فارس، محمود يوسف زايد، بيروت، ١٩٥٤م، ص٥٦.
(٦) ينظر الدعوة للإسلام بالحكمة والموعظة الحسنة من هذا الفصل.

المنورة[١] فأخذت هذه الأمة بعداً سياسياً، وهو البعد الذي سنتولى توضيحه بالتفصيل في الفصل التالي.

ثامناً: - الهجرة والمهاجرة في سبيل الله والعقيدة

من أجل فهم أسباب هجرة المسلمين فهماً واضحاً لا بدّ من الإشارة إلى مفهوم الهجرة واستيعاب أسبابها ((فكل من فارق بلده من بدوي أو حضري أو سكنه بلداً آخر فهو مهاجر))[٢] والهجرة اسم مشتق من ((الهجر)) ومعناه القطع البائن والترك، ((والهجرة ترك مايلزمك تعاهده))[٣] إذاً فالهجرة بدون مسوغ قوي تبدوا أمراً مذموماً عند العرب، وكانت الهجرة عندهم عملاً استثنائياً لايقع إلا في حالة حصول أسباب وظروف قاهرة، فمثلاً عند حصول نزاع خطير بين المرء وقومه تتعذر تسويته فيضطر عند ذلك إلى هجر قومه وتركهم على الرغم من إرادتهم ورغبتهم.

ومن خلال استقراء أحداث السيرة النبوية في العهد المكي يتضح لنا أن هجرة المسلمين من مكة ترجع إلى حدوث صدام ونزاع وصراع بين الرسول صلى الله عليه وسلم وبين مشركي مكة، وتعذر تسوية ذلك الصدام والصراع فاضطر الرسول صلى الله عليه وسلم عند ذلك إلى الهجرة وقد وصف القرآن الكريم خروج المسلم من مكة مهاجراً بأنه ((مراغمة)) فقال تعالى في ذكره الحكيم: ﴿ ۞ وَمَن يُهَاجِرْ فِى سَبِيلِ ٱللَّهِ يَجِدْ فِى ٱلْأَرْضِ مُرَٰغَمًا كَثِيرًا وَسَعَةً ۚ ﴾[٤] فكلمة المراغم هنا ((مشتق من الرغام)) ورغم انف فلان أي لصق بالتراب[٥].

إذاً فهجرة المسلمين كانت إرغاماً أي اضطراراً وقسراً ولم تكن عملاً طوعياً كما يفهم ذلك من حوالي سبع عشرة آية من آيات القرآن الكريم التي وصفت هجرة المسلمين من مكة أنها ((إخراج)) نحو قوله: ﴿ فَٱلَّذِينَ هَاجَرُواْ

(١) ابن هشام، السيرة، ج٢، ص٥٠١.
(٢) الزبيدي، تاج العروس، تحقيق عبدالعليم الصحاوي، ج١٢، ص٣٩٧.
(٣) المصدر نفسه، ج١٤، ص٤٠٩.
(٤) سورة النساء، الآية ١٠٠.
(٥) القرطبي، الجامع لأحكام القرآن، ج٥، ص٣٤٧ - ٣٤٨.

﴿ وَأُخْرِجُوا مِن دِيَـٰرِهِمْ ﴾[١] ومن أجل توضيح هذه المسالة لا بدّ من الإشارة إلى أهداف المسلمين من الهجرة فالرسول صلى الله عليه وسلم عندما دعا إلى الإسلام بصورة علنية دخل في صراع مع مشركي مكة ومارس مشركو مكة أنواعاً شتى من الضغوط على المسلمين، وإن الاضطهاد الشديد الذي تعرضوا له وخوف الرسول صلى الله عليه وسلم عليهم من أن يفتنوا في دينهم أي يكرهوا على الردة عن الإسلام قد جعله يحثهم على الهجرة إلى الحبشة وترك مكة.

وقد عبر عن ذلك عروة بن الزبير بقوله: بأن رؤوس المشركين اتفقوا على أن يفتنوا المسلمين ((عن دين الله من أبنائهم وإخوانهم وقبائلهم فكانت فتنة شديدة الزلزال على من اتبع رسول الله صلى الله عليه وسلم من أهل الإسلام فافتتن من افتتن وعصم الله منهم من شاء، فلما فعل ذلك بالمسلمين أمرهم رسول الله صلى الله عليه وسلم أن يخرجوا إلى أرض الحبشة... فذهب إليها عامتهم لما قهروا بمكة وخاف عليهم الفتن))[٢].

فالعامل الأساس في هجرة المسلمين إلى الحبشة كما جاء في القرآن الكريم هو الفتنة في الدين: ﴿ إِنَّ ٱلَّذِينَ فَتَنُوا ٱلْمُؤْمِنِينَ وَٱلْمُؤْمِنَـٰتِ ثُمَّ لَمْ يَتُوبُوا فَلَهُمْ عَذَابُ جَهَنَّمَ وَلَهُمْ عَذَابُ ٱلْحَرِيقِ ﴿١٠﴾ ﴾[٣] ﴿ وَٱلَّذِينَ هَـٰجَرُوا فِى ٱللَّهِ مِنۢ بَعْدِ مَا ظُلِمُوا لَنُبَوِّئَنَّهُمْ فِى ٱلدُّنْيَا حَسَنَةً ۖ وَلَأَجْرُ ٱلْـَٔاخِرَةِ أَكْبَرُ ۚ لَوْ كَانُوا يَعْلَمُونَ ﴿٤١﴾ ﴾[٤] فعقيدة المسلمين كانت سبباً رئيسياً في إرغامهم وحملهم على ترك مكة والهجرة إلى موطن آخر. وكانت هجرتهم دليلاً على عدم استطاعة المسلمين التعايش السلمي مع المشركين في مكة.

إن تطور الأحداث في مكة بعد نجاح المسلمين في الحصول على ملجأ آمن لهم في الحبشة، وفشل زعماء قريش في حمل جميع العشائر المكية على مواصلة مقاطعتها لبني هاشم وبني المطلب، كان يوحي باحتمال تحقق المزيد من النجاح للدعوة الإسلامية في صراعها مع زعماء المشركين في مكة، إلا أن إصرار

---

(١) سورة آل عمران، الآية ١٩٥.
(٢) الطبري، تاريخ، ج٢، ص٣٢٨ - ٣٢٩.
(٣) سورة البروج، الآية ١٠.
(٤) سورة النحل، الآية ٤١.

هؤلاء الزعماء على مقاومة الدعوة قد حملت الرسول صلى الله عليه وسلم على مواصلة البحث عن ملجأ آمن له ولأصحابه في خارجها لإقامة دولة الإسلام وبنائها المتنامي بقوة التشريع وليس فقط النجاة من اضطهاد والوثنية المكية حتى تم له الحصول على ذلك الملجأ في المدينة المنورة، فقام بالهجرة إليها هو وأصحابه.

ولم تكن هجرة المسلمين وترك موطنهم أمراً هيناً وسهلاً عليهم، فتعرضوا لكثير من المشاكل الاجتماعية والاقتصادية وغيرها من الأمور نوردها كالآتي:

١ـ في الناحية الاجتماعية:

حدث انقسام بين أفراد الأسرة الواحدة في حالة اختلافهم في العقيدة مما اضطر إلى بأن تطلق الزوجة التي لا زالت على الشرك، استجابة لقوله تعالى: ﴿وَلَا تُمۡسِكُواْ بِعِصَمِ ٱلۡكَوَافِرِ﴾[١] وبالعكس فإن بعض المؤمنات تركن أزواجهن وهاجرن إلى المدينة لنفس السبب ففي القرآن الكريم إشارة إلى ذلك قال تعالى:

﴿يَٰٓأَيُّهَا ٱلَّذِينَ ءَامَنُوٓاْ إِذَا جَآءَكُمُ ٱلۡمُؤۡمِنَٰتُ مُهَٰجِرَٰتٖ فَٱمۡتَحِنُوهُنَّۖ ٱللَّهُ أَعۡلَمُ بِإِيمَٰنِهِنَّۖ فَإِنۡ عَلِمۡتُمُوهُنَّ مُؤۡمِنَٰتٖ فَلَا تَرۡجِعُوهُنَّ إِلَى ٱلۡكُفَّارِۖ لَا هُنَّ حِلّٞ لَّهُمۡ وَلَا هُمۡ يَحِلُّونَ لَهُنَّۖ وَءَاتُوهُم مَّآ أَنفَقُواْۚ﴾[٢].

٢ـ أما في الناحية الاقتصادية:

فإن هجرة المسلمين ومهاجرتهم تطلبت من المسلمين ترك أموالهم وممتلكاتهم في مكة بدون حماية، فعلى الرغم من أن قسماً منهم تركوا دورهم أمانة عند قومهم، فحافظ قسم منهم عليها ولم يمسها بسوء في حين تصرف القسم الآخر بها وباعها كما فعل عقيل بن أبي طالب حين قام بأخذ البيت الذي ولد فيه الرسول صلى الله عليه وسلم وباعه بعد هجرته[٣] لذا فقد ذم حسان بن ثابت ((بعض من باع دور من هاجر من قومه))[٤].

---

(١) سورة الممتحنة، الآية ١٠.
(٢) سورة الممتحنة، الآية ١٠.
(٣) الأزرقي، اخبار مكة، ج٢، ص٢٤٥ - ٢٤٦.
(٤) ابن بكار، جمهرة نسب قريش وأخبارها، القاهرة، ١٣٨١هـ ج١، ص١٦٠ - ١٦١.

الفصل الرابع

موقف دولة الإسلام في المدينة من قيم البداوة والحضارة

كان المجتمع المدني قبل الإسلام مجتمعاً قائماً على مزاولة حرفة الزراعة وعلى العكس من المجتمع المكي الذي كانت التجارة الحرفة الرئيسة لهم، ويرجع سبب مزاولتهم للزراعة بالدرجة الأولى إلى خصوبة أراضيها وكثرة مياهها بحيث جعلت الناس يستقرون فيها منذ زمن بعيد[١] واستقر فيها اليهود في بادىء الأمر وسبقوا القبائل العربيه في تملك الأراضي الزراعية واستثمارها، أما قبيلتي الأوس والخزرج، فقد جاءوا إلى يثرب متأخرين أي بعد اليهود وعاشوا في تحالف معهم وأخذوا يعملون في مزارعهم مقابل أجر ولم يتمكنوا من امتلاك أراضي ذات خصوبة عالية بل اضطروا إلى أن يتملكوا أراضي أقل خصوبة وجودة من الأراضي التي كانت بحوزة اليهود[٢] ونتيجة لذلك أصبحوا موالي وحلفاء لليهود، ورضي الأوس والخزرج بهذا الواقع لمدة من الزمن أي حتى منتصف القرن السادس، وعندما تحولت كفة الميزان لصالح قبيلتي الأوس والخزرج أصبح اليهود موالي لهاتين القبيلتين وذلك لكثرة أعدادهما وتعاطف القبائل العربية المجاورة ليثرب معهما، أكثر من تعاطفهم مع اليهود، وكذلك لمخاصمة البيزنطين وحلفائهم من الغساسنة في الشام لليهود[٣].

وعلى الرغم من أن مجتمع المدينة قبل الإسلام كان مجتمعاً مستقراً، والاستقرار يعد من أكبر العوامل التي تقود البشر إلى التحضر إلا أن المدينة لم تشهد قيام حكومة منظمة مثلما حصل في المجتمع المكي الذي شهد كثيراً من

---

(١) جواد علي، المفصل، ج٢، ص١٣٠ - ١٣٢.
(٢) السمهودي، وفاء الوفا بأخبار المصطفى، تحقيق محمد محي الدين عبدالحميد، بيروت، ١٩٥٥م، ج١، ص١٧٧ - ١٧٨.
(٣) هاشم يحيى الملاح، موقف اليهود من العروبة والإسلام في عصر الرسالة، بغداد، ١٩٨٨م، ص١٢.

المظاهر الحضرية كوجود حكومة الملأ[١] في حين لم ينجح المجتمع المدني قبل الإسلام في تكوين حكومة منظمة تستطيع حسم المنازعات التي تحدث بين أبناء القبائل العربية والقبائل اليهودية، ويعود السبب في ذلك إلى انقسام أهل يثرب المتمثل بقبليتي الأوس والخزرج والقبائل اليهودية الثلاث بنو قريظة وبنو النضير وبنو قينقاع. الذي حال دون قيام حكومة منظمة فيها[٢] وكذلك تغلب القيم البدوية على حياة المجتمع المدني أكثر من المجتمع المكي.

وهكذا فإن فشل أهل المدينة في إنشاء حكومة منظمة لهم جعلهم يعيشون في حالة صراع وحروب مستمرة، وجعلهم يتطلعون إلى الخارج، بحثاً عن القيادة التي تجمعهم وتوحدهم وهو الأمر الذي سيتحقق على يد الرسول صلى الله عليه وسلم[٣].

لقد وجد الرسول صلى الله عليه وسلم أن عليه القيام بعدد من الأعمال المهمة من أجل تحقيق وحدة أهل المدينة وتمهيد الجو فيها من أجل إقامة دولة الإسلام ونشر رسالته. وقد تمثلت تلك الأعمال في الأمور الآتية:

١ـ الأخوة في الدين في مواجهة العصبية القبلية

إن من أهم الأهداف التي سعى الرسول صلى الله عليه وسلم إلى تحقيقها حين قدم إلى المدينة هي مواجهة العصبية القبلية وإحلال الأخوة في الدين محل العصبية القبلية، فأطلق الرسول صلى الله عليه وسلم على الأوس والخزرج اسم (الأنصار)، لأنهم نصروا إخوانهم المسلمين من مكة فمنحوهم الحماية والمساعدة حينما هاجرو إليهم، كما أطلق على المهاجرين إلى المدينة اسم (المهاجرين) لأنهم هاجروا من مدينتهم مكة إلى المدينة[٤].

وهكذا أصبح المجتمع المدني يتكون من فئتين (الأنصار) و(المهاجرين) فعمل الرسول صلى الله عليه وسلم على تطبيق الأخوة بين هاتين الفئتين فآخى بين أصحابه من المهاجرين والأنصار وقال لهم: (تآخوا في الله أخوين أخوين)[٥] ولقد

(١) الملاح، حكومة الرسول، ص١٣.
(٢) ينظر الفصل الثالث من البحث.
(٣) الملاح، الوسيط في السيرة، ص٥٥.
(٤) الملاح, حكومة الرسول, ص٥٥.
(٥) ابن هشام، السيرة، ج٢، ص١٥٠.

أراد الرسول صلى الله عليه وسلم من تطبيق المؤاخاة أن يضمن إقامة علاقة بين المهاجرين والأنصار تقوم على المساواة التامة في الحقوق والواجبات[١].

لقد آخى الرسول صلى الله عليه وسلم بين المهاجرين والأنصار في دار أنس بن مالك والشيء الجدير بالذكر أن المؤاخاة في الإسلام تختلف تماماً عن نظام الحلف عند عرب الجاهلية، وقد رأى بعضهم أن المؤاخاة هي تسمية إسلامية لنظام الحلف المعروف عند العرب قبل الإسلام[٢]، والمراد بالحلف هنا قبول فرد محالفة قبيلة، غير قبيلته والدخول في عهدها، إلا أن الدراسة الدقيقة لطبيعة كل من الحلف والمواخاة تشير إلى أن المواخاة في الإسلام تختلف عن نظام الحلف قبل الإسلام من حيث أن ((لها سمة اجتماعية اعمق وتتبعها التزامات مالية))[٣] كما أن الرسول صلى الله عليه وسلم عندما أعلن عن المؤاخاة أراد أن لا يعامل الأنصار اخوانهم المهاجرين معاملة الحلفاء، لأن الحليف على وفق التقاليد العربية أقل منزلة في القبيلة من الابن الصريح، لأن الحليف يعيش تحت حماية القبيلة ويورث من قبلها إن توفي. كما أن ديته هي نصف دية الصرحاء ولا يقتل الصريح بالحليف[٤] واراد الرسول صلى الله عليه وسلم أيضاً أن يجعل الأنصار والمهاجرين في منزلة واحدة ويضمن إقامة العلاقة بينهم على أساس المساواة في الحقوق والواجبات[٥].

يتضح مما تقدم أن الهدف الرئيسي للمؤاخاة، هو الرغبة في ربط القبائل عن طريق المؤاخاة بين أفرادها في أخوة إسلامية من شأنها التخفيف من حدة العصبية القبلية، وذلك يعني أن عدم تمثيل أي بطن أو عشيرة في المؤاخاة بل قصد به الضغط بطريق غير مباشر على القبائل وإشعارها بطريقة عملية بأن العصبية القبلية أو الافتخار بصلة الدم والقرابة، لم تعد ذات شأن عظيم في هذا المجتمع

(١) خالد العسلي، نظام المؤاخاة في عهد الرسول، مجلة دراسات للأجيال، ع٤، بغداد، ١٩٨٣م، ص٢٧.
(٢) الشريف، مكة والمدينة، ص٣٨٦.
(٣) العلي، الدولة في عهد الرسول، مج٢، ص٨٦.
(٤) العسلي، نظام المؤاخاة، ص٢٧.
(٥) المرجع نفسه، ص٣٦.

الإسلامـي القائم على الأخوة والتعاون والتضحية بين أفراده[١] ولذلك يتوجب عليهم أن يذعنوا لرأي الأمة الإسلامية ويدخلوا في عصبتها السامية.

وهكذا نظر الإسلام إلى المسلمين بصفتهم إخـوة[٢] واستمرت علاقـة المسلمين ببعضهم البعض عـلى هذا الأساس، وأخذت آيات القرآن الكريم تنزل على الرسول صلى الـلـه عليه وسلم لتأكيد معاني الأخوة في الدين في العديد من المناسبات نحو قوله تعالى: ﴿ إِنَّمَا ٱلْمُؤْمِنُونَ إِخْوَةٌ ﴾[٣]

وقوله تعالى: ﴿ وَٱعْتَصِمُواْ بِحَبْلِ ٱللَّهِ جَمِيعًا وَلَا تَفَرَّقُواْ ۚ وَٱذْكُرُواْ نِعْمَتَ ٱللَّهِ عَلَيْكُمْ إِذْ كُنتُمْ أَعْدَآءً فَأَلَّفَ بَيْنَ قُلُوبِكُمْ فَأَصْبَحْتُم بِنِعْمَتِهِۦٓ إِخْوَٰنًا ﴾[٤] وجاء في الحديث الشريف: ((المسلم أخو المسلم، لا يظلمه ولا يسلمه ومن كان في حاجة أخيه كان الـلـه في حاجته، ومن فرج عن مسلم كربة فرج الـلـه عنه كربة من كربات يوم القيامة، ومن ستر مسلماً ستره الـلـه يوم القيامة))[٥].

وهكذا فقد استطاع الإسلام في مدة وجيزة أن يجمع بين المهاجرين والأنصار مع تعدد ميولهم وتقاليدهم في إطار واحد. ومن مظاهر ذلك الترابط والتعاون، الاحترام المتبادل فكان على المسلم أن يتزحزح لأخيه المسلم إذا دخل عليه، حتى ولو كان في المكان سعة[٦] كما أنه لم يكن للمسلم للمسلم أن يهجر أخاه فوق ثلاث ليال[٧] وكانت صلـة الرحم مـن أبرز الصفات الحميدة في ذلك المجتمع عدّ الإسلام بر الوالدين ورعايتهما، إذا ماكانوا في حاجة إلى تلك الرعاية أعظم من الجهاد في سبيل الـلـه[٨] وكان مبدأ الأخوة في الدين عاملاً من عوامل انتشار المحبة

---

(١) ابن سعد، الطبقات، ج١، ص٢٣٨.
(٢) سورة الحجرات، الآية ١٠.
(٣) سورة الحجرات، الآية ١٠.
(٤) سورة آل عمران، الآية ١٠٣.
(٥) البخاري، صحيح البخاري، ٢٤٤٢.
(٦) ابن حجر، الإصابة، ج٣، ص٦٢٦ - ٦٢٧.
(٧) مالك ابن انس، الموطأ، صححه وعلق عليه محمد فؤاد عبدالباقي، القاهرة، ١٩٥١م، ج٢، ص٩٠٧.
(٨) ابن حجر، الإصابة، ج٢، ص٢٣٩، ج٤، ص٩.

والتسامح في ذلك المجتمع وأبعد عن المسلمين الغل والشحناء[1].

٢ـ الدولة الواحدة في مواجهة الانقسام القبلي في المدينة

تعد الوحدة من أهم الأهداف السامية التي سعى الرسول صلى الله عليه وسلم إلى تحقيقها منذ أن وصل إلى المدينة، وكان عليه الصلاة والسلام يدرك جيداً بأن ذلك يتطلب مجموعة من الأعمال والتنظيمات من أجل تحقيق الوحدة في المدينة وإنشاء الدولة فيها.

وتمكن الرسول صلى الله عليه وسلم من توحيد المسلمين من خلال تطبيق مبدأ المؤاخاة بين المهاجرين والأنصار، فجعلهم جماعة واحدة تخضع لقيادة واحدة وبذلك خفف من حدة العصبية القبلية[2] مما مهد الطريق لقيام الدولة بمفهومها العام المرتكز على وجود مؤسسة قادرة ذات ذات سلطة وتصرف حر.

وفضلاً عن المواخاة فقد اتخذ الرسول صلى الله عليه وسلم خطوة أخرى من أجل تكامل شروط ظهور دولة المدينة من الناحية القانونية، تمثلت بوضع دستور لأهل المدينة، وقد عرف باسم (الصحيفة) وهو صورة للتنظيم القانوني الذي وضعه الرسول صلى الله عليه وسلم لتنظيم أوضاع دولة المدينة في مراحلها المبكرة من الناحية الاجتماعية والاقتصادية والسياسية والدينية وفي هذه الخطوة عمل الرسول على تنظيم أمور جميع فئات المجتمع المدني من المهاجرين والأنصار واليهود وغيرهم وكل من ارتضى أن يكون معهم من أهل المدينة وجمعهم في إطار الأمة كما جاء في البند الأول من بنود صحيفة المدينة: ((هذا كتاب محمد النبي صلى الله عليه وسلم، بين المؤمنين والمسلمين من القريش ويثرب، ومن تبعهم فلحق بهم، وجاهد معهم، إنهم أمة واحدة من دون الناس))[3].

وأصبح هذا الكيان ضد مفهوم الانقسام القبلي، لأنه يختلف عن القبيلة من حيث أن القبيلة تقوم على رابطة الدم والقرابة بين أفرادها، في حين تتجاوز الأمة حدود الروابط القبلية لتضم في إطارها أكثر من قبيلة، فهذه الأمة استندت في لحمتها أساساً على الرابطة الدينية بخلاف المجتمع القبلي الذي كان يقوم على

---

(١) المصدر نفسه، ج٢، ص٦٠٧ - ٦٠٨.
(٢) يوليوس فلهاوزن، الدولة العربية وسقوطها، القاهرة، ١٩٥٨م، ص١٧.
(٣) ابن هشام، السيرة، ج٢، ص١٤٧.

رابطة القرابة الحقيقية أو المزعومة[١] ومع ذلك فلم تحاول الصحيفة إلغاء النظام القبلي بل اعترفت بالتشكيلات القبلية والعشائرية التي كان يعيش الناس في إطارها منذ زمن بعيد، وجعلتها أساساً تقوم عليه إلتزامات الأفراد الاجتماعية والسياسية والاقتصادية، وحاولت في الوقت نفسه تعديلها وتشذيبها لتتفق مع فكرة الأمة الواحدة[٢] وكذلك تعاملت الصحيفة مع كل عشيرة يهودية في المدينة بصفتها جماعة قائمة بذاتها، إلا أنها في الوقت نفسه تكون أمة مع المؤمنين[٣] ومن الناحية العسكرية وحدت الصحيفة قيادات البطون التي ترتبط مع بعض بصلة رحم أو قربى تحت راية واحدة إذ تجعل من القبيلة وحدة متكاملة وفي النهاية جمعت رايات القبائل تحت راية واحدة وعرفت براية المسلمين، وكانت قيادتهم موحدة، وتنافسهم وافتخارهم موجه إلى ناحية دينية لصالح الإسلام والمسلمين، وذكر أن النعمان بن عجلان الزرقي الأنصاري قال في معرض فخره على قريش:

فقل لقريش نحن أصحاب مكة ... و يوم حنين والفوارس في بدر

نصرنا واوينا النبي ولم نخف ... صروف الليالي والعظيم من الأمر

وقلنا لقوم هاجروا مرحباً بكم ... وأهلاً وكلاً قد أمنتم من الفقر

نقاسمكم أموالنا وديارنا ... كقسمة أيسار الجزور على الشطر[٤]

وهكذا نجح الرسول صلى الله عليه وسلم في تحقيق الوحدة بين جميع فئات المجتمع المدني وجعلهم يعيشون في إطار (أمة واحدة) أي دولة واحدة، ووضع الشروط الملائمة للقضاء على الانقسام القبلي الذي كان يعيشه ذلك المجتمع. ولم تكن صحيفة المدينة سوى حلقة من بين شبكة من المعطيات التشريعية تكفل بها القرآن الكريم وسنة رسول الله صلى الله عليه وسلم قولاً وفعلاً.

وفضلاً عما تقدم، فقد نجح الرسول صلى الله عليه وسلم في بث روح الوحدة والتضامن بين أبناء المجتمع الجديد وهم يشاركون جميعاً بحماس في بناء المسجد الذي سيكون مركزاً للفعليات الدينية والسياسية والعامة للأمة الناشئة[٥]

---

(١) ابن سلام، الأموال، القاهرة، ١٣٥٣هـ ص٢٠٤ - ٢٠٥.
(٢) رضوان السيد، الأمة والجماعة والسلطة، بيروت، ١٩٨٤م، ص٥٤.
(٣) ابن هشام، السيرة، ج٢، ص١٤٧.
(٤) ابن حجر، الأصابة، ج٣، ص٥٦٢.
(٥) الملاح، الوسيط في السيرة، ص١٩٤.

فضلاً عن أداء واجبات العبادة فيه كالصلاة[١] وبذلك أصبح المسجد مركزاً لإدارة شؤون الدولة الإسلامية في عهد الرسول صلى الـلـه عليه وسلم، وحل من الناحية الاجتماعية محل المنتديات القبلية الضيقة التي كانت شائعة عند العرب عند ظهور الإسلام[٢].

٣ـ الجهاد في سبيل الـلـه بديلاً عن مفهوم الغزو والسلب عند العرب

يعبر الجهاد بمفهومه اللغوي العام عن مجموع الجهود التي بذلها الرسول صلى الـلـه عليه وسلم وأصحابه في نشر الدعوة الإسلامية، فالجهاد[٣] لغةً يعني أن يبذل الإنسان أقصى ما لديه من الجهد في تحقيق هدف معين[٤] ففي العهد المكي كان الجهاد يعني بذل الجهد والطاقة من أجل نشر الرسالة الإسلامية بالوسائل السلمية، فالرسول صلى الـلـه عليه وسلم انطلق بالدعوة بكل جد واجتهاد وبدأ
بـأقربائه وأصدقائه في المرحلة السرية وبعدها انتقل إلى المرحلة العلنية حيث بدأ بنشر الدعوة بين الناس، فكانت وسيلته في الدعوة هي ﴿ بِٱلْحِكْمَةِ وَٱلْمَوْعِظَةِ ٱلْحَسَنَةِ ۖ وَجَـٰدِلْهُم بِٱلَّتِى هِىَ أَحْسَنُ ۚ ﴾[٥].

وقد استمر الرسول صلى الـلـه عليه وسلم في اتباع هذه الوسيلة لمدة ثلاثة عشر عاماً في مكة وعلى الرغم من اضطهاد المشركين له ولأصحابه لم يفكر الرسول صلى الـلـه عليه وسلم في هذه الحقبة في اللجوء إلى القوة لرد العدوان[٦] بل استخدم الدعوة والمنطق لإقناع الناس في دخول الدين الجديد بتقديم الحجج والبراهين والأدلة المتمثلة بآيات القرآن الكريم، كما جاء في القرآن الكريم: ﴿ فَلَا تُطِعِ ٱلْكَـٰفِرِينَ وَجَـٰهِدْهُم بِهِۦ جِهَادًا كَبِيرًا ﴿٥٢﴾ ﴾[٧] أي جاهدهم بالقرآن[٨].

ويظهر مما تقدم أن الدعوة بالحكمة والموعظة الحسنة كانت هي القاعدة

---

(١) ابن هشام، السيرة، ج٢، ص١٣٩.
(٢) الملاح، الوسيط في السيرة، ج٢، ص١٩٤.
(٣) الحنبلي، الأحكام السلطانية، مصر، ١٩٨٣م، ص٣٠.
(٤) الفيروز آبادي، القاموس المحيط، ج١، ص٢٨٦.
(٥) سورة النحل، الآية ١٢٥.
(٦) الملاح، الوسيط في السيرة، ص٢١٣.
(٧) سورة الفرقان، الآية ٥٢.
(٨) المحلي والسيوطي، تفسير الجلالين، ص٣٦٤.

لدعوة الناس إلى الدين وإقناعهم بالمبادىء والقيم التي جاء بها الإسلام، لأن الأساس في كل عقيدة هو الاعتقاد والإيمان، وهذا لا طريق له سوى الحكمه والمنطق والعقل، وليس القهر والإجبار[١] وقد أكد القرآن الكريم ذلك في العديد من الآيات نحو قوله تعالى: ﴿لَآ إِكۡرَاهَ فِي ٱلدِّينِۖ قَد تَّبَيَّنَ ٱلرُّشۡدُ مِنَ ٱلۡغَيِّۚ فَمَن يَكۡفُرۡ بِٱلطَّٰغُوتِ وَيُؤۡمِنۢ بِٱللَّهِ فَقَدِ ٱسۡتَمۡسَكَ بِٱلۡعُرۡوَةِ ٱلۡوُثۡقَىٰ لَا ٱنفِصَامَ لَهَاۗ وَٱللَّهُ سَمِيعٌ عَلِيمٌ ﴿٢٥٦﴾﴾[٢].

وهكذا سار المسلمون على منهجهم السلمي في الدعوة إلى الله صابرين على الأذى والاضطهاد، وراح القرآن الكريم يعزز فيهم هذه الروحية الصامدة من خلال المثل التي يعرضها عليهم والقيم التي يغرسها في نفوسهم نحو قوله تعالى:

﴿قُلۡ يَٰعِبَادِ ٱلَّذِينَ ءَامَنُواْ ٱتَّقُواْ رَبَّكُمۡۚ لِلَّذِينَ أَحۡسَنُواْ فِي هَٰذِهِ ٱلدُّنۡيَا حَسَنَةٞۗ وَأَرۡضُ ٱللَّهِ وَٰسِعَةٌۗ إِنَّمَا يُوَفَّى ٱلصَّٰبِرُونَ أَجۡرَهُم بِغَيۡرِ حِسَابٖ ﴿١٠﴾﴾[٣] ﴿وَلَا تَسۡتَوِي ٱلۡحَسَنَةُ وَلَا ٱلسَّيِّئَةُۚ ٱدۡفَعۡ بِٱلَّتِي هِيَ أَحۡسَنُ فَإِذَا ٱلَّذِي بَيۡنَكَ وَبَيۡنَهُۥ عَدَٰوَةٞ كَأَنَّهُۥ وَلِيٌّ حَمِيمٞ ﴿٣٤﴾ وَمَا يُلَقَّىٰهَآ إِلَّا ٱلَّذِينَ صَبَرُواْ وَمَا يُلَقَّىٰهَآ إِلَّا ذُو حَظٍّ عَظِيمٖ ﴿٣٥﴾﴾[٤].

ويلاحظ أن استمرار المشركين في مكة في اضطهاد المسلمين وإلحاق الأذى بهم، في الوقت الذي وجدوا لهم في يثرب ملاذاً آمناً للهجرة إليه من أسباب تحول موقف المسلمين في طريقة مواجهة المشركين، ففي أواخر العهد المكي أخذت آيات القرآن الكريم تعد أذهان المسلمين للتهيؤ لمواجهة عدوان المشركين وظلمهم باستعمال القوة فقال تعالى في وصف جماعة المؤمنين في مكة: ﴿وَٱلَّذِينَ إِذَآ أَصَابَهُمُ ٱلۡبَغۡيُ هُمۡ يَنتَصِرُونَ ﴿٣٩﴾ وَجَزَٰٓؤُاْ سَيِّئَةٖ سَيِّئَةٞ مِّثۡلُهَاۖ فَمَنۡ عَفَا وَأَصۡلَحَ فَأَجۡرُهُۥ عَلَى ٱللَّهِۚ إِنَّهُۥ لَا يُحِبُّ ٱلظَّٰلِمِينَ ﴿٤٠﴾ وَلَمَنِ ٱنتَصَرَ بَعۡدَ ظُلۡمِهِۦ فَأُوْلَٰٓئِكَ مَا عَلَيۡهِم مِّن سَبِيلٍ ﴿٤١﴾﴾[٥] وبذلك أصبحت هذه الآيات ((نواة لمبدأ الجهاد في الإسلام الذي

(١) الملاح، الجهاد، ص ٤٨.
(٢) سورة البقرة، الآية ٢٥٦.
(٣) سورة الزمر، الآية ١٠.
(٤) سورة فصلت، الآية ٣٤ - ٣٥.
(٥) سورة الشورى، الآية ٣٩ - ٤١.

هو دفاع ورد بغي وعدوان فحسب))[1] واعقبت نزول هذه الآيات نزول الآيات الأخرى التي تأذن للمسلمين بقتال المشركين دفاعاً عن حرية العقيدة ((فكانت أول آية نزلت في إذنه له في الحرب، وإحلاله له الدماء والقتال لمن بغى عليهم))[2] قوله تعالى: ﴿ أُذِنَ لِلَّذِينَ يُقَٰتَلُونَ بِأَنَّهُمْ ظُلِمُوا۟ ۚ وَإِنَّ ٱللَّهَ عَلَىٰ نَصْرِهِمْ لَقَدِيرٌ ﴿٣٩﴾ ٱلَّذِينَ أُخْرِجُوا۟ مِن دِيَٰرِهِم بِغَيْرِ حَقٍّ إِلَّآ أَن يَقُولُوا۟ رَبُّنَا ٱللَّهُ ۗ وَلَوْلَا دَفْعُ ٱللَّهِ ٱلنَّاسَ بَعْضَهُم بِبَعْضٍ لَّهُدِّمَتْ صَوَٰمِعُ وَبِيَعٌ وَصَلَوَٰتٌ وَمَسَٰجِدُ يُذْكَرُ فِيهَا ٱسْمُ ٱللَّهِ كَثِيرًا ۗ وَلَيَنصُرَنَّ ٱللَّهُ مَن يَنصُرُهُۥٓ ۗ إِنَّ ٱللَّهَ لَقَوِىٌّ عَزِيزٌ ﴿٤٠﴾ ٱلَّذِينَ إِن مَّكَّنَّٰهُمْ فِى ٱلْأَرْضِ أَقَامُوا۟ ٱلصَّلَوٰةَ وَءَاتَوُا۟ ٱلزَّكَوٰةَ وَأَمَرُوا۟ بِٱلْمَعْرُوفِ وَنَهَوْا۟ عَنِ ٱلْمُنكَرِ ۗ وَلِلَّهِ عَٰقِبَةُ ٱلْأُمُورِ ﴿٤١﴾ ﴾[3] وقد ذكر القرطبي أن هذه الآيات أول الآيات التي نزلت في القتال، ونقل عن ابن عباس وابن جبير قوله أنها: ((أنزلت عند هجرة الرسول صلى الله عليه وسلم إلى المدينة))[4].

فبعدما هاجر الرسول صلى الله عليه وسلم والمسلمون إلى المدينة تحولوا من جماعة مستضعفة ومضطهدة في مكة، إلى أمة تحكم نفسها بنفسها في إطار دولة المدينة، وأصبح القتال بصفته دفاعاً ضد العدوان الذي بدأه المشركون ضد المسلمين وفتنتهم عن دينهم مسألة مشروعةً، فلم يعد من الجائز ولا المستساغ أن يقابل عدوان المشركين وظلمهم بالصبر والصفح[5]، وأطلق القرآن الكريم على حروب الرسول صلى الله عليه وسلم اسم الجهاد في سبيل الله بمعناه القتالي فقال تعالى: ﴿ كُتِبَ عَلَيْكُمُ ٱلْقِتَالُ وَهُوَ كُرْهٌ لَّكُمْ ۖ وَعَسَىٰٓ أَن تَكْرَهُوا۟ شَيْـًٔا وَهُوَ خَيْرٌ لَّكُمْ ۖ وَعَسَىٰٓ أَن تُحِبُّوا۟ شَيْـًٔا وَهُوَ شَرٌّ لَّكُمْ ۗ وَٱللَّهُ يَعْلَمُ وَأَنتُمْ لَا تَعْلَمُونَ ﴿٢١٦﴾ يَسْـَٔلُونَكَ عَنِ ٱلشَّهْرِ ٱلْحَرَامِ قِتَالٍ فِيهِ ۖ قُلْ قِتَالٌ فِيهِ كَبِيرٌ ۖ وَصَدٌّ عَن سَبِيلِ ٱللَّهِ وَكُفْرٌۢ بِهِۦ وَٱلْمَسْجِدِ ٱلْحَرَامِ وَإِخْرَاجُ أَهْلِهِۦ مِنْهُ أَكْبَرُ عِندَ ٱللَّهِ ۚ وَٱلْفِتْنَةُ أَكْبَرُ مِنَ ٱلْقَتْلِ ۗ وَلَا يَزَالُونَ يُقَٰتِلُونَكُمْ

(1) دروزة، سيرة الرسول، ج2، ص217.
(2) ابن هشام، السيرة، ج2، ص110.
(3) سورة الحج، الآية 39 - 41.
(4) جامع لأحكام القرآن، ج12، ص68.
(5) الملاح، الجهاد، ص58، 59.

حَتَّىٰ يَرُدُّوكُمْ عَن دِينِكُمْ إِنِ ٱسْتَطَٰعُوا۟ ﴾[١].

هكذا كان هدف الرسول صلى الله عليه وسلم والمسلمين من الجهاد وهو بذل أقصى جهودهم في قتال الأعداء من أجل إعلاء كلمة الله في الأرض وتوفير الظروف التي تضمن حرية نشر العقيدة وبلوغها للناس كافة من دون أن يعترض سبيلها احد بطريق القوة والعدوان[٢] لذا عمل الرسول صلى الله عليه وسلم على توضيح هذا الهدف لأتباعه كي لا تختلط وتتداخل مع أهداف الحروب والغزوات القبلية التي كان العرب يخوضونها من أجل الغنائم والسيادة والحصول على الشرف. ولقد روى أبو موسى الأشعري أن: ((رجلاً أعرابياً أتى النبي صلى الله عليه وسلم فقال: يا رسول الله: الرجل يقاتل للمغنم، والرجل يقاتل ليذكر، والرجل يقاتل ليرى مكانه، فمن في سبيل الله؟)) فقال رسول الله صلى الله عليه وسلم: ((من قاتل لتكون كلمة الله أعلى فهو في سبيل الله))[٣]. في ضوء ما تقدم، فقد جعل الإسلام لمن يقتل في الجهاد منزلة سامية أطلق عليها اسم الشهادة، وأكد القرآن الكريم أن الله تعالى قد ﴿ ٱشْتَرَىٰ مِنَ ٱلْمُؤْمِنِينَ أَنفُسَهُمْ وَأَمْوَٰلَهُم بِأَنَّ لَهُمُ ٱلْجَنَّةَ ۚ يُقَٰتِلُونَ فِى سَبِيلِ ٱللَّهِ فَيَقْتُلُونَ وَيُقْتَلُونَ ﴾[٤] وأكد الإسلام أن الشهيد يكون في رفقة الأنبياء والصديقين والصالحين فقال تعالى: ﴿ وَمَن يُطِعِ ٱللَّهَ وَٱلرَّسُولَ فَأُو۟لَٰٓئِكَ مَعَ ٱلَّذِينَ أَنْعَمَ ٱللَّهُ عَلَيْهِم مِّنَ ٱلنَّبِيِّۦنَ وَٱلصِّدِّيقِينَ وَٱلشُّهَدَآءِ وَٱلصَّٰلِحِينَ ۚ وَحَسُنَ أُو۟لَٰٓئِكَ رَفِيقًا ﴿٦٩﴾ ﴾[٥]. وأكد أن الشهداء أحياء عند ربهم يرزقون فقال تعالى: ﴿ وَلَا تَقُولُوا۟ لِمَن يُقْتَلُ فِى سَبِيلِ ٱللَّهِ أَمْوَٰتٌۢ ۚ بَلْ أَحْيَآءٌ وَلَٰكِن لَّا تَشْعُرُونَ ﴿١٥٤﴾ ﴾[٦] وقال تعالى:

﴿ وَلَا تَحْسَبَنَّ ٱلَّذِينَ قُتِلُوا۟ فِى سَبِيلِ ٱللَّهِ أَمْوَٰتًۢا ۚ بَلْ أَحْيَآءٌ عِندَ رَبِّهِمْ يُرْزَقُونَ ﴿١٦٩﴾ فَرِحِينَ

---

(١) سورة البقرة، الآية ٢١٦ - ٢١٧.
(٢) الفيروز آبادي، القاموس المحيط، ج١، ص٢٦٨؛ سورة الأنفال، الآية ٧٢ - ٧٥.
(٣) المنذري، مختصر صحيح مسلم، تحقيق ناصر الدين الألباني، الكويت، ١٣٨٥ هـ ج٢، ص٤٨.
(٤) سورة التوبة، الآية ١١١.
(٥) سورة النساء، الآية ٦٩.
(٦) سورة البقرة، الآية ١٥٤.

بِمَآ ءَاتَىٰهُمُ ٱللَّهُ مِن فَضْلِهِۦ وَيَسْتَبْشِرُونَ بِٱلَّذِينَ لَمْ يَلْحَقُوا۟ بِهِم مِّنْ خَلْفِهِمْ أَلَّا خَوْفٌ عَلَيْهِمْ وَلَا هُمْ يَحْزَنُونَ ﴿١٧٠﴾ ۞ يَسْتَبْشِرُونَ بِنِعْمَةٍ مِّنَ ٱللَّهِ وَفَضْلٍ وَأَنَّ ٱللَّهَ لَا يُضِيعُ أَجْرَ ٱلْمُؤْمِنِينَ ﴿١٧١﴾

﴾[١] وبذلك حبب إلى نفوسهم الشهادة وجعلهم ينظرون إليها بصفتها هدفاً سامياً يعلو على الأهداف

الدنيوية المباشرة، وهكذا أقبل المسلمون وعلى الجهاد على الرغم مما فيه من تضحية. وهدف مختلف عن الهدف الذي كان يسعى العرب في الجاهلية إلى تحقيقه فالعربي لم يكن مندفعاً للحرب من أجل الحرب، ولكنه كان مضطراً إلى خوضها ومجبراً على الدخول فيها بدافع العصبية القبلية والرغبة في الفخر والحصول على الغنائم علماً بأنه كان يدرك ما تجلبه هذه الحروب من كوارث وأهوال على الأقوام المشتركين فيها[٢] وقد عبر عنترة بن شداد عن ذلك فقال: أولها شكوى وأوسطها نجوى وآخرها بلوى[٣].

لقد حرص الإسلام على جعل الجهاد القتالي عملية مشروعة، من أجل تحقيق أهداف سامية مما جعلها جديرة بصفة (الحروب العادلة)[٤] فكان لتلك الحروب قواعد وأصول تختلف تماماً عن قواعد وأصول الغزو عند العرب قبل الإسلام، فالعرب قبيل الإسلام كانوا يحرمون القتال في الأشهر الحرم ويعدون ذلك نوعاً من الفجور، وكانوا يقدسون الحرم ويمنعون القتال فيه. وقد أكد الإسلام أيضاً أكد على حرمة المسجد الحرام والأشهر الحرم، إلا أنه أباح القتال فيها دفاعاً عن المبادئ العليا فقال تعالى: ﴿ وَقَٰتِلُوا۟ فِى سَبِيلِ ٱللَّهِ ٱلَّذِينَ يُقَٰتِلُونَكُمْ وَلَا تَعْتَدُوٓا۟ ۚ إِنَّ ٱللَّهَ لَا يُحِبُّ ٱلْمُعْتَدِينَ ﴿١٩٠﴾ وَٱقْتُلُوهُمْ حَيْثُ ثَقِفْتُمُوهُمْ وَأَخْرِجُوهُم مِّنْ حَيْثُ أَخْرَجُوكُمْ ۚ وَٱلْفِتْنَةُ أَشَدُّ مِنَ ٱلْقَتْلِ ۚ وَلَا تُقَٰتِلُوهُمْ عِندَ ٱلْمَسْجِدِ ٱلْحَرَامِ حَتَّىٰ يُقَٰتِلُوكُمْ فِيهِ ۖ فَإِن قَٰتَلُوكُمْ فَٱقْتُلُوهُمْ ۗ كَذَٰلِكَ جَزَآءُ ٱلْكَٰفِرِينَ ﴿١٩١﴾ ﴾[٥].

وكان الرسول صلى الله عليه وسلم يوصي القادة المتوجهين إلى ميادين

(١) سورة آل عمران، الآية ١٦٩ - ١٧١.
(٢) نوري القيسي، الفروسية في الشعر الجاهلي، بغداد، ١٩٦٤ م، ص١٠٥.
(٣) ابن عبد ربه، العقد الفريد، ج١، ص٩٤.
(٤) الملاح، الجهاد، ص٥٨.
(٥) سورة البقرة، الآية ١٩٠ - ١٩١.

الحروب بتأليف قلوب الناس والرفق بهم فكان يقول لهم: ((انطلقوا باسم الـلـه وعلى ملة رسول الـلـه صلى الـلـه عليه وسلم ولا تقتلوا شيخاً فانياً ولا طفلاً ولا صغيراً ولا امرأة، ولا تغلوا ولا تعتدوا وأصلحوا وأحسنوا إن الـلـه يحب المحسنين))[١].

٤ـ المسؤولية الفردية والتعاون بين المسلمين بدلاً عن المسؤولية التكافلية القبلية

وعلى خلاف النظام القبلي، فقد سعى الإسلام إلى إقامة توازن وتكامل بين مسؤولية الإنسان الفردية عن أعماله وبين علاقاته التكافلية مع إخوانه المسلمين، فدعى الإسلام إلى التعاون على البر والتقوى، وعدم التعاون على الإثم والعدوان فقال تعالى: ﴿ وَتَعَاوَنُوا۟ عَلَى ٱلْبِرِّ وَٱلتَّقْوَىٰ ۖ وَلَا تَعَاوَنُوا۟ عَلَى ٱلْإِثْمِ وَٱلْعُدْوَٰنِ ۚ وَٱتَّقُوا۟ ٱللَّهَ ۖ إِنَّ ٱللَّهَ شَدِيدُ ٱلْعِقَابِ ﴾[٢] ومن مظاهر التعاون والإخاء الذي دعا إليه الإسلام أن يحب المرء لأخيه ما يحب لنفسه فالإسلام أوصى الناس بالتضامن والتكافل، وأن ينصح كل واحد أخاه فينهاه عن المنكر ويدعوه إلى الإيمان وفي ذلك يقول سبحانه وتعالى: ﴿ كُنتُمْ خَيْرَ أُمَّةٍ أُخْرِجَتْ لِلنَّاسِ تَأْمُرُونَ بِٱلْمَعْرُوفِ وَتَنْهَوْنَ عَنِ ٱلْمُنكَرِ وَتُؤْمِنُونَ بِٱللَّهِ ۗ ﴾[٣] وهكذا أقر الإسلام التكافل بين أفراد المجتمع على الحق، كما جاء في الحديث النبوي الشريف: ((انصـر أخـاك ظالماً كان أو مظلومـاً)) قالوا: يا رسول الـلـه، هذا ننصره مظلوماً فكيف ننصره ظالماً؟! قال: ((تأخذ فوق يديه))[٤] أي تمنعه من الظلم فذاك نصرك إياه.

إن ما جاء من الأحكام في دستور المدينة (الصحيفة) وما تنزل من التشريعات القرآنية دليل واضح على ما دعا إليه الإسلام وما عمله الرسول صلى الـلـه عليه وسلم من أجل تحقيق التعاون بين المسلمين، فنصت الصحيفة على أن العلاقات بين فئات المؤمنين الذين وصفهم بالأمة تقوم على أساس التكافل والتضامن، لذا فإن من الواجبات الملقاة على عاتق المؤمنين كافة ألا يتركوا أسيراً منهم بيد الأعداء من دون أن يبادروا إلى تحريره عن طريق دفع الفدية[٥].

---

(١) أبي داود، سنن أبي داود، ص٢٦١٤.
(٢) سورة المائدة، الآية ٢.
(٣) سورة آل عمران، الآية ١١٠.
(٤) البخاري، صحيح البخاري، ٢٤٤٤.
(٥) ابن هشام، السيرة، ج٢، ص١٤٨.

ونصت الصحيفة على حقوق الأفراد والتزاماتهم في المجتمع وعدت جميع المسلمين متساوين، فمن حق أي واحد منهم أن يمنح (الجوار) لمن يستجير به من الغرباء، لأن ((ذمة الله واحدة، يجير عاليهم ادناهم)) وإن من واجب جميع المسلمين أن يحترموا هذا التصرف[1] وقد أكدت الصحيفة على احترامها لحقوق الولاء، وأن لا يجوز لأي مسلم أن يتحالف مع (مولى) مسلم آخر من دون أخذ موافقته على ذلك ((أن لا يحالف مؤمن مولى مؤمن دونه)) وذلك على ما يبدو دفعاً لأسباب الخلاف والنزاع بين المسلمين[2] كما نصت الصحيفة على ((أن لا يأثم امرؤ بحليفه))[3] ((وأنه لا يكسب كاسب إلا على نفسه))[4] وذلك للتأكيد على المسؤولية الفردية في المجتمع فلا يحاسب الفرد إلا على أعماله، ولا يؤخذ بجريرة غيره كما كان الأمر في ظل القيم القبلية القائمة على العصبية.

وتضمن الدستور العديد من النصوص التي تحمي حياة الفرد وأمواله من وقوع الاعتداء عليها، وجعل واجب الدفاع عنه وحمايته من مسؤليات الأمة، كما نص على وجوب تعاون جميع المؤمنين في تنفيذ العقوبات ضد الجناة، بدون استثناء ((وأن المؤمنين المتقين على من بغى منهم أو ابتغى دسيعة ظلم، أو إثم، أو عدوان، أو فساد بين المؤمنين، وأن أيديهم عليه جميعاً، ولو كان ولد أحدهم))[5] ونص الدستور على معاقبة مقترف جريمة القتل بالقتل، إلا أن يعفو ولي المقتول عنه، ويوافق على أخذ الدية[6] وهكذا لم يعد ثمة مكان في الأمة الجديدة لعادة أخذ الثأر والعصبية الذي كان قائماً على مناصرة القبيلة لأبنائها ظالمين كانوا أو مظلومين.

أما بالنسبة لفض المنازعات التي تحصل بين أبناء الأمة والحكم في الخلافات بين مختلف العشائر فقد أصبح ذلك من اختصاص الرسول صلى الله عليه وسلم وله الكلمة النهائية في كافة الأمور القضائية كما يتضح ذلك في أحد

(1) المصدر نفسه، ج2، ص148.
(2) المصدر نفسه، ج2، ص148.
(3) المصدر نفسه، ج2، ص150.
(4) المصدر نفسه، ج2، ص150.
(5) المصدر نفسه، ج2، ص148.
(6) المصدر نفسه، ج2، ص148.

بنود الصحيفة ((وإنكم مهما اختلفتم فيه من شيء فإن مرده إلى الله عز وجل وإلى محمد صلى الله عليه وسلم))[١] وقد شكل هذا الأمر تطوراً إيجابياً في حياة أهل المدينة السياسية، إذ أدى إلى إيجاد سلطة قضائية تعمل على حسم المنازعات بين الأفراد والجماعات، وتمنع الناس من تسوية خلافاتهم ومنازعاتهم بأنفسهم عن طريق الثأر والثأر المقابل، على وفق مبادئ الحق والعدل ((وأنه من اعتبط مؤمناً قتلاً - أي قتله بدون حق - عن بينة، فإنه قود به إلى أن يرضى ولي المقتول، وأن المؤمنين عليه كافة، ولايحل لهم إلا قيام عليه، وأنه لايحل لمؤمن أقر بما في هذه الصحيفة، وآمن بالله واليوم الآخر، أن ينصر محدثاً ولا يؤويه، وأن من نصره وآواه، فإن عليه لعنة الله وغضبه يوم القيامة، ولا يؤخذ منه صرف ولاعدل))[٢].

وهكذا أقر الإسلام مبدأ التكافل الاجتماعي بين أفراده على الحق وليس على أساس العصبية وعادة الثأر وغيرها من الأمور ولم يعد للثأر ثمة مكان في الأمة الجديدة، وبموجب ذلك أصبحت حياة الفرد في هذه الأمة مكفولة ضد كافة أنواع المخاطر بسبب روح التكافل والتضامن التي قامت على أساسها الجماعة الإسلامية.

ويلاحظ أنه في الوقت الذي سعى فيه الإسلام إلى تحقيق روح التكافل والتضامن بين المسلمين، فإنه أكد على المسؤولية الفردية للإنسان، فلا يسأل أحد في الإسلام عن أعمال غيره سواء أكان ذلك أمام الله، أم أمام الناس، وقد نص القرآن على ذلك في كثير من الآيات، نحو قوله تعالى: ﴿ كُلُّ نَفْسٍ بِمَا كَسَبَتْ رَهِينَةٌ ﴿٣٨﴾ ﴾[٣] وقوله تعالى: ﴿ كُلُّ ٱمْرِيٍٕ بِمَا كَسَبَ رَهِينٌ ﴾[٤] وقوله تعالى: ﴿ وَلَا تَزِرُ وَازِرَةٌ وِزْرَ أُخْرَىٰ ﴾[٥].

٥ - التشريع الإسلامي في مواجهة الأعراف البدوية

كان للعرب قبل الإسلام تشريع مستمد من العرف والعادات

---

(١) المصدر نفسه، ج٢، ص١٤٩.
(٢) ابن هشام، السيرة، ج٢، ص١٤٨.
(٣) سورة المدثر، الآية ٣٨.
(٤) سورة الطور، الآية ٢١.
(٥) سورة الأنعام، الآية ١٦٤؛ سورة فاخر، الآية ١٨؛ سورة الإسراء، الآية ١٥.

الجارية فيهم[١] وبعد مجيء الإسلام وتأسيس الرسول صلى الله عليه وسلم لدولته في المدينة، أصبحت الحاجة إلى تشريع الأحكام العملية، فبعد أن كان مصدر التشريع (العرف والعادات) أصبح المشرع الله سبحانه وتعالى، لأنه هو صاحب السيادة على وفق العقيدة الإسلامية، فالرسول صلى الله عليه وسلم يمثل حلقة الوصل، ويقوم بتبليغ الناس ما يوحى إليه من توجيهات وأوامر من الله سبحانه وتعالى، لأن الله لايتصل مباشرة بالناس، والقرآن هو الكتاب الذي يحتوي على أوامره ونواهيه كافة.

فالتشريع كان أمراً ضرورياً ومهماً في تكوين الدولة الإسلامية لأنه وضع الأساس لتنظيم الأوضاع الدينية والسياسية للأمة الإسلامية[٢] وقد جاءت تشريعات القرآن للناس كافة، لأن الله تعالى هو رب العالمين، وخالق كل البشر من نفس واحدة (آدم) كما أكد على ذلك القرآن الكريم، وقد جاء ليحل محل العادات والتقاليد وشاملاً لكل البشر، وليس لفئة بعينها فعلى سبيل المثال كانت العقوبات تطبق على المستضعفين وعامة الناس ويعفى منها الشرفاء، فالرسالة التي جاء بها الإسلام رسالة إلى البشر عامة وليس للعرب وحدهم ولقد نص القرآن الكريم على ذلك في قوله تعالى: ﴿ وَمَآ أَرْسَلْنَٰكَ إِلَّا رَحْمَةً لِّلْعَٰلَمِينَ ﴿١٠٧﴾ ﴾[٣]، ﴿ وَمَآ أَرْسَلْنَٰكَ إِلَّا كَآفَّةً لِّلنَّاسِ بَشِيرًا وَنَذِيرًا ﴾[٤] فتمكن الرسول صلى الله عليه وسلم من تحقيق هذا الهدف الذي كان يسعى إلى تحقيقه وهو إقامة حكم الله تعالى وبسط سيادته على الأرض[٥].

كما جاء في قوله تعالى: ﴿ وَأَنزَلْنَآ إِلَيْكَ ٱلْكِتَٰبَ بِٱلْحَقِّ مُصَدِّقًا لِّمَا بَيْنَ يَدَيْهِ مِنَ ٱلْكِتَٰبِ وَمُهَيْمِنًا عَلَيْهِ ۖ فَٱحْكُم بَيْنَهُم بِمَآ أَنزَلَ ٱللَّهُ ۖ وَلَا تَتَّبِعْ أَهْوَآءَهُمْ عَمَّا جَآءَكَ مِنَ ٱلْحَقِّ ۚ لِكُلٍّ جَعَلْنَا مِنكُمْ شِرْعَةً وَمِنْهَاجًا ۚ ﴾[٦] وهكذا أصبح التشريع الإسلامي بمثابة قانون يلتزم به المسلمون والغيت العادات والتقاليد والأعراف التي

---

(١) ينظر حكم الله في مواجهة الأعراف والتقاليد والقيم الجاهلية من الفصل الثالث.
(٢) الملاح، حكومة الرسول، ص١٢٠. (٣) سورة الأنبياء، الآية ١٠٧.
(٤) سورة سبأ، الايه ٢٨.
(٥) الملاح، حكومة الرسول، ص١١٨.
(٦) سورة المائدة، الآية ٤٨.

كانت تتعارض معه. ولقد شمل التشريع نواحي متعددة كالعبادات والمعاملات ومسائل أخرى، فضلاً عن النواحي السياسية والاجتماعية.. الخ، فالرسول صلى الله عليه وسلم مكلف من الله عز وجل عن طريق الوحي أما الأمور التي لم ينزل فيها الوحي لقد كان الرسول صلى الله عليه وسلم يجتهد في التعامل معها، ومعالجتها مع الصحابة (استناداً إلى مبدأ الشورى الذي أمر القرآن بمراعاته في إدارة شؤونهم)[١] كما جاء في قوله سبحانه وتعالى: ﴿ وَأَمۡرُهُمۡ شُورَىٰ بَيۡنَهُمۡ ﴾[٢] وقوله تعالى: ﴿ وَشَاوِرۡهُمۡ فِي ٱلۡأَمۡرِۖ ﴾[٣].

فالتشريعات التي شملت الناحية الدينية العبادات، وكانت بصورة تدريجية، وقد شرع بعضها في العهد المكي، وقد تطرقنا إلى الكلام عنها بالتفصيل في الفصل الثالث أثناء الحديث عن العبادات في هذا العهد، أما في العهد المدني فقد اتخذت شكلاً جديداً يتلاءم مع الظروف التي طرأت على المجتمع الإسلامي في المدينة ولا سيما بعد تأسيس دولة الرسول صلى الله عليه وسلم فيها، ونبدأ أولاً بالصلاة لأنها من أولى العبادات التي فرضت في العهد المكي، أما في العهد المدني فزادت في تفصيلها وتمثلت في تشريع صلاة الجمعة وتخصيص المكان لها، وهو المسجد الذي بناه الرسول صلى الله عليه وسلم ليكون مؤسسة دينية وسياسية واجتماعية، فضلاً عن كونه مكاناً لأداء الصلاة فيه[٤] فبالإضافة إلى تخصيص مكان للصلاة خصص يوماً في كل أسبوع لاجتماع المسلمين لأداء صلاة الجمعة فيه وهو يوم الجمعة، ومن أهم النتائج التي تمخضت عن ذلك توثيق الصلة بين المؤمنين وبين المجتمع، ففي ذلك اليوم يسعون إلى ذكر الله ويذرون عروض الدنيا ويتفرغوا للعبادة، قال تعالى: ﴿ يَـٰٓأَيُّهَا ٱلَّذِينَ ءَامَنُوٓاْ إِذَا نُودِيَ لِلصَّلَوٰةِ مِن يَوۡمِ ٱلۡجُمُعَةِ فَٱسۡعَوۡاْ إِلَىٰ ذِكۡرِ ٱللَّهِ وَذَرُواْ ٱلۡبَيۡعَۚ ذَٰلِكُمۡ خَيۡرٞ لَّكُمۡ إِن كُنتُمۡ تَعۡلَمُونَ ۝٩ ﴾[٥] وقد حقق الإسلام من صلاة الجماعة مبدأ مهماً وهو المساواة، لأن انتظام المؤمنين في

(١) الملاح، حكومة الرسول، ص٢٦٨.
(٢) سورة الشورى، الآية ٣٨.
(٣) سورة آل عمران، الآية ١٥٩.
(٤) ابن هشام، السيرة، ج٢، ص١٤٢؛ ابن سعد، الطبقات، ج١، ص٥٠.
(٥) سورة الجمعة، الآية ٩.

صـف واحد في الصلاة يشجع روح الـوحدة بين المسـلمين. ويلزمهم بالانضباط والنظام الغائبين في حياة البداوة. ويخلق بينهم شعوراً بالمساواة، لأنهم في صف واحد أمام ربهم، فضلاً عن شعور الجميع بأنهم أخوة في عبوديتهم للخالق(١) وقد أكد القرآن الكريم على أن المؤمنين سوف يكافئون عند التزامهم بأدائها، قال تعالى: ﴿ قَدْ أَفْلَحَ ٱلْمُؤْمِنُونَ ۝ ٱلَّذِينَ هُمْ فِى صَلَاتِهِمْ خَـٰشِعُونَ ۝ ﴾(٢).

فالصـلاة فـريضة وواجب على كـل من آمن بالله ورسوله وأداؤها في وقتها وتجنب تأخيرها، قال تعالى: ﴿ إِنَّ ٱلصَّلَوٰةَ كَانَتْ عَلَى ٱلْمُؤْمِنِينَ كِتَـٰبًا مَّوْقُوتًا ﴾(٣) ويلاحظ أن الصورة الأخيرة للصلاة للصلاة لم تأخذ شكلها النهائي إلا قبل حوالي سنة من هجرة الرسول صلى الـلـه عليه وسلم إلى المدينة(٤) المدينة(٤) فقد كانت تؤدى في أوقات الضحى والعصر من كل يوم وبمعدل ركعتين في كل صلاة، ثم أصبحت تؤدى في خمسة أوقات في أواخر المرحلة المكية، وهكذا إلى أن أصبح الأذان وسيلة للدعوة إلى الصلاة بعد هجرة الرسول صلى الـلـه عليه وسلم إلى المدينة(٥). والصوم تشريع آخر شرعه الإسلام ليساعد الإنسان على كبح جماح النفس وكسر حدة الشهوات وتحقق المساواة بين الغني والفقير، وهو فرض علـى كل مسلم، قال تعالى: ﴿ يَـٰٓأَيُّهَا ٱلَّذِينَ ءَامَنُوا۟ كُتِبَ عَلَيْكُمُ ٱلصِّيَامُ كَمَا كُتِبَ عَلَى ٱلَّذِينَ مِن قَبْلِكُمْ لَعَلَّكُمْ تَتَّقُونَ ۝١٨٣ ﴾(٦) وهناك إشاره إلى صيام العرب قبل الإسلام، فقد كان القريشيون، يصومون يـوم عاشوراء في الجاهليـه(٧) فلم يكن الصوم أمراً غريباً على العرب قبل الإسلام، الإسلام، وقد حدد الإسلام شهراً لأداء هذه الفريضة وهو شهر رمضان الذي أنزل فيه القرآن، وجعله ركناً ثانياً من أركان الإسلام بعد الصلاة وفرضهُ على كل المسـلمين، قال تعالى: ﴿ شَهْرُ رَمَضَانَ ٱلَّذِىٓ أُنزِلَ فِيهِ ٱلْقُرْءَانُ هُدًى لِّلنَّاسِ وَبَيِّنَـٰتٍ مِّنَ

---

(١) محمد حسين هيكل، حياة محمد، القاهرة، ١٩٦٨م، ص٥٢٥ - ٥٢٧.
(٢) سورة المؤمنون، الآية ١ - ٢.
(٣) سورة النساء، الآية١٠٣.
(٤) السهيلي، الروض الآنف في تفسير السيرة النبوية، مصر، ١٩٥١م، ج١، ص١٦٢.
(٥) ابن المبارك، التجريد الصريح لأحاديث الجامع الصحيح، بيروت، د. ت، ج١، ص٥٥.
(٦) سورة البقرة، الآية ١٨٣.
(٧) البخاري، صحيح، ١٨٩٣.

ٱلْهُدَىٰ وَٱلْفُرْقَانِ فَمَن شَهِدَ مِنكُمُ ٱلشَّهْرَ فَلْيَصُمْهُ ﴾[١] وسيجازي الله سبحانه وتعالى الصائمين بثواب كبير كما جاء في قوله تعالى: ﴿ وَٱلصَّٰٓئِمِينَ وَٱلصَّٰٓئِمَٰتِ وَٱلْحَٰفِظِينَ فُرُوجَهُمْ وَٱلْحَٰفِظَٰتِ وَٱلذَّٰكِرِينَ ٱللَّهَ كَثِيرًا وَٱلذَّٰكِرَٰتِ أَعَدَّ ٱللَّهُ لَهُم مَّغْفِرَةً وَأَجْرًا عَظِيمًا ﴾[٢]

ولقد حثنا الرسول صلى الله عليه وسلم على الصوم في رمضان وبين الثواب الذي يجزى به المؤمن بقوله: ((من صام رمضان إيماناً واحتساباً غفر له ما تقدم من ذنبه))[٣] وهكذا فرض الصيام على المسلمين

في السنة الثانية للهجرة وقبل تحويل القبلة إلى الكعبة بشهر[٤]. ويلاحظ أن هناك هدفاً اجتماعياً سعى الإسلام إلى تحقيقه من خلال فرض الصيام وجعله فرضاً واجباً وهو تحقيق المساواة بين فئات المجتمع وتتمثل هذه المساواة من خلال ما يحس به الغني أثناء صومه بآلام الفقير ومشكلاته فيقوم بمساعدته فضلاً عن ما يحققه الصوم للمسلم من تزكية للنفس ووضع حد لشهواتها. أما الزكاة فقد كان أداؤها في العهد المكي وبداية العهد المدني من الأمور الطوعية التي لا إلزام فيها، ثم تطور الموقف بعد ذلك فنزلت آيات من القرآن الكريم تعد أداء الزكاة واجباً شرعياً كأداء الصلاة. بل إن القرآن الكريم قد جمع في آيات عدّة بين الأمر بإقامة الصلاة وإيتاء الزكاة[٥].

وقد استخدم الرسول صلى الله عليه وسلم الزكاة كوسيلة لمعالجة المشكلات الاقتصادية، وكان الهدف منها مساعدة المحتاجين وتقليل الفوارق الاجتماعية بين أبناء المجتمع، ومع ذلك فلم يلجأ الرسول صلى الله عليه وسلم إلى استخدام القوة في فرض الزكاة وجبايتها حتى السنة التاسعة من الهجرة فأرسل عماله إلى مختلف المناطق لجباية الزكاة وفق النسب والمقادير التي حددتها السنة النبوية الشريفة فأخذها الرسول صلى الله عليه وسلم من الأشخاص الذين تجب

(١) سورة البقرة، الآية ١٨٥.
(٢) سورة الأحزاب، الآية ٣٥.
(٣) البخاري، صحيح، ١٩٠٧.
(٤) العلي، دولة، ص١٣٩.
(٥) سورة البقرة، الآية ٤٣؛ سورة المؤمنون، الآية ٤٠؛ سورة الحج، الآية ٤١؛ سورة النحل، الآية ٣.

عليهم ووزعها على الأشخاص الذين عرّفهم القرآن الكريم بقوله: ﴿ إِنَّمَا ٱلصَّدَقَٰتُ لِلْفُقَرَآءِ وَٱلْمَسَٰكِينِ وَٱلْعَٰمِلِينَ عَلَيْهَا وَٱلْمُؤَلَّفَةِ قُلُوبُهُمْ وَفِى ٱلرِّقَابِ وَٱلْغَٰرِمِينَ وَفِى سَبِيلِ ٱللَّهِ وَٱبْنِ ٱلسَّبِيلِ ۖ فَرِيضَةً مِّنَ ٱللَّهِ ۗ وَٱللَّهُ عَلِيمٌ حَكِيمٌ ﴿٦٠﴾ ﴾[١].

وهكذا فرض الإسلام الزكاة بوصفها حقاً للفقراء في أموال الأغنياء فقال تعالى: ﴿ وَٱلَّذِينَ فِىٓ أَمْوَٰلِهِمْ حَقٌّ مَّعْلُومٌ ﴿٢٤﴾ لِّلسَّآئِلِ وَٱلْمَحْرُومِ ﴿٢٥﴾ ﴾[٢] وإنها وسيلة من وسائل منع تكديس الثروة واكتنازها[٣].

والحج ركن آخر من أركان الإسلام فرض في العهد المدني وشرع في المدينة في السنة العاشرة للهجرة أي سنة حجة الوداع[٤] فقال تعالى: ﴿ وَلِلَّهِ عَلَى ٱلنَّاسِ حِجُّ ٱلْبَيْتِ مَنِ ٱسْتَطَاعَ إِلَيْهِ سَبِيلًا ۚ وَمَن كَفَرَ فَإِنَّ ٱللَّهَ غَنِىٌّ عَنِ ٱلْعَٰلَمِينَ ﴾[٥] وبنزول هذه الآية فرض الحج على المسلمين وأصبح ركناً من أركان الإسلام وقال تعالى في موضع آخر في سورة البقرة: ﴿ إِنَّ ٱلصَّفَا وَٱلْمَرْوَةَ مِن شَعَآئِرِ ٱللَّهِ ۖ فَمَنْ حَجَّ ٱلْبَيْتَ أَوِ ٱعْتَمَرَ فَلَا جُنَاحَ عَلَيْهِ أَن يَطَّوَّفَ بِهِمَا ۚ وَمَن تَطَوَّعَ خَيْرًا فَإِنَّ ٱللَّهَ شَاكِرٌ عَلِيمٌ ﴿١٥٨﴾ ﴾[٦] وقال تعالى: ﴿ وَأَتِمُّوا۟ ٱلْحَجَّ وَٱلْعُمْرَةَ ﴾[٧] وكانت عبادة الحج وزيارة الكعبة أمراً شائعاً عند العرب قبل الإسلام فقد كانوا يحجون ويزورون البيت الحرام وكان طابع البداوة يسود ممارساتهم في الحج ﴿ وَمَا كَانَ صَلَاتُهُمْ عِندَ ٱلْبَيْتِ إِلَّا مُكَآءً وَتَصْدِيَةً ۚ ﴾[٨] ومن أجل إعطاء مكة بعداً دينياً وأنها لم تفقد أهميتها الدينية عزم الرسول صلى الله عليه وسلم في السنة السادسة للهجرة على أداء العمرة عند المسجد الحرم مؤكداً تعظيم الإسلام للبيت وقد سبق هذا الأمر توجيه قبلة

---

(١) سورة التوبة، الآية ٦٠.
(٢) سورة المعارج، الآية ٢٤ - ٢٥.
(٣) سورة آل عمران، الآية ٩٧.
(٤) البخاري، الصحيح، ١٥١٣.
(٥) سورة آل عمران، الآية ٩٧.
(٦) سورة البقرة، الآية ١٥٨.
(٧) سورة البقره، الآية ١٩٦.
(٨) سورة الانفال، الآية ٣٥.

المسلمين إليه، منذ السنة الثانية للهجرة، وربما قدر الرسول صلى الـلـه عليه وسلم على أن قيامه بالعمرة إلى مكة سيحمل قريشاً على التخفيف من معارضتها للدعوة الإسلامية[١] إلا أن زعماء قريش رفضوا في البداية السماح للرسول صلى الـلـه عليه وسلم بدخول مكة، ولكن بعد مفاوضات جرت بين الطرفين عقد صلح الحديبية[٢] وبموجبه لم يؤد الرسول صلى الـلـه عليه وسلم والمسلمون في تلك السنة العمرة، بل أدوها في السنة التالية ومعه جميع المسلمين الذين صحبوه في أثناء صلح الحديبية وكان عددهم حوالي ألفين[٣].

ولم تقتصر التشريعات الإسلامية على التشريعات التي أوضحناها في هذا المبحث، وهي في مجال العبادة بل إنها شملت تشريعات متنوعة أخرى سنتولى الإشارة إليها والحديث عنها في المباحث الآتية وبحسب طبيعة كل تشريع.

٦ - الحدود والعقوبات الشرعية بدلاً عن الثأر

كان الثأر مظهراً من مظاهر العصبية القبلية، فهو بمثابة قانون عند العرب قبل الإسلام، ينظم حياتهم الاجتماعية والسياسية، ويمثل ظاهرة من ظواهر التضامن بين أبناء القبيلة، وهو الطريقة الوحيدة والبسيطة للقصاص عندهم[٤] وبما أن العرب قبل الإسلام لم يكن لديهم قانون مدون ومحدد ينظم حياتهم، فانهم غالباً يلجؤن إلى العرف والعادات والتقاليد لتنظيم أمورحياتهم وبهذا أصبح الثأر عادة متبعة عندهم وهو حق يجب أخذه، وقد قضت شريعة البادية القديمة بأن الدم لا يغسله إلا الدم.

وحين هاجر الرسول صلى الـلـه عليه وسلم إلى المدينة وجد أهلها يلتزمون بهذا التقليد فعمل على معالجته، علماً بأن السلطة القضائية قد أصبحت على وفق أحكام الصحيفة من اختصاص الرسول صلى الـلـه عليه وسلم الذي يحكم فيها طبقاً لأوامر الـلـه تعالى[٥] ومن جملة تلك القضايا التي عالجها الرسول صلى الـلـه عليه وسلم في هذا المجال ما يأتي:

---

(١) الملاح، الوسيط في السيرة، ص٢٨٧.
(٢) ينظر الواقدي، المغازي، تحقيق مار سدن جونس، بيروت، ١٩٦٤م. ج٢، ص٦٠٢ - ٦٠٣.
(٣) المصدر نفسه، ج٢، ص٧٣١.
(٤) وات، محمد في مكة، ص٤٣.
(٥) ابن هشام، السيرة، ج٢، ص١٤٩.

أ - معاقبة الجاني وإلغاء الثأر:

إن الرسول صلى الله عليه وسلم منع الناس من تسوية منازعاتهم بأنفسهم عن طريق الثأر والثار المقابل، وأكد ضرورة تنفيذ العقوبات بحق الجاني من قبل المؤمنين كافة، ولو كان ذلك الجاني ولد أحدهم، كما جاء في أحكام صحيفة المدينة: ((وأنه من اعتبط مؤمناً قتلاً أي قتله بدون حق عن بينة، فإنه قود به إلى إلا أن يرضى ولي المقتول، وإن المؤمنين عليه كافة)) وجاء في فقرة أخرى أيضاً: ((وان المؤمنين المتقين على من بغى منهم أو ابتغى دسيعة ظلم، أو اثم، أو عدوان، أو فساد بين المؤمنين، وإن أيدهم عليه جميعاً ولو كان ولد أحدهم))[1].

لقد سعى الإسلام إلى إشاعة روح التسامح وإبعاد المسلمين عن جو الانتقام والثأر، ولأجل ذلك وضع قواعد ثابتة لمعالجة القضايا التي تعمل على إذكاء روح الإنتقام والثأر، وعالج قضية القتل المتعمد وغير المتعمد، فالإسلام حرم القتل العمد، قال تعالى: ﴿ وَلَا تَقْتُلُوا۟ ٱلنَّفْسَ ٱلَّتِى حَرَّمَ ٱللَّهُ إِلَّا بِٱلْحَقِّ ۗ وَمَن قُتِلَ مَظْلُومًا فَقَدْ جَعَلْنَا لِوَلِيِّهِۦ سُلْطَـٰنًا فَلَا يُسْرِف فِّى ٱلْقَتْلِ ۖ إِنَّهُۥ كَانَ مَنصُورًا ﴿٣٣﴾ ﴾[2] وقد نزلت هذه الآيات قبل هجرة المسلمين إلى المدينة وتأسيس الدولة الإسلاميه فيها، وهي تعالج الحالة الشائعة عند العرب قبل الإسلام[3].

ولقد فرض الإسلام أن يعاقب القاتل بالقتل ما لم يعف ولي المقتول عن القاتل، قال تعالى: ﴿ يَـٰٓأَيُّهَا ٱلَّذِينَ ءَامَنُوا۟ كُتِبَ عَلَيْكُمُ ٱلْقِصَاصُ فِى ٱلْقَتْلَى ۖ ٱلْحُرُّ بِٱلْحُرِّ وَٱلْعَبْدُ بِٱلْعَبْدِ وَٱلْأُنثَىٰ بِٱلْأُنثَىٰ ۚ فَمَنْ عُفِىَ لَهُۥ مِنْ أَخِيهِ شَىْءٌ فَٱتِّبَاعٌۢ بِٱلْمَعْرُوفِ وَأَدَآءٌ إِلَيْهِ بِإِحْسَـٰنٍ ۗ ذَٰلِكَ تَخْفِيفٌ مِّن رَّبِّكُمْ ﴾[4] ووضع أحكاماً لمعالجة جرائم القتل المتعمد غير المشروع، ويلاحظ أن القتل العمد كان شائعاً في المجتمع الجاهلي، وأنهم كانوا يسرفون في ذلك مما كان يؤدي إلى إذكاء روح العداء والضغينه في نفوس الأفراد، ويؤدي إلى إشاعة روح الثأر والصراع، قال تعالى: ﴿ وَلَا تَقْتُلُوا۟ ٱلنَّفْسَ ٱلَّتِى

(١) ابن هشام، السيرة، ج٢، ص١٤٩.
(٢) سوره الإسراء، الآية ٣٣.
(٣) الملاح، الجذور التاريخيه لبعض العقوبات، مج٤٧، ج٤، ص٦٠.
(٤) سورة البقرة، الآية ١٧٨.

حَرَّمَ ٱللَّهُ إِلَّا بِٱلْحَقِّ ذَٰلِكُمْ وَصَّىٰكُم بِهِۦ لَعَلَّكُمْ تَعْقِلُونَ ﴾[١].

يتضح مما سبق أن العرب قبل الإسلام لم يفرقوا بين القتل المتعمد وغير المتعمد، فكان يعمل بالثأر. وجاء الإسلام ليضع قاعدة وأحكاماً تفرق بين القتل العمد وغير المتعمد، وحرم القتل المتعمد وغير المشروع تحريماً كلياً[٢] أما القتل غير المتعمد فوضع له أحكاماً وقواعد تحول دون الإسراف في القتل.

ب - التعامل مع الجرائم الأخرى:

وفضلاً عن ماحققهُ الإسلام من الانتقال من مبدأ الأخذ بالثأر إلى الأخذ بالعقاب، فقد حدث تحول آخر وهو التعامل مع الجرائم الأخرى عدا القتل، مثل جريمة السرقة، فالإسلام حرم السرقة وحدد عقوبتها كما جاء في القرآن الكريم قال تعالى: ﴿ وَٱلسَّارِقُ وَٱلسَّارِقَةُ فَٱقْطَعُوٓا۟ أَيْدِيَهُمَا جَزَآءًۢ بِمَا كَسَبَا نَكَٰلًا مِّنَ ٱللَّهِ ۗ وَٱللَّهُ عَزِيزٌ حَكِيمٌ ﴿٣٨﴾ فَمَن تَابَ مِنۢ بَعْدِ ظُلْمِهِۦ وَأَصْلَحَ فَإِنَّ ٱللَّهَ يَتُوبُ عَلَيْهِ ۗ إِنَّ ٱللَّهَ غَفُورٌ رَّحِيمٌ ﴿٣٩﴾ ﴾[٣] وهناك روايات كثيرة حول مسألة عقوبة السارق لكونها إحدى الأحكام الموجودة عند العرب قبل الإسلام، وكان قطع يد السارق معمولاً به عندهم[٤] لكن هذه العقوبة كانت تطبق على الرقيق والعبيد، أي على الضعفاء[٥] وعندما جاء الإسلام لم يفرق بين السيد والعبد في عقوبة السرقة، ولقد روي عن الرسول صلى الله عليه وسلم قوله: «لو أن فاطمة بنت محمد سرقت لقطعت يدها»[٦].

كما حرم الإسلام الحرابة[٧] أي أخذ المال بالقوة رغماً عن المجني عليه، وعدت الحرابة صورة من صور أعمال السلب والنهب، وهي إحدى مصادر العيش

---

(١) سورة الأنعام، الآية ١٥١.
(٢) سورة البقرة، الآية ١٧٨ - ١٧٩.
(٣) سورة المائدة، الآية ٣٨ - ٣٩.
(٤) القلقشندي، صبح الأعشى، ج١، ص٤٩٦.
(٥) الملاح، الجذور التاريخية لبعض العقوبات، ص٦.
(٦) البخاري، صحيح. ٦٧٨٧.
(٧) الحرابه: وهي الخروج لأخذ المال على سبيل المغالبه إذا أدى هذا الخروج إلى إخافة السبيل أو أخذ المال أو قتل الإنسان، عبدالقادر عودة، التشريع الجنائي الإسلامي، ط٥، د. م، ١٩٦٨م، ج١، ص٦٣٩.

عند البدو، فكانوا يقومون بعمليات السلب والنهب ضد القوافل التجارية ولاسيما في أوقات الحاجة أو الشدة[1] وكان هذا يؤدي إلى فقدان الأمن والاستقرار ويعد عاملاً من عوامل انتشار الفساد في الأرض، وكان الأعراب (البدو) يستخدمونها ضد القبائل والجماعات التي ليس بينهم وبينها مواثيق وعهود، ولذلك كان سكان المدن يعقدون التحالفات مع تلك القبائل من أجل تأمينهم من شر العدوان والسلب والنهب، وأغلب تلك التحالفات كانت تجارية، وخير دليل على ذلك عندما عقدت قريش تحالفاً تجارياً مع القبائل البدوية التي تتعرض لقوافلها التجاريه[2] وإن عملية السلب والنهب عدها الإسلام جريمة يعاقب مرتكبها عقوبة رادعه من أجل تحقيق الأمن والسلام وكانت في نظر البدو عنواناً للقوة والشجاعة[3] فالإسلام جعلها جريمة وعد مرتكبها محارباً لله ورسوله كما جاء في الذكر الحكيم: ﴿ إِنَّمَا جَزَٰٓؤُاْ ٱلَّذِينَ يُحَارِبُونَ ٱللَّهَ وَرَسُولَهُۥ وَيَسۡعَوۡنَ فِي ٱلۡأَرۡضِ فَسَادًا أَن يُقَتَّلُوٓاْ أَوۡ يُصَلَّبُوٓاْ أَوۡ تُقَطَّعَ أَيۡدِيهِمۡ وَأَرۡجُلُهُم مِّنۡ خِلَٰفٍ أَوۡ يُنفَوۡاْ مِنَ ٱلۡأَرۡضِۚ ذَٰلِكَ لَهُمۡ خِزۡيٞ فِي ٱلدُّنۡيَاۖ وَلَهُمۡ فِي ٱلۡأٓخِرَةِ عَذَابٌ عَظِيمٌ ﴿٣٣﴾ إِلَّا ٱلَّذِينَ تَابُواْ مِن قَبۡلِ أَن تَقۡدِرُواْ عَلَيۡهِمۡۖ فَٱعۡلَمُوٓاْ أَنَّ ٱللَّهَ غَفُورٞ رَّحِيمٞ ﴿٣٤﴾ ﴾[4] ويتضح من خلال سبب نزول الآيه أنها نزلت في قوم أسلموا ثم ارتدوا واستاقوا

واستاقوا إبلاً لرسول الله صلى الله عليه وسلم وقتلوا راعيها[5] أما الرأي الذي أجمع عليه الفقهاء فهو أن المحارب الذي يقطع الطريق أو يخرج لأخذ المال على سبيل المغالبة[6]، أما بالنسبه للحد أو العقوبة التي وضعها الشرع له فهي القتل إذا قتل وأخذ المال ولا يصلب[7] أما إذا أخاف السبيل وأخذ المال، قطعت يده ورجله من خلاف، وإن لم يأخذ المال لم يقتل[8] فالعقوبة الرادعه التي وضعها

---

(1) ينظر الحياة الاقتصادية في مكة من الفصل الأول.
(2) ينظر الحياة الاقتصادية في مكة من الفصل الثاني.
(3) الملاح، الجذور التاريخية لبعض العقوبات، ص٦٧.
(٤) سورة المائدة، الآية ٣٣ - ٣٤.
(٥) المحلي والسيوطي، تفسير الجلالين، ص١٣٩.
(٦) عودة، التشريع الجنائي الإسلامي، ج١، ص٦٣٩.
(٧) المحلي والسيوطي، تفسير الجلالين، ص١٤٠.
(٨) القرطبي، الجامع للأحكام القرآن، ج٦، ص١٥١.

الإسلام بحق مرتكبي جريمة الحرابة تدل على مدى جسامه الجريمه التي يرتكبها الجاني بحق الله ورسوله والناس أجمع.

جـ - وضع عقوبات على بعض الجرائم الأخلاقية:

وضع الإسلام عقوبات لبعض الجرائم الأخلاقية كعقوبة الزنا وشرب الخمر لأن هذه الأعمال السلبية كانت شائعة في المجتمع العربي قبل الإسلام. فبالنسبة لمسألة الزنا فهي من الممارسات المعروفة والشائعة في المجتمع العربي قبل الإسلام، ولكن الشيء الجدير بالملاحظة أن الزنا وعلى الرغم من أنه كان معروفاً عند العرب قبل الإسلام[١] إلا أنه كان يعد من أعظم المنكرات وإن فاعله كان يعاقب بالقتل في بعض الأحيان[٢] وقد أوضح الألوسي هذه المسألة بقوله: ((والزنى، كان عندهم من أعظم المنكرات، وأفظع المعاصي وأشنعها. لذلك جعلوا عقوبته إزهاق الروح، والقتل الذي هو أعظم الحدود))[٣] وعندما جاء الإسلام أقر المثل الأعلى الذي كان يتمسك به عرب الجاهلية في هذا المجال فحرم الزنا ووضع عقوبات ضد مرتكبي هذه الجريمة فنص القرآن الكريم على هذه العقوبات في عدد من الآيات، كما جاء في سورة النور ﴿ ٱلزَّانِيَةُ وَٱلزَّانِى فَٱجْلِدُوا۟ كُلَّ وَٰحِدٍ مِّنْهُمَا مِا۟ئَةَ جَلْدَةٍ ۖ وَلَا تَأْخُذْكُم بِهِمَا رَأْفَةٌ فِى دِينِ ٱللَّهِ إِن كُنتُمْ تُؤْمِنُونَ بِٱللَّهِ وَٱلْيَوْمِ ٱلْـَٔاخِرِ ۖ وَلْيَشْهَدْ عَذَابَهُمَا طَآئِفَةٌ مِّنَ ٱلْمُؤْمِنِينَ ﴿٢﴾ ﴾[٤].

وهكذا وضع الإسلام عقوبات رادعة ضد من يمارس هذه الجرائم وحاول أن يتدرج في شدة العقوبة بحسب الظروف التي تحيط بكل منها، فلم يعاقب الزاني بالقتل في كل الأحوال كما كان يفعل العرب قبل الإسلام بل اشترط قبل إيقاع العقاب إثبات الواقعة من خلال شهادة أربعة شهود، ووضع تعديلات تقتضيها الحاجة إذ فرق في العقاب بين المتزوج والأعزب، فجعل عقوبة الأول الرجم أي القتل وجعل عقوبة الثاني الجلد مائة جلدة وجعل العقوبة على الأمة نصف عقوبة

(١) القلقشندي، صبح الأعشى، ج١، ص٤٩٥.
(٢) المصدر نفسه، ج١، ص٤٩٥.
(٣) عقوبات العرب في جاهليتها، ص٣٢.
(٤) سورة النور، الآية ٢.

الحرة، لأنها كانت مسلوبة الحرية[1].

وكذلك بالنسبه لشرب الخمر، فقد تدرج القرآن الكريم في تحريمه، فقال تعالى: ﴿ يَسْـَٔلُونَكَ عَنِ ٱلْخَمْرِ وَٱلْمَيْسِرِ ۖ قُلْ فِيهِمَآ إِثْمٌ كَبِيرٌ وَمَنَـٰفِعُ لِلنَّاسِ وَإِثْمُهُمَآ أَكْبَرُ مِن نَّفْعِهِمَا ۗ ﴾[2] ففي بادىء الأمر نزلت آيات تنصح الناس بعدم تناولها وبعد ذلك جاءت آيات تحرمها عند الصلاة. قال تعالى: ﴿ يَـٰٓأَيُّهَا ٱلَّذِينَ ءَامَنُوا۟ لَا تَقْرَبُوا۟ ٱلصَّلَوٰةَ وَأَنتُمْ سُكَـٰرَىٰ حَتَّىٰ تَعْلَمُوا۟ مَا تَقُولُونَ ﴾[3] ثم نزل التحريم القاطع فقال تعالى: ﴿ يَـٰٓأَيُّهَا ٱلَّذِينَ ءَامَنُوٓا۟ إِنَّمَا ٱلْخَمْرُ وَٱلْمَيْسِرُ وَٱلْأَنصَابُ وَٱلْأَزْلَـٰمُ رِجْسٌ مِّنْ عَمَلِ ٱلشَّيْطَـٰنِ فَٱجْتَنِبُوهُ ﴾[4].

ويلاحظ أنه وعلى الرغم من أن القرآن الكريم قد حرم شرب الخمر تحريماً قاطعاً في الآية المشار إليها آنفاً إلا أنه لم يضع عقوبة محددة لمعاقبة مرتكبي هذا العمل، لذا فقد تولى الرسول صلى الله عليه وسلم وضع هذه العقوبة مراعياً ظروف كل حالة بإيقاع العقاب فجعل حد شارب الخمر أربعين جلدة[5] وعن انس بن مالك رضي الله عنه قال: ((إن النبي صلى الله عليه وسلم ضرب في الخمر بالجريد أو النعال، وجلد أبو بكر رضي الله عنه أربعين))[6] وفي حديث آخر: ((جلد النبي صلى صلى الله عليه وسلم في الخمر بالجريد والنعال، وجلد أبو بكر رضي الله عنه أربعين))[7] هكذا راعى الرسول صلى الله عليه وسلم عند تقرير عقوبة شارب الخمر ظروف كل حالة وأثبته بـ أربعين جلدة في عهده عليه الصلاة والسلام. إذاً فالحكمة من تحريم القرآن لشرب الخمر تدريجياً هو حتى يعتاد الناس على ذلك لأن انتشاره كان واسعاً جداً في المجتمع الجاهلي[8] ومع ذلك فقد كان بعض أسياد العرب

---

(1) الملاح، الجذور التاريخية لبعض العقوبات، ص73.
(2) سورة البقرة، الآية 219.
(3) سورة النساء، الآية 43.
(4) سورة المائدة، الآية 90.
(5) البخاري، صحيح، 6773 - 6779.
(6) المصدر نفسه، 6773.
(7) المصدر نفسه،، 6776.
(8) سورة النساء، الآية 43.

ورجالاتهم يأنفون من شرب الخمر ويعدون ذلك نقيصة أخلاقية لذا فقد ذكر ابن حبيب
قائمة بأسماء أكثر من ثلاثين رجلاً من رجالات قريش من الأحناف ووجوه الناس وساداتهم وغيرهم
كانوا قد حرموا الخمر على أنفسهم[١] وإن الوليد بن المغيرة كان حرم الخمر في الجاهلية[٢] وأنه عاقب
ابنه هشاماً على شربها[٣] كما أشار بعضهم إلى السبب الذي يدعوه إلى تحريمها فقال العباس بن
مرداس السلمي: ((لا أشرب شراباً أصبح سيد قومي وأمسي سفيههم))[٤].

يتضح مما تقدم كيف أن الإسلام قدم العلاج المناسب لعديد من الجرائم والممارسات
السلبية التي كان يعاني منها المجتمع الجاهلي قبل الإسلام والتي أدت إلى تحقيق الاستقرار وتحسين
مستوى الحياة والمعيشة في إطار الأمة الجديدة.

٧ - المعاملات الشرعية بدلاً عن المعاملات التي تقوم على الربا

لم يقتصر التشريع الإسلامي على العبادات والناحية الدينية فقط، بل شمل النواحي
الاقتصادية والاجتماعية أيضاً فشمل أنواعاً من المعاملات التي كانت تتبع في عمليات البيع والشراء عند
العرب قبل وبعد مجيئ الإسلام، وعدت بعض هذه البيوع فاسدة لتعارضها مع تعاليمه ومبادئه وكان
الاستغلال أمراً شائعاً عند العرب قبل الإسلام وقد شهدت يثرب أنواعاً من معاملات استغلال الناس مثل
عملية الصيرفه والإقراض بالربا[٥] إذ كانوا يستغلون جهـل النـاس فلا يظهرونهم على مدى
الجودة أو فارق الـوزن فـي الدنانير والدراهم[٦] وبما أن المدينة لم تشهد وجود رقابة فيها لعدم
وجود حكومة منظمة فيها قبل هجرة المسلمين إليها لهذا نرى أن مسألة استغلال الناس كانت أمراً
شائعاً عندهم، ولاسيما استغلالهم لأهل البادية أثناء مزاولتهم لحرفة السمسرة، فيخسرونهم إما برفع
السعر أو إنقاصه[٧].

(١) سورة المائدة، الآية ٩٠.
(٢) المحبر، ص٢٣٧ - ٢٤١.
(٣) المصدر نفسه، ص٢٣٧؛ القلقشندي، صبح الأعشى، ج١، ص٤٩٥.
(٤) ابن حبيب، المحبر، ص٢٣٧.
(٥) المصدر نفسه، ص٢٣٧.
(٦) البخاري، صحيح، ٢١٧٥ - ٢١٧٦ - ٢١٧٧.
(٧) المصدر نفسه، ٢١٦٠؛ الشريف، مكة والمدينة، ص٣٦٧.

وإن عملية البيع والشراء مجازفة[١] كانت أمراً شائعاً عندهم على الرغم من وجود الكيل والوزن[٢] كما كان من وسائلهم في التعامل المناجشة[٣] في البيع[٤] كما كان التجار يتلقون الركبان خارج المدينة فيشترون منهم ما يحملون من طعام قبل أن يصلوا إلى السوق حتى لايعرفوا ثمنه الحقيقي، ففي بعض الأحيان يبيعونه في مكانه قبل أن يصل إلى السوق إذا تحقق لهم الربح الذي يريدونه، ولكن على الأكثر كانوا يجمعون السلع التي اشتروها ليحتكروا بيعها في السوق[٥] كما كان الغش والمخادعة أمراً جارياً في الأسواق، وكانوا يبلون الحنطة والشعير ليكثر كيلها، أو يخفون الرديء داخل الطيب ويخلطون التمر الرديء بالجيد، وكذلك كانوا لا يحلبون الإبل والغنم أياماً حتى تبدوا أنها كثيرة اللبن ثم يبيعونها[٦] وإلى جانب البيع والشراء في منتوجات الأرض وفي المصنوعات والمجلوبات الخارجية، عرف أهل المدينة مهنة الصيرفة وكانوا يعدونها نوعاً من التجارة فيبيعون الذهب بالذهب والفضة بالفضة، وكانوا يلجأون إلى الغش والمخادعة أيضاً ويستغلون جهل الناس فلا يظهرونهم على مدى الجودة أو فارق الوزن في الدنانير والدراهم[٧] هكذا كانت المعاملات التجارية الجارية في الأسواق الأسواق مشوبة بالغش والخداع، وفوق كل هذه المعاملات الاستغلالية كان الربا مظهراً من مظاهر الحركة الاقتصادية والتجارية، ووسيلة من وسائل التعامل في المجتمع وكانت تزاول في المدينة بصورة كبيرة جداً[٨] وكانت هذه العملية تعد من أكثر أنواع الاستغلال شيوعاً وكان العرب واليهود يزاولونها بشكل كبير في المدينة فهي وسيلة من وسائل زيادة

(١) المجازفة، وتعنى مجازفة الحدس في البيع والشراء وهي بيعه دون أن يعلم كيله أو وزنه، الفيروز آبادي، القاموس، ج٣، ص١٢٣.
(٢) البخاري، صحيح، ٢١٣٧؛ الشريف، مكة والمدينة، ص٣٩٧.
(٣) المناجشة، وهي أن يزيد الشخص في السلعه أكثر من ثمنها لا يشترى بها لكن ينظر إليها ناظر فيقع فيها، الفيروز آبادي، القاموس، ج٢، ص٢٨٩.
(٤) البخاري، صحيح، ٢١٤٢.
(٥) البخاري، صحيح، ٢١٢٨؛ الشريف، مكة والمدينة، ص٣٦٨.
(٦) البخاري، صحيح، ٢١٤٧؛ الشريف، مكه والمدينة، ص٣٦٧.
(٧) البخاري، صحيح، ٢١٧٦ - ٢١٧٧؛ الملاح، الوسيط في السيرة، ص٣٦؛ الشريف، مكة والمدينة، ص٣٦٦.
(٨) البخاري، صحيح، ٢١١٧؛ الملاح، الوسيط في السيرة، ص٣٧.

الثروات عندهم. وعندما جاء الإسلام حرم ذلك، تحريماً قاطعاً كما قام الرسول صلى الله عليه وسلم بوضع الرقابة على هذه العمليات الاستغلالية، وحرم الغش واستخدام الوسائل غير الشريفة في عمليات البيع والشراء وعد الرسول صلى الله عليه وسلم الغاش خارجاً عن الجماعة، فقال: ((من غشنا فليس منا))[١] كما نهى عن بيع الحاضر للبادي لما في ذلك من الخداع[٢] وكذلك نهى عن بيع الطعام قبل وصوله إلى الأسواق[٣] وأمر بأن يكون الكيل والميزان هو الأساس في العمليات التجارية فقال الرسول الله صلى الله عليه وسلم: ((كيلوا طعامكم يبارك لكم))[٤] ولقد حثنا الرسول صلى الله عليه وسلم وسلم على الاستقامة والاستيفاء في الموازنة وأثناء الكيل والميزان قائلاً: ((من ابتاع طعاماً فلا يبيعه حتى يستوفيه))[٥].

أما عملية الربا فقد ندد القرآن الكريم بها ونهى عن أكل أموال الناس بالباطل وقال تعالى عن تعامل اليهود بالربا: ﴿ وَأَخْذِهِمُ ٱلرِّبَوٰاْ وَقَدْ نُهُواْ عَنْهُ وَأَكْلِهِمْ أَمْوَٰلَ ٱلنَّاسِ بِٱلْبَٰطِلِ ۚ وَأَعْتَدْنَا لِلْكَٰفِرِينَ مِنْهُمْ عَذَابًا أَلِيمًا ﴿١٦١﴾ ﴾[٦]. ويلاحظ أن القرآن الكريم حرم الربا تدريجياً مثل ما ما حرم الخمر، وهذا يفسر لنا مدى سعة انتشار هذه العملية وأن القضاء عليها كان أمراً شاقاً، لهذا تدرج القرآن في معالجتها ففي بادىء الأمر نهى عن الربا الفاحش فقال تعالى: ﴿ يَٰٓأَيُّهَا ٱلَّذِينَ ءَامَنُواْ لَا تَأْكُلُواْ ٱلرِّبَوٰٓاْ أَضْعَٰفًا مُّضَٰعَفَةً ۖ وَٱتَّقُواْ ٱللَّهَ لَعَلَّكُمْ تُفْلِحُونَ ﴿١٣٠﴾ ﴾[٧] ثم حرمه تحريماً كاملاً فقال تعالى: ﴿ ٱلَّذِينَ يَأْكُلُونَ ٱلرِّبَوٰاْ لَا يَقُومُونَ إِلَّا كَمَا يَقُومُ ٱلَّذِى يَتَخَبَّطُهُ ٱلشَّيْطَٰنُ مِنَ ٱلْمَسِّ ۚ ذَٰلِكَ بِأَنَّهُمْ قَالُوٓاْ إِنَّمَا ٱلْبَيْعُ مِثْلُ ٱلرِّبَوٰاْ ۗ وَأَحَلَّ ٱللَّهُ ٱلْبَيْعَ وَحَرَّمَ ٱلرِّبَوٰاْ ۚ ﴾[٨].

---

(١) الشافعي، رياض الصالحين، بيروت، د. ت، ص٢٥٣.
(٢) البخاري، صحيح، ٢١٢٨؛ الشريف، مكة والمدينة، ص٣٦٩.
(٣) البخاري، صحيح، ٢١٢٨.
(٤) البخاري، صحيح، ٢٢٠٥.
(٥) المصدر نفسه، ٢١٣٦.
(٦) سورة النساء، الآية ١٦١.
(٧) سورة آل عمران، الآية ١٣٠.
(٨) سورة البقرة، الآية ٢٧٥.

٨ - القضاء الإسلامي بدلاً عن التحكيم الجاهلي

كان أهل المدينة قبل هجرة الرسول صلى الله عليه وسلم إليها، يفصلون منازعاتهم وفق أحكام الأعراف والتقاليد ولم يعرفوا قوانين منظمة يتحاكمون إليها عند الحاجة، وكانوا يلجأون إلى الحكام والعرافين والكهنة، ولم يكن لهؤلاء الحكام سلطة إكراههم على الالتزام بتنفيذ الأحكام التي يصدرونها في حالة عرض المنازعات عليهم(١).

وعندما هاجر الرسول صلى الله عليه وسلم إلى المدينة عمل على تنظيم حياتهم، وقد حقق الرسول صلى الله عليه وسلم تقدماً كبيراً في تنظيم العلاقات بين أهل المدينة حينما أعلن الصحيفة التي أصبحت بمثابة دستور لأهل المدينة، وأصبح الرسول صلى الله عليه وسلم هو الرئيس لأهل المدينة وهو القاضي الذي يفصل في المنازعات بين المتخاصمين بموجب أحكام الصحيفة فقرة ٢٣ التي نصت على ذلك بقولها: ((وإنكم مهما اختلفتم فيه من شيء, فإن مرده إلى الله وإلى محمد))(٢) ونصت الفقرة ٤٢ أيضاً على: ((أنه ماكان بين أهل هذه الصحيفة من حدث أو اشتجار يخاف فساده فإن مرده إلى الله وإلى محمد رسول الله))(٣) وهكذا أصبح الرسول صلى الله عليه وسلم قاضياً في المدينة، وأصبح الحكم في الخلافات التي تحصل بين مختلف عشائر المدينة وغيرهم يتم على وفق أحكام الصحيفة ومن قبل الرسول صلى الله عليه وسلم الذي يحكم فيها طبقاً لأوامر الله(٤). لقد مارس الرسول صلى الله عليه وسلم السلطات التنفيذية والقضائية في المدينة على وفق أوامر الله ونواهيه وإن الرسول صلى الله عليه وسلم كان منفذاً للمبادئ التي قررها القرآن الكريم وذلك لأن صاحب السيادة هو الله تعالى، فهو صاحب الكلمة الفصل في جميع الأمور، أما الرسول صلى الله عليه وسلم فهو صاحب السلطة التنفيذية التي تدير أمور المجتمع وتوجهها على وفق أوامر الله(٥) ولم تقتصر سلطة الرسول صلى الله عليه وسلم على المهاجرين والأنصار فقط، بل شملت سلطته جميع

---

(١) الملاح، حكومة الرسول، ص١٨٥.
(٢) ابن هشام، السيرة، ج٢، ص١٤٨ - ١٤٩.
(٣) المصدر نفسه، ج٢، ص١٤٩.
(٤) الملاح، الوسيط في السيرة، ص٢٠٩.
(٥) المرجع نفسه، ص٢٠٨.

الفئات التي تضمها الأمة من أنصار ومهاجرين ويهود ومشركين والحكم بينهم على وفق ما أمر به الله تعالى[١] هكذا تمكن الرسول صلى الله عليه وسلم من تنظيم العلاقات بين أهل المدينة على أساس العدل والمساواة، وإيجاد سلطة تعمل على تحقيق ذلك، وقد أصبح القرآن الكريم المصدر الأساسي في تطبيق هذه السلطة وفض النزاع كما جاء في ذكره الحكيم: ﴿ وَأَنِ ٱحْكُم بَيْنَهُم بِمَآ أَنزَلَ ٱللَّهُ وَلَا تَتَّبِعْ أَهْوَآءَهُمْ وَٱحْذَرْهُمْ أَن يَفْتِنُوكَ عَنۢ بَعْضِ مَآ أَنزَلَ ٱللَّهُ إِلَيْكَ ۖ فَإِن تَوَلَّوْا۟ فَٱعْلَمْ أَنَّمَا يُرِيدُ ٱللَّهُ أَن يُصِيبَهُم بِبَعْضِ ذُنُوبِهِمْ ۗ وَإِنَّ كَثِيرًا مِّنَ ٱلنَّاسِ لَفَٰسِقُونَ ﴿٤٩﴾ أَفَحُكْمَ ٱلْجَٰهِلِيَّةِ يَبْغُونَ ۚ وَمَنْ أَحْسَنُ مِنَ ٱللَّهِ حُكْمًا لِّقَوْمٍ يُوقِنُونَ ﴿٥٠﴾ ﴾[٢] كما أمر القرآن الكريم المسلمين بالرجوع إلى الرسول صلى الله عليه وسلم في فض المنازعات بينهم فقال تعالى:
﴿ يَٰٓأَيُّهَا ٱلَّذِينَ ءَامَنُوٓا۟ أَطِيعُوا۟ ٱللَّهَ وَأَطِيعُوا۟ ٱلرَّسُولَ وَأُو۟لِى ٱلْأَمْرِ مِنكُمْ ۖ فَإِن تَنَٰزَعْتُمْ فِى شَىْءٍ فَرُدُّوهُ إِلَى ٱللَّهِ وَٱلرَّسُولِ ﴾[٣] كما أمر الله سبحانه وتعالى الرسول صلى الله عليه وسلم بأن يحكم بين الناس بالعدل بقوله: ﴿ وَإِذَا حَكَمْتُم بَيْنَ ٱلنَّاسِ أَن تَحْكُمُوا۟ بِٱلْعَدْلِ ۚ ﴾[٤] ﴿ ۞ يَٰٓأَيُّهَا ٱلَّذِينَ ءَامَنُوا۟ كُونُوا۟ قَوَّٰمِينَ بِٱلْقِسْطِ شُهَدَآءَ لِلَّهِ وَلَوْ عَلَىٰٓ أَنفُسِكُمْ أَوِ ٱلْوَٰلِدَيْنِ وَٱلْأَقْرَبِينَ ۚ إِن يَكُنْ غَنِيًّا أَوْ فَقِيرًا فَٱللَّهُ أَوْلَىٰ بِهِمَا ۖ فَلَا تَتَّبِعُوا۟ ٱلْهَوَىٰٓ أَن تَعْدِلُوا۟ ۚ وَإِن تَلْوُۥٓا۟ أَوْ تُعْرِضُوا۟ فَإِنَّ ٱللَّهَ كَانَ بِمَا تَعْمَلُونَ خَبِيرًا ﴿١٣٥﴾ ﴾[٥].

وهكذا نلاحظ أنه منذ إعلان الصحيفة أخذ الرسول صلى الله عليه وسلم يتصرف بصفته صاحب الحق الوحيد في القضاء بين الناس في المدينة، لذا فقد أدان القرآن محاولة المنافقين واليهود الذين تحدوا السلطة المقررة للرسول صلى الله عليه وسلم في الصحيفة وعرضوا خصوماتهم على الكهان والعرافين من الحكام، وعد القرآن الكريم هذا التحدي نوعاً من التحاكم إلى الطاغوت وانتقد هاتين

---

(١) ابن هشام، السيرة، ج٢، ص١٤٩.
(٢) سورة المائدة، الآية ٤٩ - ٥٠.
(٣) سورة النساء، الآية ٥٩.
(٤) سورة النساء، الآية ٥٨.
(٥) سورة النساء، الآية ١٣٥.

الفئتين بشدة[١] فقال الله عز وجل: ﴿ أَلَمْ تَرَ إِلَى ٱلَّذِينَ يَزْعُمُونَ أَنَّهُمْ ءَامَنُواْ بِمَآ أُنزِلَ إِلَيْكَ وَمَآ أُنزِلَ مِن قَبْلِكَ يُرِيدُونَ أَن يَتَحَاكَمُوٓاْ إِلَى ٱلطَّٰغُوتِ وَقَدْ أُمِرُوٓاْ أَن يَكْفُرُواْ بِهِۦ وَيُرِيدُ ٱلشَّيْطَٰنُ أَن يُضِلَّهُمْ ضَلَٰلًۢا بَعِيدًا ﴿٦٠﴾ وَإِذَا قِيلَ لَهُمْ تَعَالَوْاْ إِلَىٰ مَآ أَنزَلَ ٱللَّهُ وَإِلَى ٱلرَّسُولِ رَأَيْتَ ٱلْمُنَٰفِقِينَ يَصُدُّونَ عَنكَ صُدُودًا ﴿٦١﴾ ﴾[٢].

وبعد توسع الدولة الإسلامية، وتعدد مرافقها وكثرة مسؤليات الرسول صلى الله عليه وسلم، شجع الرسول صلى الله عليه وسلم أصحابه على مساعدته في مجال القضاء بين الناس، فأرسل معاذ بن جبل إلى اليمن فكلفه أن يكون معلماً للقرآن وقاضياً وجابياً للصدقات[٣].

هكذا حل القضاء الإسلامي محل التحكيم الجاهلي وأصبحت السلطة القضائية بيد الرسول صلى الله عليه وسلم وبيد أصحابه بعدما كانت بيد رؤساء القبائل والكهان والعرافين، وأصبح القرآن الكريم هو المصدر التشريعي الذي تستند إليه هذه السلطة في فض المنازعات بين الناس.

٩ـ حقوق الأفراد وحرياتهم في الإسلام

إن حقوق الأفراد في الإسلام تستمد شرعيتها من القانون السماوي الذي جاء به الإسلام، وتشتمل هذه الحقوق على أمور متعددة نوردها كالآتي:

أ ـ حق المساواة في الإسلام:

إن من أهم الحقوق التي أعطاها الإسلام للفرد المسلم هو حق المساواة فبعدما كانت قيمة الفرد تقاس بمقدار ثروته أو مكانة عشيرته عند المشركين العرب[٤] أصبحت وبعد مجيء الإسلام تعتمد على عمله وسلوكه قال تعالى:

﴿ وَمَآ أَمْوَٰلُكُمْ وَلَآ أَوْلَٰدُكُم بِٱلَّتِى تُقَرِّبُكُمْ عِندَنَا زُلْفَىٰٓ إِلَّا مَنْ ءَامَنَ وَعَمِلَ صَٰلِحًا ﴾[٥].

وتمثل حق المساواة بين المسلمين في أمور متعددة فبالنسبة لحق المساوة أمام القانون (أو الشريعة) فإن كافة الأحكام التي وردت في القرآن الكريم أحكام

(١) القرطبي، الجامع لأحكام القرآن، ج٥، ص٢٦٣.
(٢) سورة النساء، الآية ٦٠ - ٦١.
(٣) الكتاني، التراتيب الإدارية، رباط، ١٣٤٦هـ ج١ - ص٢٥٨ - ٢٥٦.
(٤) سورة الليل، الآية ٣ - ٢١؛ سورة الهمزة، الآية ١ - ٤.
(٥) سورة السبأ، الآية ٣٧.

عامة موجهة إلى جميع المسلمين دون تفريق أو تمييز بينهم، وكافة التكاليف التي تضمنتها الشريعة كالصلاة والصيام والزكاة والحج، والحدود (العقوبات) واحدة تطبق على جميع المسلمين كافة ومن دون تمييز[١] أما بالنسبة لحق المساواة أمام القضاء فإن الله سبحانه وتعالى أمر الرسول صلى الله عليه وسلم أن يحكم بين المتنازعين بموجب الأحكام التي جاء بها الوحي من السماء، وإن يحكم بينهم بالعدل[٢] وأن الحكم الذي يصدره القاضي يطبق على الأطراف المتنازعة بدون تمييز بين غني وفقير أو حاكم ومحكوم وفضلاً عن ذلك شمل حق المساواة أموراً أخرى، فإن الله سبحانه وتعالى أمر المسلمين أن يساعد أحدهم الآخر عن طريق الزكاة والصدقات[٣] واتبع الرسول صلى الله عليه وسلم السياسة نفسها بالنسبة لواجب الجهاد، ففي غزوة تبوك سنة ٩ هجرية ألزم الرسول صلى الله عليه وسلم الرجال القادرين على القتال بوجوب الخروج معه للجهاد بدون أي تمييز بينهم، وعاقب الرسول صلى الله عليه وسلم ثلاثة من المسلمين بعد عودته من غزوة تبوك لأنهم تخلفوا عن المشاركة فيها وبقوا في بيوتهم دون مبررات[٤]. وبما أن الإسلام فرض على المسلمين مجموعة من الواجبات على أساس المساواة بينهم فإنه منحهم حقوقاً في المقابل على أساس المساواة أيضاً، وهذه الحقوق تتمثل في أن يكون لجميع الرجال المشاركين في الجهاد الحق في الحصول على حصص متساوية من الأموال التي يغنمونها من الأعداء في الحرب، وأنه يحق لجميع الأشخاص الذين ينتمون إلى الفئات التي ذكر القرآن أنها تستحق أن تدفع لها مساعدة من أموال الزكاة، أن يحصلوا على حاجتهم من هذه الأموال، وأن لجميع المسلمين المخلصين الذين يمتلكون القابلية لشغل الوظائف العامة في الدولة الإسلامية الحق في شغلها بعد موافقة الرسول صلى الله عليه وسلم[٥].

وفضلاً عن مبدأ المساواة بين المسلمين في الدولة الإسلامية، كان هناك

(١) عبدالوهاب خلاف، السياسة الشرعية ونظام الدولة الإسلامية، القاهرة، ١٣٥٠هـ ص٤٠ - ٤١.
(٢) ينظر القضاء الإسلامي في مواجهة التحكيم الجاهلي في هذا الفصل.
(٣) يراجع المحور الثالث من المبحث الثالث من الفصل الثالث.
(٤) سورة التوبة، الآية ١١٨؛ ابن سيد الناس، عيون الأثر، ج٢، ص٢٢٤.
(٥) عبدالعال الصعيدي، السياسة الإسلامية في عهد النبوة، مصر، د. ت، ص٢٠٦.

حالات استثنائية لا تسري عليها أحكام هذا المبدأ، وهي تتمثل بأحوال الرقيق، فالقرآن الكريم اعترف بوجود الرق بصفته حالة اجتماعية شائعة في كل العالم. وسعى الإسلام لتحسين أحوالهم بقدر ماتسمح به الظروف الاجتماعية القائمة، فنظر إلى الرقيق بصفتهم أناساً مساوين للأحرار في الإنسانية، لأن جميع بني الإنسان هم من أبناء آدم، وآدم نفسه خلقه الله تعالى من التراب[1] وإن أكرم الناس عند الله تعالى، أفضلهم من حيث التقوى، ولا فرق في هذا المجال بين الأحرار والرقيق، لذا فقد أعلن القرآن الكريم أن العبد المؤمن أفضل من الحر إذا كان مشركاً ﴿ وَلَا تَنكِحُواْ ٱلْمُشْرِكَٰتِ حَتَّىٰ يُؤْمِنَّ ۚ وَلَأَمَةٌ مُّؤْمِنَةٌ خَيْرٌ مِّن مُّشْرِكَةٍ وَلَوْ أَعْجَبَتْكُمْ ۗ وَلَا تُنكِحُواْ ٱلْمُشْرِكِينَ حَتَّىٰ يُؤْمِنُواْ ۚ وَلَعَبْدٌ مُّؤْمِنٌ خَيْرٌ مِّن مُّشْرِكٍ وَلَوْ أَعْجَبَكُمْ ۗ ﴾[2] وكذلك فإن المؤاخاة التي اقامها الرسول صلى الله عليه وسلم بين المهاجرين والأنصار شملت المسلمين الرقيق، وبذلك أصبح هؤلاء الرقيق إخواناً لأسيادهم من المسلمين[3] وفضلاً عما تقدم وضع الإسلام مجموعة من الإجراءات لتحرير الرقيق، منها حالة التكفير عن الذنوب[4] وفي حالة تطليق الرجل زوجته من الظهار[5] وأيضاً في حالة إذا قتل المسلم مسلماً عن خطأ[6] وكذلك أعطى للرقيق الحق في تحرير نفسه من حالة الرق عن طريق المكاتبة مع سيده[7] وهكذا لم يترك الإسلام فرصة من فرص تحرير الرقيق إلا انتهزها.

والمرأة أيضاً كانت حالة استثنائية لا تسري عليها أحكام مبدأ المساواة الكاملة مع الرجل، وكانت المرأة مسلوبة الحرية ومهضومة الحقوق في المجتمع الجاهلي، وعندما جاء الإسلام عد النساء مساويات للرجال لكونهم منحدرين من أصل واحد[8] ومن ثم فإنهم يساوون الرجال أمام الله تعالى، وقد جاء في القرآن

---

(١) سورة البقرة، الآية ٣٠ - ٣٨؛ سورة آل عمران، الآية ٥٩؛ سورة الأعراف، الآية ١١ - ٣٧.
(٢) سورة البقرة، الآية ٢٢١.
(٣) ابن سعد، الطبقات، ج٣، ص٣٨٦.
(٤) سورة المائدة، الآية ٨٩.
(٥) سورة المجادلة، الآية ٣.
(٦) سورة النساء، الايه ٩٢.
(٧) سورة النور، الآية ٣٣.
(٨) سورة النساء، الآية ١.

الكريم: ﴿ فَٱسْتَجَابَ لَهُمْ رَبُّهُمْ أَنِّى لَآ أُضِيعُ عَمَلَ عَـٰمِلٍ مِّنكُم مِّن ذَكَرٍ أَوْ أُنثَىٰ ۖ بَعْضُكُم مِّنۢ بَعْضٍ ۖ ﴾[١] وأعطى الإسلام المرأة الحق في الميراث، ومشاركة الرجل في الميراث من تركة الوالدين والأقارب، في حين كان هذا الحق محجوباً عن المرأة في حقبة ما قبل الإسلام[٢]، ولقد جاء في القرآن الكريم: ﴿ لِّلرِّجَالِ نَصِيبٌ مِّمَّا تَرَكَ ٱلْوَٰلِدَانِ وَٱلْأَقْرَبُونَ وَلِلنِّسَآءِ نَصِيبٌ مِّمَّا تَرَكَ ٱلْوَٰلِدَانِ وَٱلْأَقْرَبُونَ مِمَّا قَلَّ مِنْهُ أَوْ كَثُرَ ۚ نَصِيبًا مَّفْرُوضًا ﴿٧﴾ ﴾[٣] ولكن حددت حصة النساء بمقدار نصف حصة الرجال، فقال تعالى في هذا الصدد: ﴿ يُوصِيكُمُ ٱللَّهُ فِىٓ أَوْلَـٰدِكُمْ ۖ لِلذَّكَرِ مِثْلُ حَظِّ ٱلْأُنثَيَيْنِ ۚ ﴾[٤] ومن باب انصاف المرأة منح الإسلام المرأة امتيازات كبيرة كإعطائها حق التعلم وجعله فريضة على كل مسلم ومسلمة، فقال تعالى: ﴿ وَٱذْكُرْنَ مَا يُتْلَىٰ فِى بُيُوتِكُنَّ مِنْ ءَايَـٰتِ ٱللَّهِ وَٱلْحِكْمَةِ ۚ إِنَّ ٱللَّهَ كَانَ لَطِيفًا خَبِيرًا ﴿٣٤﴾ ﴾[٥]. وأعطى الإسلام المجال للمرأة للمشاركة في الحروب[٦] ولم تكن مشاركتهن بشكل كبير وواسع[٧]. ولقد نسخ الإسلام بعض العادات الجاهلية التي تسيء للمرأة منها عادة (رمي البعرة) وهي: ((أن المرأة في الجاهلية إذا مات زوجها دخلت حفشاً، ولبست شر ثيابها ولم تمس طيبا حتى تمضي عليها سنه، ثم يؤتى: حمار أو شاة أو طير، فتفتض به أي تتمسح به فقلما ما تفتض بشيء إلا مات، ثم تخرج بعد ذلك فتعطي بعرةُ فترمي بها))[٨] كما حدد الإسلام مدة تربص المرأة بعد وفاة زوجها بأربعة أشهر وعشرة أيام بدلاً من سنة، كما جاء في قوله تعالى: ﴿ وَٱلَّذِينَ يُتَوَفَّوْنَ مِنكُمْ وَيَذَرُونَ أَزْوَٰجًا يَتَرَبَّصْنَ بِأَنفُسِهِنَّ أَرْبَعَةَ أَشْهُرٍ وَعَشْرًا ۖ ﴾[٩].

(١) سورة آل عمران، الآية ١٩٥.
(٢) العلي، محاضرات في تاريخ العرب، ص١٤٢.
(٣) سورة النساء، الآية ٧.
(٤) سورة النساء، الآية ١١.
(٥) سورة الأحزاب، الآية ٣٤.
(٦) ابن هشام، السيرة، ج٣، ص٨٦.
(٧) العلي، محاضرات، ص١٣٧.
(٨) القلقشندي، صبح الأعشى، ج١، ص٤٦٠.
(٩) سورة البقرة، الآية ٢٣٤.

فضلاً عن تمتع المسلمين بحق المساواة في الدولة الإسلامية، اعترف الرسول صلى الله عليه وسلم بالمساواة بين المسلمين وأهل الكتاب[1] إلا أن منزلتهم في الدولة الإسلامية دون منزلة المسلمين. ولكنها أرفع من منزلة المشركين وعبدة الأوثان، فالرسول صلى الله عليه وسلم اعترف بالمساواة بين المسلمين وبين أهل الكتاب بموجب أحكام الصحيفة التي أعلنها في السنة الأولى من هجرته إلى المدينة[2].

ولقد أمر الرسول صلى الله عليه وسلم المسلمين بأن يتعاملوا مع أهل الكتاب بروح السماحة والعدل وأن يراعوا أحكام الحماية التي منحها لهم والتي أصبحو بموجبها يعيشون في ذمة الله وذمة رسوله، لذا فقد عرفوا بأهل الذمة[3] كما تمتع أهل الكتاب بحق المساواة أمام القضاء أيضاً، أيضاً، فكان الرسول صلى الله عليه وسلم مرجعاً أعلى تعرض عليه جميع الأمور والمنازعات التي تحصل بين سكان المدينة للحكم فيها دون تمييز بين الناس بسبب عقيدتهم، قال تعالى: ﴿ فَإِن جَآءُوكَ فَٱحْكُم بَيْنَهُمْ أَوْ أَعْرِضْ عَنْهُمْ ۖ وَإِن تُعْرِضْ عَنْهُمْ ﴾[4].

أما بالنسبة لحقوقهم من الناحية المالية فكانوا يعطون الجزية للدولة الإسلامية مقابل الحماية التي توفرها الدولة لأهل الكتاب، إذ كانوا معفوين من واجب الجهاد لأن هذا الواجب قد فرض على المسلمين وحدهم[5].

ب - الحرية في الإسلام:

إن الإسلام اعطى حق الحرية للمسلمين في كافة الأمور التي لم تتصدّ الشريعة الإسلامية لتنظيمها، فهذه تعد من الأمور المباحة التي يمتلك فيها المسلمون مطلق الحرية بشرط عدم الإضرار بمصالح الآخرين، وهذه الحقوق تشمل حقوق الحرية السياسية وحقوق الحرية المدنية.

---

(1) ويتألف هؤلاء الأقوام من اليهود والنصارى، عرفوا في الإسلام بأهل الكتاب، ووافق الرسول صلى الله عليه وسلم أن يلحق بهم المجوس في المعاملة فقال: ((سنوا بهم سنة أهل الكتاب)) ابن سلام، الأموال، ص32؛ الطبري، اختلاف الفقهاء، لايدن، 1933م، ص199.

(2) ينظر القضاء والحكم بما أنزل الله في مواجهة التحكيم الجاهلي من هذا الفصل.

(3) ابن سلام، الأموال، ص116.

(4) سورة المائدة، الاية 42؛ الجصاص، أحكام القرآن، مصر، 1347هـ ج2، ص528.

(5) الملاح، حكومة الرسول، ص242.

فبالنسبة لحقوق الحرية السياسية، فإن الله تعالى وعد الذين آمنوا وعملوا الصالحات بأن يجعلهم خلفاء في الأرض كما جاء في قوله تعالى: ﴿ وَعَدَ ٱللَّهُ ٱلَّذِينَ ءَامَنُواْ مِنكُمْ وَعَمِلُواْ ٱلصَّٰلِحَٰتِ لَيَسْتَخْلِفَنَّهُمْ فِى ٱلْأَرْضِ كَمَا ٱسْتَخْلَفَ ٱلَّذِينَ مِن قَبْلِهِمْ وَلَيُمَكِّنَنَّ لَهُمْ دِينَهُمُ ٱلَّذِى ٱرْتَضَىٰ لَهُمْ وَلَيُبَدِّلَنَّهُم مِّنۢ بَعْدِ خَوْفِهِمْ أَمْنًا ۚ يَعْبُدُونَنِى لَا يُشْرِكُونَ بِى شَيْـًٔا ۚ ﴾[١] إن الخلافة التي منحها الله للمسلمين هي خلافة عامة بصفتهم جماعة منظمة تحت قيادة رسول الله صلى الله عليه وسلم ومن واجبهم أن ينظموا حياتهم وفق المبادئ التي جاء بها الوحي الإلهي، واستنادا إلى قاعدة الشورى، قال تعالى: ﴿ وَٱلَّذِينَ ٱسْتَجَابُواْ لِرَبِّهِمْ وَأَقَامُواْ ٱلصَّلَوٰةَ وَأَمْرُهُمْ شُورَىٰ بَيْنَهُمْ وَمِمَّا رَزَقْنَٰهُمْ يُنفِقُونَ ﴿٣٨﴾ ﴾[٢] وبهذا تكون السلطة السياسية بيد الرسول صلى الله عليه وسلم، لذا أمر القرآن الكريم الرسول صلى الله عليه وسلم أن يؤلف بين قلوب المسلمين ويحسن معاملتهم وأن يستشيرهم في جميع الأمور وخاصة في المسائل التي لم ينزل عليه فيها وحي من السماء، قال تعالى: ﴿ فَبِمَا رَحْمَةٍ مِّنَ ٱللَّهِ لِنتَ لَهُمْ ۖ وَلَوْ كُنتَ فَظًّا غَلِيظَ ٱلْقَلْبِ لَٱنفَضُّواْ مِنْ حَوْلِكَ ۖ فَٱعْفُ عَنْهُمْ وَٱسْتَغْفِرْ لَهُمْ وَشَاوِرْهُمْ فِى ٱلْأَمْرِ ۖ فَإِذَا عَزَمْتَ فَتَوَكَّلْ عَلَى ٱللَّهِ ۚ ﴾[٣] ويلاحظ أن الإسلام قد منح المسلمين الحق في حرية التفكير والتعبير عن الرأي، ولكن هذه الحرية يجب أن تكون في إطار التعاليم الإسلامية، وحرم عليهم استعمالها من أجل هدم تعاليمه أو الإساءة إلى الرسول صلى الله عليه وسلم أو أي شخص آخر في المجتمع الإسلامي[٤] اما بالنسبة لغير المسلمين من اليهود والنصارى والمجوس، فقد أمر الإسلام المسلمين بمعاملتهم بروح التسامح، وكذلك فعل مع المنافقين، ولكن على شرط أن يقبلوا سلطة الدولة الإسلامية ومن ثم عدم محاربتها أو التعاون مع أعدائها.

وكذلك أعطى الإسلام حق الحرية المدنية وشملت نواح متعددة، منها حق

---

(١) سورة النور، الآية ٥٥.
(٢) سورة الشورى، الآية ٣٨.
(٣) سورة آل عمران، الآية ١٥٩.
(٤) سورة المجادلة، الآية ٨؛ ابن سلام، الأموال، ص١٧٨ - ١٧٩.

الحياة والحرية ضد الاسترقاق سواء أكانوا مسلمين[1] أم أهل الذمة، وضمنت لهم الحرية ضد الاسترقاق في حالات الحرب والسلم[2] وحرم الإسلام العدوان، وضمن الأمن للأشخاص الذين يعيشون في الدولة الإسلامية من خلال مجموعة من الإجراءات التي اتخذها الرسول صلى الله عليه وسلم في هذا المجال، إذ أمر المسلمين بعدم معاقبة أحد استناداً إلى الأدلة الظنية: ((فإن الإمام يخطىء في العفو خير من أن يخطىء في العقوبة))[3]، وضمن الإسلام حرية المسكن، ومنع الناس من التطفل والدخول لبيوت الآخرين من دون استئذان كما ورد في القرآن الكريم ﴿ يَٰٓأَيُّهَا ٱلَّذِينَ ءَامَنُواْ لَا تَدۡخُلُواْ بُيُوتًا غَيۡرَ بُيُوتِكُمۡ حَتَّىٰ تَسۡتَأۡنِسُواْ وَتُسَلِّمُواْ عَلَىٰٓ أَهۡلِهَاۚ ذَٰلِكُمۡ خَيۡرٞ لَّكُمۡ لَعَلَّكُمۡ تَذَكَّرُونَ ﴿٢٧﴾ فَإِن لَّمۡ تَجِدُواْ فِيهَآ أَحَدٗا فَلَا تَدۡخُلُوهَا حَتَّىٰ يُؤۡذَنَ لَكُمۡۖ وَإِن قِيلَ لَكُمُ ٱرۡجِعُواْ فَٱرۡجِعُواْۖ هُوَ أَزۡكَىٰ لَكُمۡۚ وَٱللَّهُ بِمَا تَعۡمَلُونَ عَلِيمٞ ﴿٢٨﴾ ﴾[4].

وفضلاً عما تقدم فقد أعطى الإسلام الحق للناس في حرية التنقل والبحث عن ملجأ آمن في بلاد أخرى، وهذا ما حصل للمسلمين فعلاً عندما تعرضوا للاضطهاد على يد مشركي قبيلة قريش في مكة بسبب عقيدتهم، فاضطروا للهجرة إلى الحبشة، ومن ثم إلى المدينة[5] وكذلك لم يضع الإسلام أية قيود على حرية المسلمين في التمتع بحق التنقل والسكن، وعد تقييد حرية الإنسان في هذا المجال نوعاً من أنواع العقوبات التي تفرض عليه، قال تعالى: ﴿ إِنَّمَا جَزَٰٓؤُاْ ٱلَّذِينَ يُحَارِبُونَ ٱللَّهَ وَرَسُولَهُۥ وَيَسۡعَوۡنَ فِي ٱلۡأَرۡضِ فَسَادًا أَن يُقَتَّلُوٓاْ أَوۡ يُصَلَّبُوٓاْ أَوۡ تُقَطَّعَ أَيۡدِيهِمۡ وَأَرۡجُلُهُم مِّنۡ خِلَٰفٍ أَوۡ يُنفَوۡاْ مِنَ ٱلۡأَرۡضِۚ ﴾[6].

ويعد الحق في حرية التفكير احد الحقوق المهمة التي اعترف بها الإسلام

---

(١) البخاري، صحيح، ٢٥١٧ - ٢٥٢٥.
(٢) ابن سلام، الأموال، ص١٢١.
(٣) عودة، التشريع الجنائي الإسلامي، ج١، ص٢٠٨.
(٤) سورة النور، الآية ٢٧ - ٢٨.
(٥) ينظر مبحث الهجرة والمهاجرة في سبيل الله والعقيدة من الفصل الثالث.
(٦) سورة المائدة، الآية ٣٣.

كما جاء في القرآن الكريم ﴿ لَآ إِكۡرَاهَ فِي ٱلدِّينِۖ ﴾[١] وكذلك اعترف الرسول صلى الله عليه وسلم لليهود والنصارى بحق التمتع بحرية العقيدة والضمير في الدولة الإسلامية بصفتهم أهل ذمة[٢]، واستثنى الإسلام المشركين من العرب من التمتع بهذا الحق. لأن الإسلام لم يعترف بالوثنية والشرك بوصفها عقيدة دينية تعيش جنباً إلى جنب مع العقيدة الإسلامية وغيرها من العقائد السماوية[٣] لأنها تعكس التصور الديني في أدنى حالاته، فضلاً عن أن وجود جيوب للشرك في الجزيرة سيشكل خطرا على الدولة الإسلامية وهي تخطو صوب الخارج لتحقيق مفهوم العالمية.. وحرمت آيات القرآن الكريم الردة عن الدين الإسلامي[٤] وقال الرسول صلى الله عليه وسلم: ((من بدل دينه فاقتلوه))[٥].

ويدخل حق التملك والتصرف بالملكية ضمن الحقوق المدنية التي اعترف بها الإسلام للناس، لذا قال القرآن الكريم عن المال والبنين بأنهم زينة الحياة الدنيا[٦] وعد التشريع الإسلامي العقود والميراث أسباباً رئيسة للتملك[٧] ونظم القرآن الكريم قواعد هذا التملك وشروطه كما أوضح بعدم استغلال هذا الحق ونص القرآن الكريم على عقوبات صارمة بحق كل من يرتكب جريمة السرقة[٨].

وشملت الحقوق المدنية أمور أخرى كالحق في الحرية الاقتصادية، فعد القرآن الكريم المال الذي يمتلكه الناس بمثابة مال الله وأن ملكية الناس لهذا المال مجرد توكيل من الله لإدارته وفق ما يأمر به الله ﴿ وَأَنفِقُواْ مِمَّا جَعَلَكُم مُّسۡتَخۡلَفِينَ ﴾[٩] وحث القرآن الكريم على دفع الصدقات وفرض على الأغنياء أداء الزكاة من أجل مساعدة الفقراء[١٠] وأكد الرسول صلى الله عليه وسلم حق المسلمين في الحصول

---

(١) سورة البقرة، الآية ٢٥٦.
(٢) الطبري، اختلاف الفقهاء، ص١٩٩.
(٣) سورة التوبة، الآية ١ - ١٣؛ الطبري، جامع البيان، ج٣، ص١٦.
(٤) سورة آل عمران، الآية ٨٥ - ٨٧؛ سورة المائدة، الآية ٥٤.
(٥) البخاري، صحيح، ٦٩٢٢.
(٦) سورة الكهف، الآية ٤٦.
(٧) سورة البقرة، الآية ١ - ١٢، ٢٨٠ - ٢٨٣؛ سورة المائدة، الآية ١.
(٨) ينظر وضع العقوبات على بعض الجرائم الأخلاقية من الفصل الثالث.
(٩) سورة الحديد، الآية ٧.
(١٠) ينظر المسؤولية الفردية للإنسان مقابل المسؤولية التكافلية القبلية من هذا الفصل.

على المساعدة من أموال الصدقة[١] وبذلك استطاع الإسلام أن يقيم التوازن بين أوضاع الأغنياء وأوضاع الفقراء.

١٠ - القرآن كلام الـلـه وشرعه مقابل ثقافة العرب الموروثة

تكلمنا في الفصل الثاني من الأطروحة بالتفصيل عن ثقافة العرب قبل الإسلام وهي تتمثل في الشعر والحكم والأمثال والخطابة... وما شابه ذلك من صور الثقافة، وقد مثل مجيء الإسلام بالقرآن الكريم العامل الرئيسي في توجيه الثقافة العربية الإسلاميه وتطورها، فتمحورت حوله الثقافة العربية منذ القدم، وانبثقت عنه العديد من العلوم. فالعرب قبل الإسلام كانت تستمد مادتها الفكرية من بلاغة الخطيب أو شاعرية الشاعر أو سجع الكهان[٢] وأصبحت هذه الفنون أساس الثقافة التي ورثوها من القديم.

وكان للقرآن الكريم تأثيراً عميقاً في ثقافة العرب الموروثة المتمثله في الشعر والنثر والخطابة والسجع.. وما شابه ذلك من خلال توجيه الطرق المتبعة في نظمهم. لأشعارهم وخطبهم، فبالنسبه للشعر فالقرآن لم يحارب الشعر بوصفه فناً من الفنون الأدبية، بل أنكر الطريقة والمنهج غيرالصحيح الذي كان يتبعه بعض الشعراء في نظم أشعارهم، وكان هذا المنهج المتبع منهجاً قائماً على الكذب والتهويل، فهم في حالة مدحهم جاوزوا الحق وإذا خاصموا هجوا بالكلام اللاذع والعبارة الفاحشة[٣] فالقرآن إذا لم يحارب الشعر، بل حارب المنهج غير الصحيح الذي كان يتبعه بعض الشعراء، باستثناء الشعراء المؤمنين الصادقين في قولهم وفعلهم المبتعدين عن الكذب والمبالغة. وقد وصف القرآن الكريم أولئك الشعراء بقوله تعالى: ﴿وَٱلشُّعَرَآءُ يَتَّبِعُهُمُ ٱلْغَاوُۥنَ ﴿٢٢٤﴾ أَلَمْ تَرَ أَنَّهُمْ فِى كُلِّ وَادٍ يَهِيمُونَ ﴿٢٢٥﴾ وَأَنَّهُمْ يَقُولُونَ مَا لَا يَفْعَلُونَ ﴿٢٢٦﴾ إِلَّا ٱلَّذِينَ ءَامَنُوا۟ وَعَمِلُوا۟ ٱلصَّٰلِحَٰتِ وَذَكَرُوا۟ ٱللَّهَ كَثِيرًا وَٱنتَصَرُوا۟ مِنۢ بَعْدِ مَا ظُلِمُوا۟ ۗ وَسَيَعْلَمُ ٱلَّذِينَ ظَلَمُوٓا۟ أَىَّ مُنقَلَبٍ يَنقَلِبُونَ ﴿٢٢٧﴾﴾[٤].

---

(١) ابن سلام، الأموال، ص٢٣٠.
(٢) ينظرمبحث الحياه الثقافيه عند العرب قبل الإسلام في الفصل الثاني.
(٣) يحيى الجبوري، الإسلام والشعر، بغداد، ١٩٦٤م، ص٤٣.
(٤) سورة الشعراء، الآية ٢٢٤ - ٢٢٧.

يتضح مما سبق بأن القرآن حارب الشعراء والشعر الذي يقوم على الكذب والباطل، واستثنى الشعر الذي يقوم على الحق والصدق، وقد اتخذ هذا التوجه بعداً حضارياً وشكل المناخ الملائم لتطور الحضارة الإسلامية. هذا بالنسبه للشعر، أما بالنسبه للحكم والأمثال، فالقرآن الكريم أكد على الأمثال لكونها إحدى وسائل العبرة والاتعاظ[١] والأمثال في القرآن تختلف عن الأمثال التي كانت سائدة عند العرب قبل الإسلام، ذلك لأن أمثال القرآن الكريم جاءت لتقريب الحكمة الإلهيه إلى أذهان الناس، كما قال تعالى: ﴿ مَثَلُهُمْ كَمَثَلِ ٱلَّذِى ٱسْتَوْقَدَ نَارًا فَلَمَّآ أَضَآءَتْ مَا حَوْلَهُۥ ذَهَبَ ٱللَّهُ بِنُورِهِمْ وَتَرَكَهُمْ فِى ظُلُمَٰتٍ لَّا يُبْصِرُونَ ﴿١٧﴾ صُمٌّۢ بُكْمٌ عُمْىٌ فَهُمْ لَا يَرْجِعُونَ ﴿١٨﴾ ﴾[٢] فالأمثال في القرآن الكريم كانت تشبيهات تدعو إلى عدة أمور منها التذكير، والوعظ، والحث، والزجر، والثواب، والعقاب[٣] قال تعالى: ﴿ ۞ مَّثَلُ ٱلْجَنَّةِ ٱلَّتِى وُعِدَ ٱلْمُتَّقُونَ ۖ تَجْرِى مِن تَحْتِهَا ٱلْأَنْهَٰرُ ۖ ﴾[٤] فيها تذكير بالثواب بالآخرة وقال تعالى أيضاً: ﴿ كَمَثَلِ رِيحٍ فِيهَا صِرٌّ أَصَابَتْ حَرْثَ قَوْمٍ ظَلَمُوٓا۟ أَنفُسَهُمْ ﴾[٥] فيه تذكير بالعقاب.

أما بالنسبة للموقف القرآني من الفنون الأدبية الأخرى كالخطابة والقصص، فالقرآن الكريم أنزل لكي يخاطب عقول الناس وقلوبهم ومن أجل تحقيق هذا الهدف استخدم القرآن أسلوب السجع لكي يؤثر في النفوس والعقول، والشيء الجدير بالذكر هو أن السجع في القرآن يختلف عن سجع الكهان الذي يستخدمونه في خطاباتهم للناس بحجة الإقناع، ويأتي هذا الاختلاف من حيث الهدف الذي يرمي إلى تحقيقه، فسجع الكهان سجع متكلف يراد به خداع المخاطب، لكن السجع القرآني مليء بكل مظاهر العبرة والاتعاظ وتحقيق الهدف الذي يرمي إلى

---

(١) السيوطي، الاتقان في علوم القرآن، تحقيق محمد أبو الفضل إبراهيم، مصر، ١٩٦٧م، ص٣٨.
(٢) سورة البقرة الآية ١٧ - ١٨.
(٣) الزركشي، البرهان في علوم القرآن، تحقيق محمد أبو الفضل إبراهيم، د. م، ١٩٨٠م، ج١، ص٤٨٦ -٤٨٧؛ السيوطي، الاتقان، ج٤، ص٣٨٠.
(٤) سورة الرعد، الآية ٣٥.
(٥) سورة آل عمران، الآية ١١٧.

العظة والعبرة أو التذكير بعظمة الله[1] ولقد أشار الباقلاني إلى ذلك بقوله إن السجع: ((كان مما يألفه كهان العرب فنفيه من القرآن أجدر من نفي الشعر لأن الكهانة تنافي النبوة))[2]. وتعد القصة لون آخر من ألوان الأدب الذي يدخل ضمن الثقافة الموروثة للعرب قبل الإسلام، وهي إحدى الفنون التي عرفها العرب واعتنوا بها عنايه فائقه وكانوا يتداولون فيما بينهم أنواعاً من القصص الخاصة بالأمم السابقه والقرآن الكريم حوى على العديد من القصص، غير أن القصص في القرآن الكريم مختلف تماماً عن قصص العرب قبل الإسلام، وإن الاختلاف الرئيس هو في الهدف من قصص العرب قبل الإسلام والقصص الذي تضمنه القرآن الكريم، مثل باقي الفنون الأدبيه، وذلك لأن القرآن ليس كتاباً تاريخياً يتناول أحوال الأمم، بل إن قصص القرآن مليئة بالعبرة والاتعاظ[3] وهي في مجملها تتناول القصص التي كانت شائعه كقصص الأنبياء وبعض الصالحين[4].

وهكذا فإن الغرض من القصص في القرآن لتكون نذيراً للكافرين وتثبيتاً لقلوب المؤمنين، قال تعالى: ﴿ كَذَّبَتْ عَادٌ فَكَيْفَ كَانَ عَذَابِي وَنُذُرِ ﴿١٨﴾ إِنَّا أَرْسَلْنَا عَلَيْهِمْ رِيحًا صَرْصَرًا فِي يَوْمِ نَحْسٍ مُّسْتَمِرٍّ ﴿١٩﴾ تَنزِعُ النَّاسَ كَأَنَّهُمْ أَعْجَازُ نَخْلٍ مُّنقَعِرٍ ﴿٢٠﴾ فَكَيْفَ كَانَ عَذَابِي وَنُذُرِ ﴿٢١﴾ ﴾[5] وقال تعالى: ﴿ وَكُلًّا نَّقُصُّ عَلَيْكَ مِنْ أَنبَاءِ الرُّسُلِ مَا نُثَبِّتُ بِهِ فُؤَادَكَ وَجَاءَكَ فِي هَٰذِهِ الْحَقُّ وَمَوْعِظَةٌ وَذِكْرَىٰ لِلْمُؤْمِنِينَ ﴿١٢٠﴾ ﴾[6].

والقصة القرآنية أيضاً تستهدف إثبات نبوة الرسول صلى الله عليه وسلم من خلال سرد العديد من الآيات التي تحتوي على قصص عديده للأقوام السالفة، قال تعالى: ﴿ إِنَّا أَنزَلْنَاهُ قُرْآنًا عَرَبِيًّا لَّعَلَّكُمْ تَعْقِلُونَ ﴿٢﴾ نَحْنُ نَقُصُّ عَلَيْكَ أَحْسَنَ الْقَصَصِ

---

(1) كارل بروكلمان، تاريخ الأدب العربي، ترجمة عبدالحليم النجار، القاهرة، 1974م، ج1، ص135.
(2) أبو بكر محمد بن الطيب، إعجاز القرآن، تحقيق أحمد صقر، د. م، 1963م، ص57 - 59.
(3) محمد رشيد رضا، تفسير القرآن الكريم، بيروت، د. ت، ج2، ص205.
(4) سورة القمر، الايه 18 - 21؛ سوره هود، الآية 120؛ سورة البقرة، الآية 46.
(5) سورة القمر، الآية 18 - 21.
(6) سورة هود، الآية 120.

بِمَآ أَوۡحَيۡنَآ إِلَيۡكَ هَٰذَا ٱلۡقُرۡءَانَ وَإِن كُنتَ مِن قَبۡلِهِۦ لَمِنَ ٱلۡغَٰفِلِينَ ﴿٣﴾ ﴾[١].

وهكذا فالغرض من القصص العبرة والعظة ويتضح ذلك جلياً في قوله تعالى: ﴿ لَقَدۡ كَانَ فِي قَصَصِهِمۡ عِبۡرَةٞ لِّأُوْلِي ٱلۡأَلۡبَٰبِۗ مَا كَانَ حَدِيثٗا يُفۡتَرَىٰ وَلَٰكِن تَصۡدِيقَ ٱلَّذِي بَيۡنَ يَدَيۡهِ وَتَفۡصِيلَ كُلِّ شَيۡءٖ وَهُدٗى وَرَحۡمَةٗ لِّقَوۡمٖ يُؤۡمِنُونَ ﴿١١١﴾ ﴾[٢].

ولقد جاءت في القرآن الكريم آيات تحث المسلمين على قراءة القرآن وتدبر معانيه لأنها الطريق الوحيد للهدايه والنجاة، قال تعالى: ﴿ أَفَلَا يَتَدَبَّرُونَ ٱلۡقُرۡءَانَ أَمۡ عَلَىٰ قُلُوبٍ أَقۡفَالُهَآ ﴿٢٤﴾ ﴾[٣] وجاء أيضاً في القرآن الكريم: ﴿ إِنَّ هَٰذَا ٱلۡقُرۡءَانَ يَهۡدِي لِلَّتِي هِيَ أَقۡوَمُ وَيُبَشِّرُ ٱلۡمُؤۡمِنِينَ ٱلَّذِينَ يَعۡمَلُونَ ٱلصَّٰلِحَٰتِ أَنَّ لَهُمۡ أَجۡرٗا كَبِيرٗا ﴿٩﴾ ﴾[٤] وهكذا فإن القرآن الكريم يهدي إلى العدل والصواب ويبشر المؤمنين الذين يعملون الصالحات أن لهم أجراً كبيراً[٥] فالعمل بأحكامه هو هو الطريق الوحيد للنجاة والهداية، ولقد حث النبي صلى الـلـه عليه وسلم على تعلم القرآن وعلى حفظه من أجل التشبع بمعانيه كي يصبح هو القاعدة الموجهه لفكرهم وحياتهم الثقافية، فقال صلى الـلـه عليه وسلم: ((خيركم من تعلم القرآن وعلمهُ))[٦].

وفي حديث آخر يشير الرسول صلى الـلـه عليه وسلم إلى فضل القرآن على سائر الكلام قائلاً: ((مثل الذي يقرأ القرآن كالأترجة طعمها طيب وريحها طيب، والذى لايقرأ القرآن كالتمرة طعمها طيب ولا ريح لها، ومثل الفاجر الذي يقرأ القرآن كمثل الريحانة، ريحها طيب وطعمها مر، ومثل الفاجر الذي لايقرأ القرآن كمثل الحنظلة، طعمها مر ولاريح لها))[٧] وحث النبي أيضاً على تعليم الصبيان قراءة القرآن[٨].

---

(١) سورة يوسف، الآية ٢ - ٣.
(٢) سورة يوسف، الآية ١١١.
(٣) سورة محمد، الآية ٢٤.
(٤) سورة الإسراء، الآية ٩.
(٥) المحلي والسيوطي، تفسير الجلالين، ص٣٠٤.
(٦) البخاري، صحيح، ٥٠٢٧.
(٧) البخاري، صحيح، ٥٠٢٠.
(٨) المصدر نفسه، ٥٠٣٥.

يتضح مما تقدم أن القرآن الكريم نفى كل ما يتعارض مع الإسلام، وكان من جملة ما نفاه هـو الطريقة والهـدف الذي ترمي إليه الفنون الأدبية الموروثة، فجعل الهدف الرئيس منها العبرة والعظة، وأن يجعل المسلـم ذا فكر واسع يساهـم في تشكيل حضـاره قائمـة على أسس صحيحه بعيدة عن روح العصبية والبداوة.

الفصل الخامس

البداوة وظهور أدعياء النبوة وحركات الردة

قبل التطرق إلى الكلام عن ممهدات وأسباب حركات الردة والتى هي مظهراً من مظاهر البداوة والعصبية القبلية، لا بدّ من الإشارة إلى تعريف مصطلح الردة فمعنى الكلمة اصطلاحاً هو العودة عن الإسلام إلى الكفر[١] هذا على الصعيد الفردي، أما على الصعيد الجماعي فيتمثل بارتداد جماعات وقبائل وخروجهم عن طاعة الدولة الإسلامية عن طريق نقضهم للعهود التي كانت بينهم وبينها، أو بسبب امتناعهم عن دفع الزكاة وغيرها من الواجبات الإسلامية أو كفرهم بالإسلام واتباعم للأنبياء الكذابين من أمثال مسيلمة الكذاب والأسود العنسي..[٢] وهو ما سوف نعالجه بالتفصيل في المبحث الثاني من هذا الفصل.

ويتضح مما سبق أن هذه الحركات كانت حركات تمردية تهدف إلى الخروج عن عقيدة الدولة الإسلاميه ورفضهم التام لسياسة الوحدة والولاء السياسي لها، وسعيهم إلى التجزئة والانفصال عن هذه الدولة. تحرك ضد فكرة الدولة والسلطة المركزية والقانون والعودة بالحياة إلى التجزؤ والفوضى والاصطراع القبلي والنقلة من الالتزامات بصيغها كافة وبالتالي فهي تعكس حقيقة الصراع بين البداوة والحضارة.

ومن أجل إبراز الأهداف الأساسية لهذه الحركات التمردية· وفهم أهدافها ومقاصدها ونتائجها على الدولة الإسلامية لا بدّ من دراستها وتحليلها وبحسب التفصيلات الآتية:

---

(١) الملاح، الوسيط في السيرة، ص٣٣٨.
(٢) العلي، الدولة في عهد الرسول، مج٢، ص٤٤٦ - ٤٤٧.

المبحث الأول: - عام الوفود ودخول القبائل العربية في الإسلام

بعد أن وطد الرسول صلى الله عليه وسلم أركان الدولة الإسلامية في المدينه، كان لا بدّ من تحقيق هدف مهم ألا وهو وحدة شبه الجزيرة العربية وانضمام القبائل العربية إلى دولته من خلال إعلان ولائهم لدولة المدينة ودخولهم في الإسلام[١].

ومن أجل تحقيق الوحدة عمل الرسول صلى الله عليه وسلم على إقناع القبائل العربية التي تستوطن في شمال شبه الجزيرة العربية وفي جنوبها بالدخول في سلطة الدولة الجديدة ولاسيما بعد أن نجح الرسول صلى الله عليه وسلم في فتح مكة، فأصبحت دولة المدينة تشترك في حدودها مع اليمن وشرق الجزيرة وأطرافها الشمالية[٢] والشيء الجدير بالذكر هنا هو أن النبي صلى الله عليه وسلم كان هدفه الرئيسي في صراعه مع مكة هو توحيد العرب في دولة واحدة تحت راية الإسلام، وكان فتح مكة كما قلنا خطوة نحو تحقيق هذا الهدف، فبعد أن ألقت مكة لواء المعارضة لم يبق في شبه الجزيرة العربية قوة أخرى تستطيع حمل هذا اللواء، ذلك لأن قريشاً كانت قد وصلت إلى مركز الزعامة الحقيقية في الجزيرة العربية في جميع النواحي وكانت في مركز القيادة للعرب ومن ثم فإن دخولها في الإسلام وانضمامها إلى معسكر النظام الجديد يعني نهاية عهد معين هو عهد الوثنية[٣].

وهكذا، وبعد فتح مكة مباشرة توافدت القبائل العربية على الرسول صلى الله عليه وسلم المبايعة وإعلان دخولهم في الإسلام[٤].

وكانت السنة التاسعة للهجرة هي تأريخ هذا الحدث المهم لذلك فقد سمي هذا العام بعام الوفود لكثرة دخول القبائل العربيه في دين الله، وقد أشار القرآن الكريم إلى دخول الناس أفواجاً في دين الإسلام في قوله سبحانه وتعالى مخاطباً نبيه محمد صلى الله عليه وسلم: ﴿ إِذَا جَآءَ نَصْرُ ٱللَّهِ وَٱلْفَتْحُ ۝١ وَرَأَيْتَ ٱلنَّاسَ يَدْخُلُونَ فِى دِينِ ٱللَّهِ أَفْوَاجًا ۝٢ فَسَبِّحْ بِحَمْدِ رَبِّكَ وَٱسْتَغْفِرْهُ ۚ إِنَّهُۥ كَانَ تَوَّابًۢا ۝٣ ﴾[٥].

(١) ينظر الدولة الواحدة في الانقسام القبلي ص١١١.
(٢) الحديثي، محاضرات، ص١٣٤، ١٣٥.
(٣) الشريف، مكة والمدينة، ص٥٠١.
(٤) ينظر ابن هشام، السيرة، ج٤، ص٢٢٥ - ٢٣٠؛ ابن أثير، الكامل، ج٢، ص٢٨٧.
(٥) سورة النصر، الآية ١ - ٣.

وقبل الإشارة الي أهم النتائج الذي تمخضت عن دخول القبائل العربية في الإسلام، لا بدّ من إبراز نقطتين مهمتين وهما: - (**أولاً**) هل أن دخول هذه القبائل في الدين الإسلامي قد حدث عن إيمان حقيقي أم مداهنة للدولة الإسلامية، و(**ثانياً**) هل أن هدف جميع القبائل العربيه كان يرمي إلى الدخول في الإسلام أم الدخول في حماية الدولة المدنية دون إعلان إسلامهم.

إن دراسة هاتين المسألتين مهمة للغاية، لأننا عن طريق فهم هاتين النقطتين نستطيع أن نضع أيدينا على أسباب ارتدداهم في النهاية.

فبالنسبة للنقطة الأولى، فإن دخول القبائل العربية إلى الدين الإسلامي وقدومهم إلى المدينة كانت بصورة طوعية[١] وليس كرهاً أو تهديداً من الرسول صلى الـلـه عليه وسلم، إذ لم ينفذ الرسول صلى الـلـه عليه وسلم في العامين التاسع والعاشر أية حملة عسكرية إلى الجنوب[٢] هذا من جهة ومن ومن جهة أخرى وعلى الرغم من كون البيعة على الإسلام في الأساس فردية، إلا أن الرسول صلى الـلـه عليه وسلم منذ بيعة العقبة كان يقبل بيعة الوفود بوصفهم ممثلين عن عشائرهم[٣] وإن إسلام الوفد يعتبر من حيث العموم معبراً عن إسلام العشيرة، ولم يرد ذكر لاحتجاج أية قبيلة على الإسلام ومقاومتهم له، وكان الإسلام رمزاً لارتباط القبيلة بدولة الإسلام وتقديرها لمثل الدولة[٤].

أما بالنسبه للنقطة الثانية فلم يكن الهدف من قدوم جميع الوفود الدخول في الإسلام، فإن بعض الوفود سعوا إلى عقد معاهدات من أجل الحصول على الحماية وهذا ما فعله وفد نصارى نجران مقابل دفع مبلغ من المال إلى المسلمين[٥].

هكذا وفدت القبائل العربية من الشمال والجنوب إلى المدينة المنورة وكانت هذه الوفود تنزل في دارين خصصهما الرسول صلى الـلـه عليه وسلم لنزول

(١) ابن سعد، طبقات، ج١، ص٢٩١ - ٣٢٩ ومابعدها؛ ابن الأثير، الكامل، ج٢، ص٢٨٦ - ٢٨٧.
(٢) العلي، الدولة في عهد الرسول، مج١، ص٣٣٦.
(٣) المرجع نفسه، مج١، ص٣٣٤.
(٤) المرجع نفسه، مج١، ص٣٣٧.
(٥) ابن سعد، الطبقات، ج١، ص٣٥٧ - ٣٥٨.

الوفود وهي دار رملة بنت حارث، ودار بلال، وبعض الوفود نزلوا في دور أخرى[1].

وأن معظمهم أعلنوا إسلامهم وقاموا بمبايعة الرسول صلى الله عليه وسلم، وبالمقابل كان الرسول صلى الله عليه وسلم يستضيفهم طوال إقامتهم عنده، ومن ثم يقدم لهم بعض الهدايا والجوائز عند مغادرتهم للمدينة[2] وإن بعض الوفود أجرت بعض المناظرات الأدبية والشعرية أمام الرسول صلى الله عليه وسلم كالذي فعله وفد بني تميم[3].

وكذلك فإن الرسول صلى الله عليه وسلم لم يفرض على القبائل التي أسلمت قيوداً وشروطاً مجحفة وثقيلة فقد بقيت العشائر محتفظة بكياناتها وديارها ورؤوسائها ونظمها، وكذلك المدن والقرى ما دام ذلك لايتعارض مع مبادىء الإسلام الأساسية, لكن مع هذا فالرسول صلى الله عليه وسلم لم يكن مستعداً لأن يقدم مقابل إسلام القبائل أية تنازلات ولاسيما إذا كانت تمس المبادئ التي قامت عليها الدعوة الإسلامية، ويعد رفض الرسول صلى الله عليه وسلم المطالب وفد أهل الطائف خير دليل على ذلك فعندما طلبوا منه أن يؤجل هدم صنمهم اللات ثلاث سنوات رفض الرسول صلى الله عليه وسلم ذلك، وطلبوا منه أيضاً أن يعفيهم من أداء فريضة الحج فرفض أيضاً[4] وهكذا من الناحية السياسية، فإن الرسول تمسك بكون السلطة العليا في الدولة واحدة غير مقيدة وكان جوابه لعامر بن طفيل خير مثال على ذلك فعندما قال له عامراً :أتجعل لي الأمر من بعدك؟ قال: ليس ذلك لك ولا لقومك، قال: أفتجعل لي الوبر ولك المدر؟ قال: لا ولكن أجعل لك أعنة الخيل ثم انصرف من دون أن يسلم، فدعى عليه رسول الله صلى الله عليه وسلم بقوله: ((اللهم اهد بني عامر وأغن الإسلام عن عامر))[5].

وهكذا تمخضت عن إسلام القبائل العربية في شبه الجزيرة العربية نتائج عدة كان من أهمها أن أصبح أمر إعلان الإسلام عقيدة ونظاماً لكل العرب، أمراً

---

(1) المصدر نفسه، ج1، ص290 ومابعدها.
(2) المصدر نفسه، ج1، ص357 - 358.
(3) المصدر نفسه، ج1، ص264؛ ابن الأثير، الكامل، ج2، ص287.
(4) العلي، الدولة في عهد الرسول، مج1، ص337.
(5) ابن سعد، الطبقات، ج1، ص310 - 311.

ممكن التنفيذ، وقد ساعد ذلك على استكمال وحدة الأمة والدولة[١] وبدأت روح القبيلة تتحول بما فرض فوقها من روابط أوسع تقوم على العقيدة والفكر تعززها مثل جديدة[٢] وبذلك حقق عام الوفود أهدافاً حضارية بحيث هيأ المناخ الملائم للفعل الحضاري فبعدما كانت الخدمة في الجيش عند البدو هي لتحقيق رغبات شخصية للرؤساء أو للحصول على الغنائم، أصبحت بعد عام الوفود من أجل المصلحة العامة التي تربط الجميع في ظل الدولة الواحدة.

كما أصبحت القبائل العربية ببدوها وحضرها أمة واحدة تنبعث وحدتها من إيمانها بالله الواحد الأحد رب السموات والأرض له الملك لاشريك له، وله الحكم وإليه يلجأ الناس، وهو تعالى يأمر بالعدل والإحسان، وينهى عن الفحشاء والمنكر، وأوامره مقدسة يخضع لها الجميع[٣] فكان البدوي يخضع، بعد دخوله في إطار الدولة الإسلامية المتحضرة لحكم الله وحكم رسوله محمد صلى الله عليه وسلم.

وفي السنه نفسها (٩هـ) التي شهدت عام الوفود نزلت على الرسول صلى الله عليه وسلم ثلاث وأربعون آية من سورة التوبة وعرفت أيضاً بسورة براءة[٤] لأنها براءة من المشركين[٥] وتضمنت سورة التوبة بعض الأحكام الجديدة التي تعبر عن قوة الإسلام والدولة الإسلامية في هذه المرحلة وتوجهها نحو بسط سيادتها الروحية والقانونية على العرب وشبه الجزيرة العربية[٦].

ويلاحظ أن سورة التوبة قد عملت على استكمال وحدة العرب في إطار الدولة الإسلامية من خلال معالجة موقف أقلية من القبائل التي لم تتصل بالمدنية وبالرسول صلى الله عليه وسلم ولم تدخل في الإسلام، وأن هذا الوضع كان يقتضي أن تحدد هذه القبائل موقفها، فإما أن تدخل في دولة المدينة القائمة على أساس الدين أو أن يبقوا على حالهم ويعدوا في هذه الحالة منفصلين عن دولة

---

(١) الملاح، الوسيط في السيرة، ص٣٢١.
(٢) العلي، الدولة في عهد الرسول، مج١، ص٣٣٨.
(٣) العلي، الدوله في عهد الرسول، مج١، ص٣٣٨.
(٤) سورة التوبة، الآية ١ - ٤٠.
(٥) هاشم يحيى الملاح، الجهاد فكر وممارسة من أعمال الندوة العربية، بغداد، ٢٠٠٢م، ص٦٠.
(٦) الشريف، مكة والمدينة، ص٥٣٠.

المدينة[١] ولتحقيق ضم هذه الفئة التي أشرنا إليها وتحديد موقفها، أنزل الله سبحانه على نبيه الكريم في نهاية العام التاسع للهجرة سورة التوبة.

وقرر الرسول صلى الله عليه وسلم قراءة هذه (السورة) في مكان عام وفي يوم معروف لكي يحضرها عامة الناس وكان هذا اليوم هو يوم (الحج الأكبر) وأرسل الرسول صلى الله عليه وسلم علياً ابن أبي طالب مندوباً عنه ليقرأ الأحكام التي جاءت في سورة التوبة للبراءة من المشركين[٢] ونصت الأحكام على: ((أن لا يدخل الجنة كافر، ولا يحج بعد العام مشرك، ولا يطوف بالبيت عريان))[٣] وأعلن البيان أيضاً أن مكة مكان إسلامي، خالص لا يجوز أن يدخله مشرك وأن الحج أصبح حجاً إسلامياً لذلك يجب أن لايحج إليها مشرك ولا يقترب من المسجد الحرام[٤].

ولقد كانت المدة التي أجل فيها الرسول صلى الله عليه وسلم المشركين من ذوي العهد العام ليختاروا بين القبول بالنظام الإسلامي وبين التمسك بالشرك والدخول في حالة الحرب مع المسلمين أربعة أشهر تمتد من تأريخ أعلان البراءة في (١٠) ذي الحجة من السنة التاسعة للهجرة وحتى (١٠) ربيع الآخر[٥].

أما بالنسبه لموقف المشركين مما ورد في سورة التوبة من أحكام، فإنهم قابلوه في البداية بالحيرة والارتباك، ثم لم يلبثوا أن قبلوا أحكامها لأنهم وجدوا أنه لا قبل لهم بالعرب المسلمين، وأدركوا ضعف موقفهم ولاسيما بعد إسلام قريش، لذلك رضوا بالدخول في الإسلام، فدخلت القبائل العربيه أفواجاً في الدين الإسلامي[٦] وتخلوا عن الحرب بعد أن أدركوا ضعف قوتهم واستحالة استمرارهم في الحرب والمقاومة.

وهكذا ساعد نزول سورة التوبة على إدخال عدد كبير من القبائل العربية في

---

(١) الشريف، مكة والمدينة، ص٥٣١
(٢) المرجع نفسه، ص٥٣١ - ٥٣٢.
(٣) ابن هشام، السيرة، ج٥، ص٢٢٩ - ٢٣٠.
(٤) الشريف، مكة والمدينه، ص٥٣٦.
(٥) الطبري، تاريخ الرسل، ج٣، ص١٢٣؛ الملاح، الوسيط في السيرة، ص٣٢٢.
(٦) الملاح، الوسيط في السيرة، ص٣٢٣؛ الملاح، الجهاد، ص٦٣؛ الشريف، مكة والمدينة، ص٥٣٨.

الإسلام والانضواء تحت لواء دولة المدينة، وخير دليل على ذلك هو أن الرسول صلى الـله عليه وسلم عندما حج في السنة العاشرة للهجرة أي بعد سنة من نزول سورة البراءة حج معه أكثر من مائة ألف من العرب[١] ولم يكن من بينهم مشرك[٢].

وبعد أن أعلنت القبائل العربية دخولها في الإسلام والانضواء تحت لواء دولة المدينة، قام الرسول صلى الـله عليه وسلم بإرسال معلمين لدعوة الناس وتفقيههم في أمور دينهم وأرسل الرسول صلى الـله عليه وسلم أيضاً عمال لجباية الصدقات من القبائل التي دخلت في الإسلام والقيام بتوزيعها على الفقراء[٣].

والشيء الجدير بالذكر أن سورة التوبة لم تطلب من أهل الكتاب أي النصارى واليهود الدخول في الإسلام. لذا فإنهم بقوا على دينهم وقاموا بدفع الجزية السنوية للدولة الإسلامية، ومنح الولاء التام والكامل للدولة الإسلامية مقابل قيام هذه الدولة بتوفير الحماية والأمان لهم[٤].

وبدخول القبائل في الإسلام، أصبحت الجزيرة العربية كلها تحت سلطة دولة واحدة، وعم النظام الإسلامي والسلطة الإسلامية فيها، وأصبح العرب ببدوهم وحضرهم ينعمون بنعمة الوحدة والاستقرار وبهذا تهيأ المناخ الملائم لقيام الحضارة الإسلامية.

(١) المقريزي، امتاع الأسماع بما للرسول من الأنباء والأحوال والحفذة والمتاع، تحقيق محمود شاكر، القاهرة، ١٩٤١م، ج١، ص٥١٢.
(٢) الشريف، مكة والمدينة، ص١٣٨.
(٣) ابن هشام، السيرة، ج٥، ص٢٩٤ - ٢٩٥.
(٤) الملاح، الجهاد، ص٦١.

المبحث الثاني: - ظهور أدعياء النبوة وموقفهم من الدعوة الإسلامية

يمثل ظهور أدعياء النبوة مظهراً آخر من مظاهر البداوة، لأن ظهورهم يعني رفضهم لقيم الإسلام والدولة والقانون، وبقائهم على القيم البدوية، وقبل التطرق إلى الكلام عنهم بالتفصيل، لا بدّ من تحديد الحقبة التي ظهروا فيها وهل أن ظهورهم كان معاصراً لعصر الرسول صلى الله عليه وسلم، أم كان بعد ذلك.

إن ظهور أدعياء النبوة كان في أواخر حياة الرسول صلى الله عليه وسلم وأن موقفهم من الدعوة الإسلامية كان موقفاً معادياً تمثل في معارضتهم ورفضهم لقيم الإسلام وأدعاء النبوة لأنفسهم، ومن أهم هذه الحركات حركة طليحة بن خويلد الأسدي، الذي كان كاهناً وسجاعا[1] وأنه أسلم في عام الوفود مع بقية أفراد قومه الذين جاءوا ضمن الوفد[2]. وإن ما اتصف به طليحة من صفات أدبية لكونه خطيباً وشاعراً وسجاعاً[3] يعلل سبب مصاحبة وفد بني أسد له حين قدموا إلى المدينة في السنة التاسعة للهجرة لمقابلة الرسول صلى الله عليه وسلم[4] ولقد انتقد القرآن الكريم سلوك وفد تميم الخشن في التعامل مع الرسول صلى الله عليه وسلم في عدد من الآيات نحو قوله تعالى: ﴿ إِنَّ ٱلَّذِينَ يُنَادُونَكَ مِن وَرَآءِ ٱلْحُجُرَٰتِ أَكْثَرُهُمْ لَا يَعْقِلُونَ ۝٤ وَلَوْ أَنَّهُمْ صَبَرُواْ حَتَّىٰ تَخْرُجَ إِلَيْهِمْ لَكَانَ خَيْرًا ﴾[5] وقال تعالى في سورة الحجرات: ﴿ يَمُنُّونَ عَلَيْكَ أَنْ أَسْلَمُواْ قُل لَّا تَمُنُّواْ عَلَىَّ إِسْلَٰمَكُم بَلِ ٱللَّهُ يَمُنُّ عَلَيْكُمْ أَنْ هَدَىٰكُمْ لِلْإِيمَٰنِ إِن كُنتُمْ صَٰدِقِينَ ۝١٧ ﴾[6] وقد اشير إلى أن هذه الآيات قد جاءت رداً على سلوك وفد تميم المتصف بالخشونة والجفاء والتعالي، وقولهم للرسول صلى الله عليه وسلم: ((أتيناك نذرع الليل البهيم في سنة شهباء،

---

(١) الجاحظ، البيان والتبين، ج١، ص٢٨٩.
(٢) الطبري، تاريخ، ج٢، ص٣١٨.
(٣) الجاحظ، البيان والتبيين، ج١، ص٢٨٩.
(٤) ابن سعد، الطبقات، ج١، ص٢٩٢.
(٥) سورة الحجرات، الآية٤ - ٥.
(٦) سورة الحجرات، الآية ١٧.

ولم تبعث إلينا بعثا))[١] وعلى الرغم من إعلان طلحة إسلامه أمام الرسول صلى اللـه عليه وسلم، إلا أنه لم يلبث أن ادعى النبوة، وكان إعلانه النبوة بعد كل من مسليمة والأسود العنسي عند عودة الرسول صلى اللـه عليه وسلم من حجة الوداع.

لقد ادعى طليحة بأن وحياً يأتيه به، ملك اسمه ذو النون وأرسل خبر ذلك إلى الرسول صلى اللـه عليه وسلم عن طريق ابن أخيه حبال ودعا الرسول صلى اللـه عليه وسلم للموادعة، لكن الرسول صلى اللـه عليه وسلم رفض ذلك ودعا عليه بالهلاك[٢].

لقد اتبع الرسول صلى اللـه عليه وسلم سياسية حكيمة في قضائه على حركة طليحة، فعمل على محاربته عن طريق إرسال الرسل إلى بني أسد يحذرهم منه ويدعوهم إلى مقاومته، وأنه لم ينفذ حملة عسكرية للقضاء على حركة طليحة، ونجح عمال الرسول صلى اللـه عليه وسلم إلى حد كبير في محاولتهم مقاومة طليحة وأخافوه، لكن وفاة الرسول صلى اللـه عليه وسلم حالت دون تحقيق الهدف وأتاحت لطليحة المجال لتوسيع نشاطاته وجذب أبناء القبيلة إلى حركته، وقد لعبت العصبية القبيلة دورها في جذب عدد كبير من أبناء قبيلتي طي وغطفان إلى طليحة والانضمام إلى حركته[٣] إلى أن تمكن الخليفه أبو بكر الصديق رضي اللـه عنه من القضاء عليهم وسنتناول ذلك بالتفصيل في المبحث الثالث من هذا الفصل.

إن ادعاء طليحة للنبوة يمثل مظهراً من مظاهر البداوة، لأن إعلان طليحة الإسلام في البداية ومن ثم خروجه عن قيم الإسلام وادعائه للنبوة والرجوع إلى قيم البداوة، هو في حد ذاته مظهر من مظاهر البداوة وكذلك فإن حركة طليحة كانت حركة محلية تقوم على العصبية القبلية[٤].

ولم يقتصر ادعاء النبوة على طليحة الأسدي بل شاركه في ذلك ادعياء آخرون كان أبرزهم مسليمه بن حبيب من بني حنيفة[٥] وكان يقيم في منطقة اليمامة

---

(١) ابن سعد، الطبقات، ج١، ص٢٩٢.
(٢) المصدر نفسه، ج٣، ص١٨٤ - ٢٥٦ ومابعدها؛ ابن الأثير، الكامل، ج٢، ص٣٤٣ - ٣٤٤ ومابعدها.
(٣) الطبري، التاريخ، ج٣، ص٢٥٧ -_ ٢٦١.
(٤) العلي، المحاضرات، ص٥٠٩.
(٥) الطبري، تاريخ، ج٣، ص٢٨١.

في الناحية الشرقية من هضبة نجد[١] وقد ذكرتهُ المصادر الإسلامية باسم مسيلمة، تصغيراً له لادعائه النبوة[٢].

وقد سعى مسيلمة إلى تقليد القرآن الكريم من حيث استخدام السجع في التعبير[٣] ويتضح ذلك من خلال عرض بعض أقواله: ((لا النساء تأتون ولا الخمر تشربون، ولكنكم معشر أبرار تصومون يوماً وتكلفون يوماً)[٤] وقال أيضاً: ((سمع الله لمن سمع، وأطعمه بالخير إذ أطمع، ولا زال أمره في كل ما سر نفسه يجتمع، رآكم ربكم فحياكم، ومن حشه خلاكم ويوم دينه أنجاكم، فأحياكم علينا من صلوات معشر أبرار، لا أشقياء ولا فجار، يقومون الليل، ويصومون النهار، لربكم الكبار، ورب الغيوم))[٥].

ومن خلال عرض أقوال مسيلمة يتضح لنا بأن مسيلمة وضع قواعد لدعوته، فوضع لهم صوماً لكن الصوم الذي فرضهُ هو صيام يوم واحد، وكذلك بالنسبة للصلاة، فقد قصرها على الظهر والعصر والعشاء، وأبطل المغرب والفجر[٦]، وتمكن مسيلمة من جمع عدد من الأنصار حوله، معتمداً على العصبية القبلية في التأثيرعليهم وجمعهم، وضرب مسيلمة حرماً في اليمامة[٧] يحرم فيه القتال والاعتداء وإن عمله هذا كان من أجل إبراز تفضيله الحياة المدنية على الحياة البدوية ويتضح ذلك من قوله عند مخاطبته لأنصاره: لقد فضلتم على أهل الوبر، وما سبقكم أهل المدر[٨].

وقام مسيلمة بعد توطيد نفوذه في اليمامة بكتابة رسالة إلى الرسول صلى الله عليه وسلم في آخر سنة عشرة للهجرة يوضح فيها الهدف الذي يسعى إليه هو وأتباعه وجاء في الكتاب: ((من مسيلمة رسول الله إلى محمد رسول الله: سلام عليكم، أما بعد فإني أشركت في الأمر معك، وأن لنا نصف الأرض ولقريش

(١) العلي، الدوله في عهد الرسول، مج٢، ص٥٣٤ - ٥٣٨.
(٢) المرجع نفسه، مج٢، ص٥٤١.
(٣) الملاح، الوسيط في السيرة، ص٣٤٢.
(٤) الطبري، تاريخ، ج٣، ص٢٧٢.
(٥) المصدر نفسه، ج٣، ص٢٧٢.
(٦) المصدر نفسه، ج٣، ص٣٧٣.
(٧) المصدر نفسه، ج٣، ص٢٨٣.
(٨) الطبري، تاريخ، ج٣، ص٢٨٤.

النصف الآخر، ولكن قريشاً يعتدون))[١] ورد الرسول صلى الـلـه عليه وسلم بقوله: ((بسم الـلـه الرحمن الرحيم، من محمد صلى الـلـه عليه وسلم، إلى مسيلمة الكذاب السلام على من اتبع الهدى، أما بعد فإن الأرض لله يورثها من يشاء من عباده والعاقبة للمتقين))[٢] ويرد الرسول صلى الـلـه عليه وسلم على مسيلمة، على هذه الشاكلة انقطعت المفاوضات بين الرسول صلى الـلـه عليه وسلم وبين مسيلمة وأصبحت العلاقة بينهما علاقة عداء.

ويبدو أن المحرك الأساسي الذي دفع مسيلمة لادعاء النبوة هو الطموح السياسي والعصبية القبلية، وكانت العصبية القبلية هي العامل الوحيد الذي دفع الكثير من أفراد قبيلة حنيفة لمناصرة مسيلمة وعلى الرغم من معرفتهم بكذبه، وأن مما يؤيد ذلك ما رواه عمير بن طلحه النميري عن أبيه أنه عندما جاء قال: ((أنت مسيلمة؟ قال: نعم، قال من يأتيك؟ قال: رحمن قال: أفي نور أم في ظلمة؟ فقال، في ظلمة، فقال: أشهد أنك كذاب، وأن محمداً صادق، لكن كذاب ربيعه أحب الينا من صادق مضر))[٣] إن هذا دليل قاطع على الدور الذي لعبته العصبية القبلية في دعوة مسيلمة ومناصرة قبيلته له وعلى الرغم من معرفتهم بكذبه وهذا يشكل مظهراً من مظاهر البداوة.

ولقد اتبع مسيلمة سياسة قائمة على أن: ((يصانع كل من يتابعه ولا يبالي أن يطلع الناس منه على قبيح))[٤] وقد تغاضى عن تعديات بني تميم على محاصيل اليمامة، واستغلال حرم مسيلمة في في حماية أنفسهم، وكذلك لم ينجد القبائل المرتدة عندما قاتلها خالد بن الوليد، علماً أنه كان يدرك أن خالد سيتقدم بعد ذلك لإخضاع اليمامة، وتساهل أيضاً مع سجاح التميمية وأعطاها نصف المحاصيل ولاسيما بعد أن انضمت إلى حركته[٥] فبهذه السياسة تحولت حركة مسيلمة إلى حركة ارتداد خطيرة في عهد أبو بكر الصديق رضي الـلـه عنه الذي تمكن من القضاء عليها

(١) ابن هشام، السيرة، ج٥، ص٣٠٣.
(٢) ابن هشام، السيرة، ج٥، ص٣٠٣؛ البلاذري، فتوح، ص١٠٥ - ١٠٦؛ الطبري، تاريخ، ج٣، ص١٤٦.
(٣) الطبري، تاريخ، ج٣، ص٢٨٦؛ ابن الأثير، الكامل، ج٢، ص٣٦٢.
(٤) المصدر نفسه، ج٣، ص٢٨٢.
(٥) العلي، الدولة في عهد الرسول، ج٢، ص٥٤٦.

وسنتطرق للكلام عنها بالتفصيل في المبحث الثالث من هذا الفصل.

وفضلاً عن دعوة مسيلمة للنبوة، ظهرت دعوة أخرى من قبل الأسود العنسي في اليمن[١] واسمه الحقيقي عبهلة بن كعب وكان أحد الكهان في اليمن[٢] وإن تعبير الأسود هو لقب أطلق عليه لسواد بشرته[٣] وتمكن الأسود بأسلوبه المعروف بسجع الكهانة أن يستميل قلوب قبيلتي عنس[٤] ومذحج[٥] من خلال ما يريهم من الأعاجيب ومسائل أخرى. وكان للروابط القبلية أثر كبير في التأييد الذي لقيه من عنس ومذحج، وكانت حركته في البداية سرية ثم جهر بدعوته[٦] وعندما أعلن عن دعوته كان له من المؤيدين والأتباع عدد غير قليل. وسمى نفسه بـ (رحمن اليمن)[٧] وادعى أن له شيطان تابع له يحرسه ويحيطه علماً ببعض الأمور[٨] واقام العنسي دعوته على التكهن وادعاء النبوة، فاتجاهاته الفكرية دينية بالدرجة الأولى وليست اجتماعية[٩] ولكن المصادر لم تذكر تفاصيل الأفكار الدينية.

أما بالنسبة لموقف الرسول صلى الله عليه وسلم من حركة الأسود العنسي فقد تمثل بإرسال الكتب والرسائل الدبلوماسية للقضاء على حركته، فضلاً عن تحريض مسلمي اليمن على مقاومتهم ومحاربتهم للحركة، وهكذا اكتفى الرسول صلى الله عليه وسلم بالأساليب الدبلوماسية حتى قتله الله: ((وعاد أمر النبي (عليه السلام) كما كان قبل وفاة النبي بليلة))[١٠] وقتل الأسود من قبل قيس بن مكشوح الذي تعاون مع اثنين من زعماء الأبناء وهم فيروز وذادويه في قتله، وصل خبر مقتله إلى المدينة بعد وفاة الرسول صلى الله عليه وسلم ومبايعة أبي بكر الصديق

---

(١) الطبري، تاريخ، ج٣، ص٢٢٨؛ ابن الأثير، الكامل، ج٢، ص٣٣٦.
(٢) الطبري، تاريخ، ج٣، ص٢٢٨؛ ابن الأثير، الكامل، ج٢، ص٣٣٦.
(٣) البلاذري، فتوح البلدان، ص١٢٥.
(٤) ابن هشام، السيرة، ج٥، ص٣٠٠؛ البلاذري، فتوح البلدان، ص١٢٥.
(٥) الطبري، تاريخ، ج٣، ص٢٢٩.
(٦) المصدر نفسه، ج٣، ص٢٤٠.
(٧) البلاذري، فتوح البلدان، ص١٢٥.
(٨) الطبري، تاريخ، ج٣، ص٢٣٦.
(٩) ابن هشام، السيرة، ج٥، ص٢٧٠؛ العلي، الدولة في عهد الرسول، ج٢، ص٤٦٣.
(١٠) الطبري، تاريخ، ج٣، ص٢٣٩.

رضي الـلـه عنه بالخلافة[١].

ويظهر مما سبق أن موقف القبائل العربية الذين دخلوا في الإسلام ومن ثم ارتدوا عنه، كان

سببه ضعف إيمانهم وعدم تغلغل الإسلام في قلوبهم، وإن اعتناقهم للإسلام كان بصورة ظاهرية

وسطحية، ولقد بين القرآن الكريم ذلك بصورة واضحة في قوله تعالى: ﴿ ۞ قَالَتِ ٱلْأَعْرَابُ ءَامَنَّا

قُل لَّمْ تُؤْمِنُوا۟ وَلَٰكِن قُولُوٓا۟ أَسْلَمْنَا وَلَمَّا يَدْخُلِ ٱلْإِيمَٰنُ فِى قُلُوبِكُمْ ﴾[٢] وهكذا

فإن ظاهرة العصبية القبلية لعبت دوراً كبيراً في دعوة الأنبياء الكذابين. ومثلت صورة من صور الصراع

المتواصل بين مفاهيم البداوة والحضارة في عصر الرسالة وما بعدها.

---

(١) المصدر نفسه، ج٣، ص٢٣٩؛ ابن الأثير، الكامل، ج٢، ص٣٤١.
(٢) سورة الحجرات، الآية ١٤.

المبحث الثالث: وفاة الرسول صلى الله عليه وسلم وانتشار حركات الردة

بعد أن توفي الرسول صلى الله عليه وسلم وانتخب أبو بكر الصديق رضي الله عنه للخلافة حدثت تطورات سياسية مهمة في أوضاع شبه الجزيرة العربية، وهذه التطورات تتمثل في ظهور حركات الردة وانتشارها في شبه الجزيرة العربية وقد وصف عروة بن الزبير ذلك بقوله: ((لما مات رسول الله صلى الله عليه وسلم وفصل أسامة ارتدت العرب عوامها وخواصها وروى سيف بن عمر عن مجالد أن جيش أسامة بعد أن فصل من المدينة كفرت الأرض وتضرمت وارتد من كل قبيلة عامة أو خاصة إلا قريشاً وثقيفاً)) [١].

ويظهر مما سبق بأن الردة لم تحدث في كل أنحاء شبه الجزيرة العربية، بل شملت مجموعة من القبائل التي تأصلت روح البداوة في نفوسها وعلى الرغم من انضمامها إلى حضيرة دولة الإسلام، وأن ارتدادها يعد امتداداً للروح القبلية التي سعت لمقاومة سياسة الإسلام التوحيدية (الحضرية) وقد ارتدت فزارة وارتد بنو حنيفة في اليمامة وارتد أهل البحرين، وبكر بن وائل، وأزد عمان، والنمر ابن قاسط، وكلب، ومن قاربهم من قضاعة. وارتد عامة بنو تميم وارتد من بني سليم عصية، وعميرة، وخفاف، وبنو عوف بن امرئ القيس، وذكوان، وحارثة[٢].

وكان للقبائل المرتدة أهدافاً سعوا إلى تحقيقها، وقبل التطرق إلى الكلام عنها، لا بدّ من الإشارة إلى مفهوم الردة من أجل فهم أسباب ونتائج هذه الحركات الانشقاقية.

فمعنى كلمة الردة في اصطلاح الفقهاء العودة عن الإسلام إلى الكفر، وعقوبة المرتد في الشريعة الإسلامية هي القتل عملاً بقول الرسول صلى الله عليه وسلم: ((من بدل دينه فاقتلوه))[٣] هذا بالنسبة لتعريف الكلمة أما بالنسبة لتعريف حركة الردة في معناه الحرفي فهي تعني العودة إلى العقائد القديمة بعد اعتناق الإسلام[٤] وأطلق المصطلح في زمن أبي بكر الصديق رضي الله عنه على أفراد

---

(١) الطبري، تاريخ، ج٣، ص٢٢١.
(٢) ينظر العلي، الدولة في عهد الرسول، مج٢، ص٤٤٥.
(٣) البخاري، صحيح، ٦٩٢٢.
(٤) العلي، الدولة في عهد الرسول، مج٢، ص٤٤٥.

وفئات عريضة من الناس كانوا قد خرجوا على طاعة الدولة إما بسبب نقضهم للعهود التي كانت بينهم وبين الرسول صلى الله عليه وسلم وادعوا بأن إسلامهم كان مجرد اتفاق شخصي مع الرسول صلى الله عليه وسلم وانتهى بوفاته وهذه القبائل هم قضاعة وكلب، وسعد هذيم في شمال الحجاز[١] أو بسبب امتناعهم عن دفع الزكاة أو إصرارهم على الشرك وعدم الدخول في الإسلام وتركهم للصلاة والزكاة وغيرهما من أمور الدنيا وعادوا إلى ماكانوا عليه في الجاهلية، أو كفرهم بالإسلام واتباع الأنبياء الكذابين من أمثال مسيلمة الكذاب والأسود العنسي وطليحة الأسدي وسجاح التميمية[٢].

ويلاحظ أن حركات الردة هي حركات انشقاقية تمردية تهدف إلى تحقيق أهداف سياسية وتتمثل بعدم الاعتراف بالسلطة السياسية لأبي بكر رضي الله عنه التي تولاها بعد وفاة الرسول صلى الله عليه وسلم وعلى الرغم من أن بعض زعماء هذه الحركات أدركوا دور الدين فادعوه، لكن أفكارهم لم تكن أفكاراً دينية عميقة أو سليمة بل اتخذوا الدين وسيلة لتحقيق أهداف سياسية وكان غالبيتهم من البدو والأعراب، غير أن حركاتهم لم تكن ضد الاستقرار والتحضر وإنما هي أراء سياسية كما أشرنا موجه عموماً ضد السلطة المركزية العامة للدولة وكانت تعد تحدياً لسلطة دولة الإسلام التي مركزها المدينة[٣].

وهكذا لم تكن حركات الردة في جوهرها حركات دينية بقدر ماكانت في الواقع حركات سياسية وضحت فيها العصبيات القبلية، فلقد تنبأ طليحة بن خويلد الأسدي من بني أسد وتبعه عدد كبير من العرب تعصباً، لهذا كان أكثر اتباعه من أسد وغطفان وطيء[٤] وتنبأت أيضاً امرأة من بني يربوع تدعى سجاح بنت الحارث بن سويد التميمية[٥].

ومن المرتدين الذين سعوا إلى استرجاع الملك بنو ربيعة بالبحرين أجمعوا

(١) المرجع نفسه، مج٢، ص٤٤٦.
(٢) المرجع نفسه، مج٢، ص٤٤٦ - ٤٤٨.
(٣) العلي، الدولة في عهد الرسول، مج٢، ص٤٥١ - ٤٥٢.
(٤) ابن الأثير، الكامل، ج٣، ص٣٤٤.
(٥) المصدر نفسه، ج٣، ص٣٥٤.

على الردة وقالوا: ((نرد الملك في المنذر بن النعمان بن المنذر فملكوه))[١] ومن الأدلة التي نوردها لإثبات أن الردة حركة سياسية تقوم على العصبيات القبلية ما رواه الطبري إذ ذكر أن عيينه بن حصن قام في غطفان وتحالف مع بني أسد، واتبع مع ثبوت كذبه طليحة الأسدي، مبرراً موقفه بقوله: ((و الـلـه لئن نتبع نبياً من الحليفين أحب الينا من أن نتبع نبياً من قريش، وقد مات محمد وبقي طليحة))[٢] وذكر الطبري أيضاً أن طلحة النمري جاء إلى اليمامة، وأراد الاجتماع بمسيلمة واختبار نبوته، فلما جاءه قال له: ((انت مسيلمة))؟ قال: ((نعم)) قال: ((من يأتيك))؟ قال: ((رحمن)) قال: ((أفي نور أو في ظلمة؟)) فقال: ((في ظلمة)) فقال إنك كذاب... وإن محمداً صادق، ولكن كذاب ربيعة أحب إلينا من صادق مضر))[٣].

إن الأشخاص الذين ارتدوا عن الإسلام في عصر الرسول صلى الـلـه عليه وسلم اتجهوا في الوقت نفسه إلى محاربة الدولة الإسلامية والتحقوا بأعدائها من المشركين[٤] وكذلك فإن العدد الأعظم من المرتدين عدوا الزكاة نوعاً من الأتاوة، ولقد ذكر الطبري في ذلك أن عمرو بن العاص نزل بعد منصرفه من عمان عقب وفاة الرسول صلى الـلـه عليه وسلم عند قرة بن هبيرة بن سلمى بن قشير وحوله عسكر من بني عامر، ثم خلا به قرة فقال له: ((يا هذا إن العرب لا تطيب لكم نفساً بالأتاوة. فإن أنتم أعفيتموها من أخذ أموالها فتستمع لكم وتطيع، وإن أبيتم فلا أرى أن تجتمع عليكم))[٥] فضلاً عن ذلك فإن تأييد القبائل لأدعياء النبوة لم يكن لاعتبارات دينية بل لاعتبارات سياسية تتصل بالرغبة في الانفصال عن دولة المدينة، وهذا ما لاحظناه فعلاً في حركة سجاح التميمية يؤيد ذلك ما ذكره الطبري من أن: ((سجاحاً راسلت مالك بن نويرة ودعته إلى الموادعة فأجابها، وفثأها عن غزوها، وحملها على أحياء من بني تميم، قالت، نعم فشأنك بمن رأيت، فإني إنما امراة من بني يربوع، وإن كان ملك، فالملك ملككم))[٦].

(١) الطبري، تاريخ، ج٣، ص٢٥٥.
(٢) المصدر نفسه، ج٣، ص٢٣٠.
(٣) المصدر نفسه، ج٣، ص٢٣٠.
(٤) القرطبي، جامع لأحكام القرآن، ج٢، ص١٢٨
(٥) الطبري، تاريخ، ج٣، ص٢٣١.
(٦) الطبري، تاريخ، ج٣، ص٢٢١.

وهكذا شكلت هذه الحركات خطراً كبيراً على الإسلام ومشروعه التوحيدي، فهذه الحركات لم تكن مجرد احتجاج على انتخاب أهل المدينة لأبي بكر الصديق رضي الله عنه خليفة لرئاسة الدولة الإسلامية، أو مجرد محاولات انفصالية عن دولة الإسلام في المدينة بل كانت حركات انشقاقية حركتها روح البداوة الانفصالية. لذا فقد عمل الخليفة أبو بكر الصديق رضي الله عنه على إزالتها بالقوة ومن ثم، لا بدّ من الإشارة ولو بنبذة مختصرة إلى كيفية قضاء الخليفة أبي بكر الصديق رضي الله عنه على هذه الحركات.

فبعد أن تفاقم خطر هذه الحركات على دولة المدينة، واجه الخليفة أبو بكر صديق رضي الله عنه الخطر بكل صلابة وحزم ووجه جيشاً بقيادة خالد بن الوليد إلى اليمامة للقضاء عليهم فتوجه خالد أولاً للقضاء على حركة مسيلمة، وتمكن بعد معركة عنيفة وقعت بين الطرفين سنة ١١هـ من القضاء على حركة مسيلمة وقتل مسيلمة في المعركة واستسلم بنو حنيفة[١] ويتضح من أخبار حوادث الردة أن حركة مسيلمة كانت أقوى وأخطر حركات الردة ضد الدولة الإسلامية بحكم كثرة وقوة أنصاره من بني حنيفة[٢] وبعد ذلك تمكن خالد من القضاء على حركة طليحة بن خويلد الأسدي، وبعد وقوع معركة بين الطرفين تمكن خالد من القضاء على حركة طليحة وفر طليحة هارباً من ميدان المعركة وقامت القبائل المتحالفة مع طليحة بعد انتصار المسلمين في المعركة بتقديم الطاعة إلى دولة الإسلام وقالوا: ((ندخل فيما خرجنا منه، ونؤمن بالله ورسوله ونسلم لحكمه في أموالنا وأنفسنا))[٣].

وجهز الخليفة أبو بكر الصديق رضي الله عنه جيشاً آخر لإرجاع مناطق أخرى إلى حظيرة الدولة الإسلامية فعقد لواء بقيادة المهاجر ابن أبي أمية وأمره بمحاربة جنود الأسود العنسي ومساعدة الأبناء وهم نتاج مصاهرة الفرس للعرب ضد قيس بن مكشوح المرادي ومن أيده من أهل اليمن عليهم، فاذا انتهى من مهمته، يمضي إلى كندة بحضرموت ليجتمع مع زياد بن لبيد ليكونا يداً واحدة على المرتدين، وعقد لواء أخر بقيادة عمرو بن العاص أرسله إلى قضاعة ووديعة والحارث في شمال الحجاز وحذيفة بن محسن (غطفان) وعهد إليه بأهل دبا، ثم

(١) ينظر العلي، الدولة في عهد الرسول، مج٢، ص٤٤٥.
(٢) البخاري، صحيح البخاري، ٦٩٢٢.
(٣) العلي، الدولة في عهد الرسول، مج٢، ص٤٤٥.

الانضمام إلى عرجفة ابن هرثمة الذي وجّه هو الآخر لقتال مهرة، وأمر شرحبيل بن حسنة أن يمضي بعد اليمامة إلى قضاعة مدداً لعمر بن العاص ووجّه طرفة بن عاجز إلى بني سليم ومن معهم من هوازن وسويد بن مقرن إلى تهامة اليمن والعلاء بن الحضرمي أمره بالبحرين لمحاربة من ارتد من ربيعة[1].

وبعدما عقد الخليفة أبو بكر الصديق رضي الله عنه اللواء للقادة المسلمين وجعل كلاً من هؤلاء القادة يعمل في جبهته بصورة مستقلة ساعياً إلى تحقيق ما وكل إليه من المهمة معتمداً على القوات التي وضعت تحت تصرفه وعلى ما يمكن أن يضمه من المؤيدين والمناصرين في المنطقة التي أرسلوا للعمل فيها، وكان لسعة أرض الجزيرة وتباعد أقاليمها دوراً في تحديد الطريقة التي يتخذها المقاتلون لمقاتلة المرتدين. ولعبت الأوضاع الجغرافية دوراً في تحديد الجبهات لقوات المسلمين، إذ لم تكن مهماتهم متساوية في كبرها فإن كل من خالد بن سعيد بن العاص وعمرو بن العاص وجههما إلى أطراف بلاد الشام، فنجحا في تحقيق الواجب الذي أوكل لكل منهما ولم يواجهوا مقاومة عنيفة من المرتدين ولم يحصل بينهم اشتباك ضار، ومثل هذا الوضع واجهه طريفة بن حاجز وسويد بن مقرن اللذان أرسلا للسيطرة على بني سليم وهوزان، وعلى عشائر تهامة الجنوبية. أما القوات التي أرسلت إلى اليمن وكندة وحضرموت، ومهرة، ودبا (عمان)، والبحرين، وكان عليها أن تستعينها بالقوى المحلية التي يستطيع حشدها من المسلمين للسيطرة على المنطقة التي توجه إليها، وتطلبت الأحوال أن يستغرق زمناً طويلاً[2] إذ إنه وعلى الرغم من أن عكرمة أخطأ بمحاربته لأهل اليمامة قبل أن ينظم إليه شرحبيل، وأبدى تهوراً بتسرعه في قتالهم الأمر الذي أدى إلى نكبتهم، إلا أنه اثبت في محاربته للمرتدين من أهل مهرة أنه محارب من الدرجة الأولى، وأبلى في قتالهم بلاءً حسناً، فبعد أن أعان حذيفة بن محصن الغلفاني وعرفجة البارقي في محاربة أهل عمان، وكان عاملاً رئيسياً من عوامل انتصار المسلمين، سار إلى أهل مهرة فاقتحم عليهم بلادهم، ونجح بهزيمة المرتدين ومصرع زعيمهم[3] وفي البحرين

(١) الطبري، تاريخ، ج٣، ص٢٢٥؛ ابن الأثير، الكامل، ج٢، ص٣٤٦.
(٢) العلي، الدولة في عهد الرسول، مج٢، ص٥٩١.
(٣) ابن الأثير، الكامل، ج٣، ص٣٧٣.

تمكن العلاء الحضرمي من إيقاع هزيمة بالمرتدين وقتل زعيمهم^(١).

هكذا استطاع قادة المسلمين الذين سيرهم الخليفة أبو بكر لقمع حركات الردة أن يقضوا على المرتدين في مدة قصيرة، ويسترجعوا للمدينة نفوذها على سائر قبائل العرب في الجزيرة، وتحقق بذلك هدف أبي بكر الصديق رضي اللـه عنه، ودخل العرب في الإسلام وتم ضم المناطق التي انشقت عن دولة الإسلام وإرجاعها إلى حضيرتها^(٢).

ويظهر من الأخبار التي وصلتنا عن المنشقين والمرتدين أنهم كانوا مفككين متفرقين لايجمعهم رابط يوحدهم أو سلطة عليا تنسق حركاتهم، فضلاً عن افتقارهم إلى الأفكار الصائبة والعقائد السليمة، وفضلاً عما تقدم فإنهم لم يحاولوا الاستعانة بقوة أجنبية كقوة الفرس والروم لدعم مواقفهم أو أخذ توجيهاتهم منها^(٣).

هكذا كانت حركات الردة تشكل مظهراً من مظاهر العصبية القبلية التي ترفض الانصهار والتوحد في إطار الإسلام ودولته، وإن حروب الخليفة أبي بكر صديق رضي اللـه عنه للمرتدين جاءت تعبيراً عن حرصه على تحقيق هذه الوحدة واستكمال مـا بـدأه الرسـول صلى اللـه عليه وسلم^(٤) والشيء الجدير بالذكر إن عـدم وجـود تنسيق وتعاون بين حركات الردة كان من الأسباب الرئيسة التي حالت دون أن يتمكنوا من تحقيق أحلامهم التي كانت تستهدف الانفصال عن دولة المدينة والعودة إلى أوضاعهم السابقة^(٥) إذاً فالعصبية القبلية وروح البداوة لعبت دوراً كبيراً في دفع القبائل العربية إلى الخروج على دولة المدينة والوقوف بوجه إنجازات المسلمين الحضارية لهذا فإن القضاء على هذه الحركات كان يعني القضاء على روح البداوة الانفصالية، وعلى الرغم من أن الخليفة أبو بكر الصديق رضي اللـه عنه لم يقض على روح البداوة والعصبية القبلية بشكل نهائي إلا أنه بقضائه على هذه الحركات تمكن من إضعاف روح البداوة التي كانت القبائل العربية متمسكة بها.

ويتضح لنا من خلال عرض حركات الانشقاق والردة وكيفية القضاء عليها

(١) المصدر نفسه، ج٣، ص٣٦٩ - ٣٧٠.
(٢) الطبري، تاريخ، ج٣، ص٣٢٥ - ٣٤٥.
(٣) العلي، الدولة في عهد الرسول، مج٢، ص٥٩٤.
(٤) عبدالعزيز الدوري، مقدمة في تاريخ صدر الإسلام، بيروت، ١٩٦٠م، ص٤٢ - ٤٣.
(٥) السيد عبدالعزيز سالم، تاريخ الدولة العربية، الإسكندرية، ١٩٧٢م، ص١٨٢.

أن هذه الحركات وعلى الرغم من ظهور قسم منها في حياة الرسول صلى الله عليه وسلم وظهور القسم الآخر بعد تولي أبي بكر رضي الله عنه الخلافة إذ انضافت إليها حركات عديدة متفرقة محلية، تختلف في قوتها وسعتها، وكانت بعض تلك الحركات محليةً وضعيفةً وتم القضاء عليها وإعادتها إلى حضيرة الدولة الإسلامية بسهولة، كحركات الردة التي حدثت بين العشائر المقيمة في جنوب الحجاز والمناطق الساحلية من اليمن، والبعض الآخر من تلك الحركات كانت حركات واسعة تهدد كيان الدولة الإسلامية. ومن تلك الحركات حركة مسيلمة الكذاب إذ كانت اخطر حركة واجهتها الدولة الإسلامية[١].

لكن وعلى الرغم من ذلك كان نشاطاتهم متفرقة ومفككة وغير موحدة وخالية من المثل السامية التي توفر لهم الوحدة السياسية والسلطة المركزية الموحدة، وبالمقابل فإن ما امتاز به المسلمون من الوحدة السياسية في منطقة شبه الجزيرة العربية والروابط الوثيقة التي تربط بينهم من اللغة والاجتماع سهلت لهم القضاء على حركات الردة وبقضائهم عليها قدموا للقبائل المرتدة مثلاً فكرية وأخلاقية وسياسية سليمة موحدة وأخرجتهم من التفكك الذي كانوا يعيشون فيه[٢].

إن معالجة الخليفة أبي بكر الصديق رضي الله عنه لحركات الردة كانت معالجة سليمة، وإن هذه المعالجة أثبتت صلابة شخصية الخليفة أبي بكر الصديق رضي الله عنه، إذ إن الفضل الأكبر في النجاح الذي حققه المسلمون والذي تم في مدة قصيرة، وبخسائر قليلة في الأرواح يرجع إلى إيمان الخليفة ومن حوله من الصحابة بما فيهم القواد وسلامة عقائدهم وأهمية رسالتهم واستعدادهم للجهاد والبذل من أجل نشر الرسالة وتثبيت الدولة، فضلاً عن إدراكهم لأهمية التماسك والتعاون في تحقيق المثل والقيم الإسلامية[٣] وبالمقابل كان انعدام التعاون والتنسيق بين المرتدين سببا من أسباب انهزامهم وفشل حركاتهم، وعدم تحقيق الأهداف التي كانوا يسعون إلى تحقيقها.

إذاً فالقضاء على حركات الردة كان في غاية الأهمية لأنها لم تكن مجرد حركات عادية، بل كانت من أخطر المشاكل التي واجهت الخليفة أبي بكر الصديق

---

(١) العلي، الدولة في عهد الرسول، مج٢، ص٢٨٩
(٢) المرجع نفسه، مج٢، ص٢٩٣.
(٣) المرجع نفسه، مج٢، ص٢٩٢ - ٢٩٣.

رضي الـلـه عنه عند تولية الخلافة، إذ شكلت هذه الحركات أعظم خطر هدد الدولة الإسلامية، وكان بإمكان المرتدين لو أنهم تضامنوا فيما بينهم أن يقضوا على دولة المدينة التي بذل الرسول صلى الـلـه عليه وسلم والمسلمين في سبيل إنشائها جهداً كبيراً. لهذا فإن القضاء على هذه الحركات كان ذا أهمية كبيرة، وقد حقق منجزات كبيرة بالنسبة للمسلمين[١]، وعكس انتصار قيم التحضر على البداوة.

إن القضاء على حركات الردة أثبت المكانة المتميزة للمدينة في شبه الجزيرة العربية، وقضى على الفوضى والخلافات الداخلية التي شهدتها المنطقة إثر وفاة الرسول صلى الـلـه عليه وسلم، وبهذا تمكن الخليفة من حل الخلافات والقضاء على الفوضى والبلبلة التي حدثت، وأدرك أهلها أهمية السلطة المركزية والخلافة والإسلام وبذلك تيسر للخليفة المجال لمعالجة القضايا الواسعة للدولة في شبه الجزيرة العربية[٢].

وهكذا، وبالقضاء على حركات الردة أصبحت شبه الجزيرة العربية موحدة، عليها خليفة واحد له سلطة عليا تعلو على كافة المؤسسات والجماعات والأفراد المقيمين فيها، فالخليفة له الحق التام في إصدار الأوامر، ويقيم في المدينة مع الصحابة وتجمعهم مثل عليا واحدة. وعلى الجميع إطاعة الخليفة والعمل مع السلطة العليا، وقد عزز هذا رسوخ السلطة المركزية ودعائم الدولة الجديدة[٣].

(١) عبدالعزيز سالم، تاريخ الدولة العربية، ص١٨١.
(٢) العلي، الدولة في عهد الرسول، مج٢، ص٥٩٤.
(٣) المرجع نفسه، مج٢، ص٥٩٤ - ٥٩٥.

النتائج

من خلال الدراسة المفصلة لموضوع: ((الدعوة الإسلامية وحياة البداوة عند العرب منذ البعثة وحتى حروب الردة)) توصل البحث إلى النتائج الرئيسية الآتية:

١ـ بسبب الظروف الجغرافية لشبه الجزيرة العربية وغلبة المناخ الصحراوي على معظم أرجائها، فقد عرف العرب نمطين رئيسين من أنماط الحياة المعيشية، وهما نمط الحياة البدوية التي تفرض على أصحابها التنقل الدائم بحثاً عن الكلأ والماء لتأمين سبل العيش لحيواناتهم وأنفسهم، ونمط الحياة الحضرية التي تشجع على الاستقرار وتعتمد على الزراعة والتجارة وشتى أنواع الحرف وسائل أساسية لتوفير وسائل العيش.

٢ـ وقد نشأ عن هذا الاختلاف في أنماط الحياة المعيشية بين البدو والحضر ظهور اختلافات كثيرة في العقائد والأفكار والأعراف والتقاليد فظهر نوع من التقابل والصراع بين مظاهر الحياة البدوية ومظاهر الحياة الحضرية في جميع المجالات، كما ظهر التأثير المتبادل بينهما أيضاً، وقد ساعد ذلك على ظهور أنماط أخرى من الحياة تتداخل فيها قيم الحضارة مع قيم البداوة في نفس الوقت كما هو واضح في حياة قبيلة قريش في مكة وغيرها من الحواضر العربية التي كانت قائمة على أطراف البوادي إذ جمعت بين بعض مظاهر الحضارة والبداوة في آن واحد.

٣ـ ويظهر من دراسة الحياة الدينية عند العرب قبل الإسلام أن عقيدة الشرك وعبادة الأصنام هي أقرب إلى نمط الحياة البدوية من الحياة الحضرية على الرغم من اتخاذ مكة المكرمة مركزا لها وذلك لأن الوثنية ذات نزعة مادية تجعل من عبادة الأصنام وسيلة تقربها من الـلـه زلفى. أما على مستوى الحياة الاجتماعية والسياسية فقد ارتبطت الحياة البدوية بعدد من التقاليد والقيم التي تقوم على العصبية القبلية وتكافل وتعاون أبناء القبيلة الواحدة مع بعضهم ضد الآخرين في الحق والباطل مما ساعد على تكريس الصراع والانقسام بين العرب وشيوع روح الثأر والخصام بينهم.

٤ـ وحين نزلت الرسالة الإسلامية على نبينا محمد بن عبد الـلـه صلى الـلـه عليه وسلم وهو رجل عربي من قريش في مكة، دعت هذه الرسالة إلى توحيد الـلـه في العبادة وترك عبادة الأصنام والأوثان، كما سعت إلى القضاء على كل المظاهر الجاهلية التي ارتبطت بها.

٥- وقد ظهر من خلال مباحث الأطروحة أن رسالة الإسلام كانت تلتقي مع المثل والقيم الحضارية الإنسانية وتتقاطع مع قيم البداوة الجاهلية، لذا فقد خاصمها زعماء مكة من رجال الملأ وغيرهم من المتنفذين الأقوياء لأنهم وجدوا في هذه الرسالة ما يتناقض مع مصالحهم الاقتصادية والاجتماعية والسياسية والدينية. ولقد أدرك هؤلاء الزعماء، إيمانهم بدعوة الرسول صلى اللـه عليه وسلم للإيمان بأن اللـه واحد لاشريك له، وأن محمداً صلى اللـه عليه وسلم هو عبده ورسوله، سيؤدي إلى انتقال الزعامة من أيديهم إلى الرسول صلى اللـه عليه وسلم بحكم الرسالة التي جاء بها من عند اللـه تعالى، وأن ذلك سيؤدي بالضرورة إلى سيادة أحكام الدين الجديد بكل ما يحمله من عقيدة ومبادىء وقيم وزوال النظام القديم بكل ما ارتبط به من شرك وعادات وتقاليد. لذا فقد قرر هؤلاء الزعماء محاربة الدعوة الإسلامية استناداً إلى مقولة: ((إنا وجدنا آباءنا على أمة وإنا على آثارهم مقتدون)).

٦- وهكذا وجد الرسول صلى اللـه عليه وسلم نفسه مضطراً إلى خوض صراع عقائدي وفكري شديد ضد رجال الملأ في مكة من أجل نشر الدعوة الإسلامية بين الناس وكانت وسيلة في ذلك هي الدعوة إلى اللـه ((بالحكمة والموعظة والمجادلة بالتي هي أحسن)). ومن الواضح أن هذه الوسيلة هي وسيلة حضارية تعتمد على العقل والمنطق في الإقناع. أما المشركون فقد واجهوا هذه الدعوة بالتعصب لتقاليد الآباء والأجداد حتى ولو كان آباءهم لايسمعون شيئاً ولايعقلون. كما لجأ المشركون إلى القوة والتعذيب لإكراه المسلمين للتخلي عن عقيدتهم والعودة إلى عقيدة الشرك. ويبدو واضحاً أن هذا الاسلوب الذي سلكه زعماء المشركين في مقاومة الدعوة هو أسلوب بدوي يقوم على العصبية القبلية (الجاهلية) على النقيض من الأسلوب الإسلامي في الدعوة إلى اللـه تعالى.

٧- لقد أوضح القرآن منذ البداية أن الدعوة الإسلامية هي دعوة عالمية غير مقصورة على قبيلة قريش وحدها أو العرب وحدهم وإنما هي دعوة عالمية للناس كافة وذلك لأن اللـه تعالى بحسب العقيدة الإسلامية هو رب العالمين، وهو خالقهم من نفس واحدة. ومن ثم كان من الطبيعي أن يسعى الرسول صلى اللـه عليه وسلم بعد أن كذبته قريش وأصرت على تكذيبه إلى العمل على نشر الدعوة في خارج جزيرة العرب حينما شجع عدداً كبيراً من أصحابه على الهجرة إلى الحبشة، ثم اعقب هذه الخطوة بخطوة أخرى وهي قيامه بعرض الدعوة على أبناء القبائل العربية طالباً الحماية والنصرة. وعندما استجاب لدعوته نفر من أهل (يثرب) تابع مسعاه

معهم، فعقد معهم بيعة العقبة الأولى والثانية ثم قرر بناءاً على ذلك الهجرة إلى يثرب مع أصحابه المؤمنين إلى يثرب حيث أقام فيها دولة الإسلام.

٨ ـ كان إنشاء الدولة الإسلامية في المدينة المنورة حدثاً فاصلاً في حياة الجماعة الإسلامية، إذ تحولت هذه الجماعة من جماعة مستضعفة من قبل زعماء المشركين في مكة إلى جماعة سيدة في المدينة يتولى الرسول صلى الله عليه وسلم قيادتها مع بقية سكان المدينة مع الأنصار واليهود ومشركي المدينة بصفته رسول الله ورئيس (الأمة) الناشئة.

٩ ـ إن دراسة الخطوات التي اتخذها الرسول صلى الله عليه وسلم بعد هجرته إلى المدينة كإنشاء المسجد، والمؤاخاة، وإعلان الصحيفة التي هي بمثابة (دستور لدولة المدينة) فضلاً عن التشريعات التي جاء بها القرآن الكريم في مجال العبادات والمعاملات والعقوبات تثبت - وكما أوضحنا ذلك في فصول الأطروحة - أن الرسول صلى الله عليه وسلم كان يعمل ويجاهد من أجل إنشاء مجتمع مدني متحضر ذو روح إنسانية عامة بعيدة عن الإنغلاق والتعصب القبلي. لذا فقد قال الله تعالى في محكم كتابه العزيز: ﴿ يَـٰٓأَيُّهَا ٱلنَّاسُ إِنَّا خَلَقْنَـٰكُم مِّن ذَكَرٍ وَأُنثَىٰ وَجَعَلْنَـٰكُمْ شُعُوبًا وَقَبَآئِلَ لِتَعَارَفُوٓا۟ ۚ إِنَّ أَكْرَمَكُمْ عِندَ ٱللَّهِ أَتْقَىٰكُمْ ۚ ﴾ [الحُجُرات: ١٣].

١٠ـ لقد سعى الرسول صلى الله عليه وسلم إلى نشر الرسالة الإسلامية والدفاع عنها بالأساليب السلمية، ولكن المشركين أبو الاحتكام إلى المنطق والعقل ولجأوا إلى استخدام القوة ضد المسلمين حتى اضطروهم إلى الهجرة بعيداً عن أهلهم ومواطنهم. ثم واصلوا محاربة الدعوة والتضييق على أصحابها. لذا فقد أذن الله للمسلمين بالقتال دفاعاً عن النفس والدعوة... وهكذا شرّع الإسلام أحكام الجهاد، وهو يعني بذل أقصى الجهد في سبيل الله سواءاً أكان ذلك من خلال مجاهدة النفس لإصلاحها أو مجاهدة الكفار عن طريق الدعوة لهدايتهم إلى الإسلام، أو مجاهدتهم بالسيف لرد كيدهم وعدوانهم على الإسلام والمسلمين ولفتح الطريق أمام حرية الانتماء إلى الإسلام. وقد كان واضحاً أن الجهاد في سبيل الله بمفهومه القتالي يختلف عن (الغزو) عند البدو لأن الدافع إلى الغزو هي العصبية القبلية والرغبة في الحصول على الغنائم بينما الدافع إلى الجهاد هو الدفاع عن النفس والتمكين لانتشار العقيدة، وشتان بين الحالتين.

١١ـ ويظهر من دراسة الحقبة المدنية من تأريخ الدعـوة الإسلاميه أن

الرسول صلى الله عليه وسلم قد نجح في هذه الحقبة في نشر الإسلام في معظم أنحاء شبه الجزيرة العربية من خلال الجمع بين الوسائل السلمية (الدبلوماسية) والوسائل القتالية (الجهادية) حتى غدت جزيرة العرب بأقاليمها المختلفة خاضعة لدولة الإسلام، وغدا الإسلام دين العرب كافة مع الاعتراف لأصحاب الأديان السماوية (اليهودية والنصرانية)، وما هو في حكمها (المجوسية) بالبقاء على عقيدتهم بصفتهم (أهل ذمة) يعيشون في حماية المسلمين.

١٢ـ ويبدو أن المدة التي انتشر فيها الإسلام في جميع جزيرة العرب وهي مدة قصيرة جداً (حوالي عشرسنوات) لم تكن كافية لاستيعاب جميع الناس رسالة الإسلام والإيمان بها، لذا فقد ظهر بينهم من يظهر الإيمان ويبطن الكفر (منافقين). كما ظهر بينهم من لايعرف من الإسلام سوى الشهادتين وبعض المعلومات القليلة عن أحكام الإسلام، وكان ذلك ظاهراً في القبائل البدوية كما أوضح ذلك القرآن الكريم بقوله: ﴿ ۞ قَالَتِ ٱلْأَعْرَابُ ءَامَنَّا ۖ قُل لَّمْ تُؤْمِنُوا۟ وَلَـٰكِن قُولُوٓا۟ أَسْلَمْنَا وَلَمَّا يَدْخُلِ ٱلْإِيمَـٰنُ فِى قُلُوبِكُمْ ۖ ﴾ [الحُجُرات: ١٤].

وقد أفسح هذا الواقع، لظهور أنبياء كذابين قبيل وفاة الرسول صلى الله عليه وسلم كما ساعد على ظهور مرتدين عن الإسلام وحركات الردة، مما ألقى على عاتق الخليفة أبي بكر الصديق رضي الله عنه بعد توليه الخلافة مسؤولية القضاء على حركات الردة للحفاظ على وحدة المسلمين ودولتهم وكان له ما أراد كما أوضحنا ذلك في الفصل الأخير من الأطروحة.

١٣ـ يظهر مما تقدم أن رسالة الإسلام كانت رسالة دينية حضارية جاءت من أجل نقل العرب والناس كافة من حياة الجهل بالله تعالى، والجاهلية البدوية إلى هداية الإسلام وروحه الحضارية... وهو ما تحقق على أرض الواقع من خلال الحضارة الإسلامية التي امتدت قيمها وآثارها في جميع أنحاء العالم.

[قائمة بأسماء المصادر والمراجع]

القرآن الكريم

الأبشيهي: شهاب الدين أحمد (ت٨٥٢ هـ - ١٤٤٨م).

١ـ المستطرف في كل فن مستظرف، قدم له وشرحه صلاح الدين الهواري، د. م، دار مكتبة الهلال، ٢٠٠م.

ابن الأثير: عزالدين أبو الحسن أبي الكرم محمد الشيباني (ت٦٣٠ هـ - ١٢٣٨م).

٢ـ الكامل في التاريخ، بيروت، دار صادر، ٢٠٠٥م.

الأزدي: الإمام الحافظ أبي داود سليمان ابن الأشعث (ت٢٧٥ هـ - ٨٨٩م).

٣ـ سنن أبي داود، راجعه وظبط أحاديثه محمد محي الدين عبدالحميد، د. م، دار إحياء السنة الشريفة، د. ت.

الأزرقي: أبو الوليد محمد بن عبد الله بن أحمد (ت٢٥٠ هـ - ٨٦٥م).

٤ـ أخبار مكة، تحقيق رشدي صالح ملحس، بيروت، دار الثقافة، ١٩٧٩م.

ابن إسحاق: محمد بن يسار المطلبي (ت١٥١هـ - ٧٤٦م).

٥ـ السيرة النبوية، تحقيق بدوي طه بدوي وعبد الرؤف سعيد، القاهرة، ١٩٩٨م.

٦ـ السير والمغازي، تحقيق سهيل زكار، د. م، دار الفكر، ١٩٧٨م.

الأصطخري: إبراهيم بن محمد (ت٣٤٠ هـ - ٩٥١م).

٧ـ المسالك والممالك، مصر، ١٩٦١م.

الأصفهاني: أبو الفرج علي بن محمد بن الهيثم بن عبد الرحمن بن مروان (ت٣٥٦ هـ - ٩٦٦م).

٨ ـ الأغاني، بيروت، دار الثقافة، ١٩٨٦م.

ابن أنس: الإمام مالك (ت ١٧٩ هـ - ٧٩٥م).

٩ـ الموطأ، صححه وعلق عليه محمد فؤاد عبد الباقي، القاهرة، ١٩٥١م.

الباقلاني: أبو بكر محمد بن الطيب (ت٤٠٣ هـ -١١١٢م).

١٠ـ إعجاز القرآن، تحقيق أحمد صقر، د. م، دارالمعارف، ١٩٦٣م.

ابن بكار: الزبير (ت٢٥٦ هـ -٨٧٠م).

١١ـ جمهرة نسب قريش وأخبارها، تحقيق محمود محمد شاكر، القاهرة، دار العروبة، ١٣٨١م.

البخاري: أبو عبد الـلـه بن إسماعيل بن إبراهيم بن المغيرة (ت٢٥٦ هـ - ٨٧٠م).

١٢ـ صحيح البخاري، اعتنى به صهيب الكرمي، د. م، بيت الأفكارالدولية، ١٩٩٨م.

البلاذري: أبو الحسن أحمد بن يحى بن جابر (ت٢٩٧ هـ -٨٩٢م).

١٣ـ فتوح البلدان، نشره ووضع فهارسه صلاح الدين منجد، القاهرة، مكتبة البيان العربي، ١٩٥٧م.

ابن تيمية: تقي الدين ابن أبي العباس أحمد بن عبد الحليم بن عبد السلام (٧٢٨ هـ - ١٣٢٨م).

١٤ـ الحسبة في الإسلام، تحقيق، عبد العزيز رباح، دمشق، دار لبنان، ١٩٦٧م.

الثعالبي: عبد الملك محمد بن إسماعيل النيسابوري (ت٤٢٩ هـ ١٠٣٧م).

١٥ـ ثمار القلوب في المضاف والمنسوب، تحقيق أبو الفضل إبراهيم، مصر، دار النهضة المصرية، ١٩٦٥م.

الجاحظ: أبو عثمان عمرو بن بحر (ت٢٥٥ هـ -٨٦٨م).

١٦ـ البيان والتبيين، بيروت، مكتبة منشورات المجمع العلمي، ١٩٦٩م.

ـ البيان والتبيين، بيروت، مكتبة الهلال، ٢٠٠٢م.

١٧ـ الحيوان، تحقيق عبدالسلام هارون، د. م، د. ت.

الجصاص: أبو بكر علي الرازي الحنفي (ت٣٧٠ هـ - ١٩٨١م).

١٨ـ أحكام القرآن، مصر، ١٩٨٠م.

الجلالين: للإمامين جلال الدين المحلي وجلال الدين السيوطي (ت٩١١ هـ - ١٥٠٥م).

١٩ـ تفسير الجلالين، راجعه وأعده للنشر، محمد محمد تامر، القاهرة، مكتبة الثقافة الدينية، ٢٠٠٤ م.

الجواهري: إسماعيل بن حماد (ت٣٩٣ هـ -١٠٠٣ م).

٢٠ـ الصحاح تاج اللغه وصحاح العربية، تحقيق، أحمد عبد الغفور العطار، دار العلم، ١٩٨٤م.

ابن حبيب: أبو جعفر محمد بن حبيب بن أمية (٢٤٥ هـ - ٨٥٩م).

٢١ـ كتاب المحبر، تحقيق أيلزه ليختن ستيتر، بيروت، دار الآفاق الجديدة، د. ت.

٢٢ـ المنمق في أخبار قريش، الهند، ١٣٨٤م.

ابن حجر: شهاب الدين أبو الفضل أحمد بن علي بن محمد بن أحمد العسقلاني (ت٨٥٢ هـ - ١٤٤٩م).

٢٣ـ الإصابة في تميز الصحابة، بغداد، مكتبة الأوفست، ١٣٢٨م.

٢٤ - الفتح الباري في شرح صحيح البخاري، جمع وإعداد وترتيب، خالد عبد الفتاح سليمان، بيروت، دار الكتب العلمية، ١٩٩٧م.

ابن حزم: علي بن أحمد بن صاعد (ت ٤٥٦ هـ - ١٠٦٣م).

٢٥ـ المحلي، ط١، مصر، ١٣٤٧ هـ -١٣٥٢هـ

ابن حزم: أبو محمد بن أحمد بن سعيد (ت٤٥١ هـ -١٠٧٧م).

٢٦ـ جمهرة أنساب العرب، تحقيق عبد السلام هارون، مصر، دار المعارف، ١٩٦٢م.

الحموي: أبو عبد الله ياقوت بن عبد الله (ت٦٢٦ هـ - ١٢٢٨م).

٢٧ـ معجم البلدان، بيروت، دار صادر، ١٩٨٦م.

ابن خلدون: عبد الرحمن بن محمد (ت٨٠٨ هـ - ١٤٠٥م).

٢٨ـ مقدمة ابن خلدون، مصر، د. ت.

ابن دريد: أبو بكر محمد بن الحسن الأزدي (ت٣٢١ هـ - ١٩٣٣م).

٢٩ـ الاشتقاق، تحقيق عبد السلم هارون، القاهرة، ١٩٧٩م.

الدينوري: أبوحنيفة أحمد بن داود (ت٢٨٢ هـ - ٨٩٥م).

٣٠ـ الأخبار الطوال، تحقيق عبدالمنعم عامر، مراجعة جمال الدين الشبال، القاهرة، ١٩٦٠م.

الرازي: محمد ابن أبي عبد القادر (ت٦٦٦ هـ - ١٣٦٧م).

٣١ـ مختار الصحاح، بيروت، دار الكتب العربية، ١٩٧٩م.

الزبيدي: محي الدين أبي الفيض السيد مرتضى الحسيني (ت١٢٠٥هـ - ١٧٩٠م).

٣٢ـ تاج العروس من جواهر والقاموس، مصر، المطبعة الخيرية المنشأة الجمالية، ١٣٠٦م.

الزركشي: بدر الدين محمد بن عبد الله.

٣٣ـ البرهان في علوم القرآن، تحقيق محمد أبو الفضل إبراهيم، ط٢، د. م، دار الفكر، ١٩٨٠م.

الزمخشري: أبو القاسم محمود بن عمر بن جار الله (ت٥٣٨هـ ـ ١١٤٣م).

٣٤ـ أساس البلاغة، بيروت، دار صادر، ١٩٧٣م.

ابن سعد: أبو عبد الله محمد (ت٢٣٠هـ ـ ٨٤٥م).

٣٥ـ الطبقات الكبرى، ج١، بيروت، ١٩٧٨م.

ـ الطبقات الكبرى، ج٢، =، ١٩٨٠م.

ابن سلام: أبو عبيد بن القاسم الهروي (ت ٢٢٤هـ ـ ٨٣٨م).

٣٦ـ الأموال، القاهرة، ١٣٥٣م.

ابن سلام: محمد بن سلام الجمحي (ت٢٣٢هـ ـ ٨٤٩م).

٣٧ـ الطبقات، بيروت، دار الكتب العلمية، ١٩٨٠م.

ابن سيد الناس: محمد بن عبد الله بن يحيى (ت ٧٣٤ هـ ـ ١٣٣٢م).

٣٨ـ عيون الأثر في فنون المغازي والشمائل والسير، بيروت، مؤسسة عزالدين، ١٩٨٦م.

السمهودي: نورالدين علي بن أحمد (ت٩١١هـ ـ ١٥٠٦م).

٣٩ـ وفاء الوفا بأخبار المصطفى، تحقيق محمد محي الدين عبد الحميد، د. م، دار إحياء التراث العربي، ١٩٥٥.

السهيلي: أو القاسم عبد الرحمن بن عبد الله بن أحمد أبي الحسن (ت٥٨١هـ ـ ١١٨٥م).
٤٠ـ الروض الأنف في تفسير السيرة النبوية لابن هشام، ط١، مصر، ١٩٥١م.
السيوطي: للحافظ جلال الدين عبد الرحمن (ت ٩١١ هـ ـ ١٥٠٦م).
٤١ـ الإتقان في علوم القرآن، القاهرة، مكتبة المشهد الحسيني، ١٩٦٧م.
الشافعي: محي الدين أبي بكر يحيى بن شرف النووي.
٤٢ـ رياض الصالحين من كلام سيد المرسلين، تحقيق عبد الله أحمد أبو زينة، بيروت، دار القلم، ١٩٧٠م.
الصنعاني: محمد بن إسماعيل (ت١١٨٢هـ ـ ١١٧٦م).

٤٣ ـ سبل السلام لشرح بلوغ المرام، تحقيق إبراهيم عصر، القاهرة، دار

الحديث، د. م.

الطبري: أبو جعفر محمد جرير (ت٣١٠هـ - ٩٢٣م).

٤٤ـ تاريخ الرسل والملوك، تحقيق محمد أبو الفضل إبراهيم، مصر، ١٩٦٨م.

٤٥ـ جامع البيان في تفسر القرآن، دار المعرفة، ١٩٧٢م.

٤٦ـ اختلاف الفقهاء، لايدن، ١٩٣٣م.

ابن عبد ربة: أبو عمر أحمد (ت٣٢٨هـ - ٩٣٩م).

٤٧ـ العقد الفريد، تقديم خليل شرف الدين، بيروت، دار الكتب الهلال، ١٩٩٩م.

العيني: بدر الدين أبي محمود بن أحمد (ت٨٥١هـ - ١٤٥١م).

٤٨ـ عمدة القاريء لشرح صحيح البخاري، القاهرة، المطبعة المنيرية، ١٩٢٥م.

الفيروز الأبادي: مجد الدين محمد بن يعقوب (ت٨١٧هـ - ١٤١٤م).

٤٩ القاموس المحيط، بيروت، دار العلم للملايين، د. ت.

القالي: أبو علي إسماعيل بن القاسم (ت٣٥٦هـ - ٩٦٦م).

٥٠ـ الأمالي، القاهرة، دار الفكر، د. ت.

٥١ـ كتاب النوادر، بيروت، مؤسسة عزالدين، ١٩٨٦م.

ابن قتيبة: أبو محمد بن عبد السلام (ت ٢٧٦هـ - ٨٨٩م).

٥٢ـ المعارف، بيروت، دار الكتب العلمية، ١٩٨٧م.

القرطبي: أبو عبد الله محمد بن أحمد الأنصاري (ت٦٧١هـ - ١٢٧٢م).

٥٣ـ الجامع لأحكام القرآن، القاهرة، دار الكتب المصرية، ١٩٥٢م.

القلقشندي: أبو العباس أحمد بن أحمد عبد الله (ت ٨٢١هـ - ١٤١١م).

٥٤ـ صبح الأعشى في صناعة الإنشا، حقق وعلق عليه وقابل نصوصه محمد حسين شمس الدين، د. م، دار الفكر، د. ت.

٥٥ـ نهاية الأرب في معرفة أنساب العرب، تحقيق إبراهيم الأنباري، ط٢، بيروت، دار الكتب اللبناني، ١٩٨٠م.

القيرواني: أبو علي الحسن بن رشيق (ت٤٥٦ هـ - ١٠٦٣م).

٥٦ العمدة، تحقيق مفيد محمد قميحة، بيروت، دار الكتب، ١٩٨٣م.

ابن قيم الجوزي: الحافظ شمس الدين أبو عبد الله محمد بن بكر

(ت ٧٥١هـ - ١٣٥٠م).

٥٧ـ زاد المعاد في هدى خبر العباد، تحقيق حسن محمد المسعودي، القاهرة، ١٩٢٤م.

الكتاني: عبد الحي بن عبد الكبير.

٥٨ـ التراتيب الإدارية، مصر، ١٣٤٦م.

ابن الكثير: عماد الدين إسماعيل بن عمر (ت٧٧٤هـ - ١٣٧٢م).

٥٩ـ تفسير القرآن الكريم، تحقيق محمد شراد الناصري، ط١، بيروت، دار الكتب الهلال، ٢٠٠٤م.

ابن الكلبي: أبو منذر بن محمد السائب (ت٢٠٤هـ - ٨١٧م).

٦٠ـ الأصنام، تحقيق أحمد زكي، القاهرة، ١٩٢٤م.

ابن المبارك: أبو العباس زين الدين أحمد بن أحمد بن عبد اللطيف.

٦١ـ التجريد الصريح لأحاديث الجامع الصحيح، بيروت، دار الإرشاد، د. ت.

المسعودي: أبو الحسن علي بن الحسين (ت٣٤٥هـ - ٩٥٦م).

٦٢ـ مروج الذهب ومعادن الجوهر، تحقيق شارل بلا، بيروت، ١٩٦٦م.

٦٣ـ التنبيه والأشراف، بيروت، دار التراث، ١٩٦٨م.

المنذري: زكي الدين عبد العظيم بن عبد القوي بن عبد الله (ت٦٥٦هـ - ١٣٢٤م).

٦٤ـ مختصر صحيح مسلم، تحقيق محمد ناصرالدين الألباني، الكويت، دار إحياء التراث الإسلامي، ١٣٥٨م.

ابن منظور: أبو الفضل جمال الدين محمد بن مكرم بن العلي (ت ٧١١هـ - ١٣١١م).

٦٥ـ لسان العرب، قدم له الشيخ عبد الله العلايلي، وضعه يوسف خياط ونديم مرعشلي، بيروت، دار لبنان، د. ت.

النويري: شهاب الدين أحمد بن عبد الوهاب (ت٧٣٣هـ - ١٣٣٣م).

٦٦ـ نهاية الأرب في فنون الأدب، القاهرة، دار الكتب، د. ت.

ابن هشام: أبو محمد بن عبدالملك (ت٢١٣هـ أو ٢١٨م - ٨٢٨م - ٨٣٣م).

٦٧ـ السيرة النبوية، تحقيق مصطفى السقا وآخرون، بيروت، دار الإحياء

والتراث العربي، د. ت.

السيرة النبوية، ج٥، ج٦، تحقيق طه عبدالرؤف سعيد، بيروت، دار الجيل، د. ت.

الواقدي: محمد بن عمر (ت٢٠٧هـ ـ ٨١٩م).

٦٨ـ كتاب المغازي، تحقيق مارسدن جونسن، بيروت، دار عالم للكتب، ١٩٦٤م.

اليعقوبي: أحمد أبي يعقوب ابن وهب بن واضح (ت٢٨٤هـ ـ ٨٩٧م).

٦٩ ـ تاريخ اليعقوبي، بيروت، دار الصادر، ١٩٦٠م.

المراجع

إبراهيم: حقي إسماعيل

١ـ أسواق العرب في الجزيرة العربية - دار الفكر للطباعة والنشر، جميع الحقوق الطبع محفوظة، ط١، د. م.، د. ت.

أحمد: علي فؤاد

٢ـ علم الاجتماع الريفي، دار النهضة العربية للطباعة والنشر، د. م، ١٩٨١م.

أحمد: لبيد

٣ـ عصر النبوة والخلافة الراشدية، مكتبة المعارف، ط٤، د. م، ١٩٨٤م.

أرمسترونج: كارين

٤ـ سيرة النبي محمد، ترجمة فاطمة نصر، محمد عناني، دار اللواء للطباعة، مصر، ط٢، ١٩٨٨م.

إسماعيل: محمود

٥ـ تاريخ الحضارة العربية الإسلامية، حقوق الطبع محفوظة، ط١، ١٩٨١م.

الأفغاني: سعيد

٦ـ أسواق العرب في الجاهلية والإسلام، دار الفكر، دمشق، ١٩٦٠م.

الألوسي - محمود شكري

٧ـ بلغ الأدب في معرفة أحوال العرب، عني بشرحه وضبطه محمد بهجت الأرثري، القاهرة، ١٩٢٣م.

أمين: أحمد

٨ ـ فجر الإسلام، القاهرة، مكتبة النهضة المصرية، مصر، ط١٠، ١٩٦٥م.

أنور: محمد عبدالمنعم

٩ـ الحضارة والتحضر، دراسة أساسية لعلم الاجتماع الحضري، ملتزم الطبع والنشر، مكتبة القاهرة الحديثة، ط١، القاهرة، ١٩٧٠م.

بخيت: عبدالحميد

١٠ـ المجتمع العربي الإسلامي، دار المعارف، ط١، د. م، ١٩٦٥م.

١١ـ ظهور الإسلام وسيادة مبادئه، مكتبة الأنجلو المصرية، مطبعة المعرفة، د. ت.

بدران: أبو العينين بدران

١٢ـ العلاقات الاجتماعية بين المسلمين وغير المسلمين في الشريعة الإسلامية واليهودية والمسيحية والقانون، دار النهضة، بيروت، ١٩٨٠م.

برناردو: لويس

١٣ـ العرب في التاريخ، ترجمة نبيه فارس ومحمود يوسف زايد، دار العلم للملايين، بيروت، ١٩٥٤م.

بروكلمان: كارل

١٤ـ تاريخ الشعوب الإسلامية، ترجمة بنيه فارس وزميله دار العلم للجلالين، بيروت، ط٧، ١٩٧٩م.

١٥ـ تاريخ الأدب العربي، ترجمة عبدالحليم النجار، دار المعارف، القاهرة، ١٩٧٤م.

البوطي: محمد سعيد رمضان

١٦ـ فقه السيرة (دراسات منهجية علمية لسيرة المصطفى عليه السلام)، دار الفكر، ١٩٨٠م.

البطانية: محمد ضيف الله

١٧ـ ظهور الإسلام وسيادة مبادئه، دار الفرقان، عمان، الأردن، ٢٠٠٢م.

التليسي: بشير رمضان وجمال هاشم الذويب

١٨ـ تاريخ الحضارة العربية الإسلامية، دار المدار الإسلامي، بيروت، لبنان، ط٢، د. ت.

الجابري: محمد عابد

١٩ـ فكر ابن خلدون العصبية والدولة، مركز دراسات الوحدة العربية، بيروت، ط٦، ١٩٩٤م.

جاد المولى: أحمد وآخرون

٢٠ـ أيام العرب في الجاهلية، دار إحياء التراث العربي، القاهرة، ١٩٦١م.

الجبوري: يحيى

٢١ـ الإسلام والشعر، مكتبة النهضة، بغداد، ١٩٦٤م.

الجزائري: أبو جابر

٢٢ مـنهاج المسلم كتاب عقائد وأخلاق وآداب وعبادات ومعاملات، دار الكتاب الحديث، بيروت، لبنان، ط١، د. ت.

الجميلي: خضير عباس

٢٣ـ قبيلة قريش وأثرها في الحياة العربية قبل الإسلام، مطبعة المجمع العلمي العراقي، بغداد، ٢٠٠٢م.

الجميلي: رشيد عبد اللـه

٢٤ـ تاريخ الدولة العربية الإسلامية، مطبعة بغداد، ط٢، ١٩٨٦م.

الجميلي: مكي

٢٥ـ البدو والقبائل الرحالة في العراق، أشرف على طبعه جهاد العبايجي، مطبعة الرابطة، بغداد، ١٩٥٦م.

الحندي: أنور

٢٦ـ القيم الأساسية للفكر الإسلامي والثقافة العربية، مطبعة الرسالة، د. ت، د. م.

جمعة: محمد محمود

٢٧ـ النظم الاجتماعية والسياسية عند قدماء العرب والأمم السامية، القاهرة، ١٩٤٩م.

حتي: فليب وآخرون

٢٨ـ مطول في تاريخ العرب، بيروت، ١٩٤٩م.

الحديثي: نزار عبدالطيف

٢٩ـ محاضرات في تاريخ العربي، مطبعة جامعة بغداد، بغداد، ١٩٧٩م.

حسن: حسن إبراهيم

٣٠ـ تاريخ السلام السياسي والاجتماعي والثقافي والسياسة، دار إحياء التراث العربي، بيروت، ط٧، ١٩٦٤م.

حسن: حسين حاج

٣١ـ حضارة العرب في عصر الجاهلية، جميع الحقوق محفوظه، د. م، ١٩٨٤م.

حلمي: محمد

٣٢ـ تطور المجتمع الإسلامي العربي، دار الاتحاد العربي للطباعة، د. م، ط٢، ١٩٧٤م.

الحوفي: أحمد محمد

٣٣ـ الحياة العربية في الشعر الجاهلي، دار القلم، بيروت، ١٩٦٢م.

٣٤ـ المرأة في العصر الجاهلي، مصر، ١٩٥٤م.

خان: محمد عبدالحميد

٣٥ـ الأساطير والخرافات عند العرب، دار الحداثة للطباعة، بيروت، ١٩٨١م.

الخربوطلي: شكران وسهيل زكار

٣٦ـ تاريخ الدولة العربية الإسلامية (عصر الرسول والخلفاء الراشدين) دمشق، ٢٠٠٣م ـ ٢٠٠٤م.

الخربوطلي: علي حسين

٣٧ - تاريخ الكعبة، دار الجيل، بيروت، لبنان، ١٩٧٦م.

الخلاف، عبد الوهاب

٣٨ - السياسة الشرعية ونظام الدولة الإسلامية، القاهرة، ١٣٥٠هـ

خودا بخش: صلاح الدين

٣٩ـ حضارة الإسلام، ترجمة وتعليق الخربوطلي، دار إحياء الكتب العربية، د. م، ١٩٦٠م.

دروزة: محمد عزة

٤٠ـ عصر النبي وبيئته قبل البعثة، دار اليقظة العربية، بيروت، ١٩٦٤م.

٤١ـ سيرة الرسول، مطبعة الاستقامة، ط ١، القاهرة، ١٩٤٨م.

٤٢ـ تاريخ الجنس العربي، حقوق الطبع محفوظة، صيدا، لبنان، ط١، ١٩٦٢م.

الدوري: عبدالعزيز

٤٣ـ مقدمة في تاريخ صدر الإسلام، المطبعة الكاثوليكية، بيروت، ١٩٦٠م.

الرافعي: مصطفى

٤٤ـ حضارة العرب في العصور الإسلامية الزاهرة، دار الكتاب اللبناني، د. م، ط٧، ١٩٦٠م.

الربيعي: إسماعيل نوري

٤٥ـ العرب والإسلام من القبيلة إلى العقيدة، عمان، ط١، ٢٠٠٠م.

رضا: أحمد

٤٦ـ معجم متن اللغه، دار مكتبه، بيروب، ١٩٥٨م.

ريسلر: جاك

٤٧ـ الحضارة العربية، ترجمة غنيم عبدون، مراجعة أحمد فؤاد، الدار المصرية الحديثة، د.

م، د. ت.

زكريا: هاشم زكريا

٤٨ـ فضل الحضارة الإسلامية والعربية على العالم، راجعه وعلق عليه محمد أحمد مهدي،

دار النهضة العربية، القاهرة، د. ت.

زيتون: عادل

٤٩ـ تاريخ العرب والإسلام حتى نهاية العصر الأموي، دمشق، ط٦، ٢٠٠٤م - ٢٠٠٥م.

زيدان: جرجي

٥٠ـ تاريخ التمدن الإسلامي، د. م، دار مكتبة الحياة، ط١، د. ت.

سالم: عبدالعزيز

٥١ـ تاريخ العرب منذ ظهور الإسلام حتى سقوط الدولة الأموية، اسكندرية، ١٩٧٤م.

الساموك: سعدون محمود

٥٢ـ السيرة النبوية، عمان، دار أبو وائل للطباعة، ط١، ٢٠٠٤م.

السبهاني، عبد الجبارحميد عبيد

٥٣ـ الاستخلاف والتركيب الاجتماعي في الإسلام، ط١، ٢٠٠٣م.

السيد، رضوان

٥٤ـ الأمة والجماعة والسلطة، دار إقرأ، بيروت، ١٩٨٤م.

الشريف: أحمد إبراهيم

٥٥ـ مكة والمدينة في الجاهلية وعصر الرسول صلى الله عليه وسلم، دار القلم، مصر،

١٩٦٥م.

شلبي: أحمد

٥٦ـ التاريخ الإسلامي والحضارة السلامية، مكتبة النهضة المصرية، ط٥، ١٩٧٠م.

٥٧ـ المجتمع الإسلامي أساسه وتكوينه، أسباب تدهوره والطريق إلى صلاحه، دار الاتحاد

العربي، ط٧، ١٩٦٧م.

صالح: أ حمد عباس

٥٨ـ اليمين واليسار في الإسلام، بيروت، ١٩٧٢م.

صالح: عبدالعزيز

٥٩ـ تاريخ شبه الجزيرة العربية في عصور القديمة، محاضرات مزيدة ومنقحة ومعدله، مكتبة الأنجلو، المصرية، مصر، د. ت.

الصعيدي: عبد العال

٦٠ـ السياسة الإسلامية في عهد النبوة، مصر، ط٣، د. ت.

ضيف: شوقي

٦١ـ العصر الجاهلي، دار المعارف بمصر، القاهرة، ط٧، ١١١٩م.

٦٢ـ الفن ومذاهبه في النثر الفني، القاهرة، دار المعارف، ١٩٦٥م.

عبدالباقي: محمد فؤاد

٦٣ـ المعجم المفهرس لألفاظ القرآن الكريم دار الحديث، القاهرة، ط١، ١٩٨٦م.

عبدالحميد: سعد زغلول

٦٤ـ في تاريخ العرب قبل الإسلام، دار النهضة، بيروت، ١٩٧٦م.

العزيز: حسين قاسم

٦٥ـ موجز تاريخ العرب والإسلام ، دار العلم للملايين، بيروت، ١٩٧١م.

العسلي: خالد

٦٦ـ دراسات في تاريخ العرب قبل الإسلام والعهود الإسلامية المبكرة، إعداد وتقدم، عماد عبدالسلام رؤوف، دار الشؤون العامة، بغداد، ٢٠٠٢م.

عفيفي: عبد اللـه

٦٧ـ المرأة العربية في جاهليتها وإسلامها، مطبعة الاستقامة، القاهرة، د. ت.

علي: جاسم صكبان

٦٨ـ تاريخ العرب قبل الإسلام والسيرة النبوية، دار الفكر، د. م ط١، ٢٠٠٢م.

علي، جواد

٦٩ـ مفصل في تاريخ العرب قبل الإسلام، دار العلم للملايين، مكتبة النهضة، بغداد، ١٩٧٠م.

٧٠ـ تاريخ العرب والإسلام، لبنان، ط١، ١٩٨٣م.

العلي: صالح أحمد

٧١ـ التنظيمات الاجتماعية والاقتصادية في البصرة في القرن الأول

الهجري، دار الطليعة، بيروت، ١٩٦٩م.

٧٢ـ محاضرات في تاريخ العرب، دار الكتب، جامعة الموصل، ١٩٨١م.

٧٣ـ الدولة في عهد الرسول، المجمع العلمي العراقي، بغداد، ١٩٨٨م.

علي: محمد كرد

٧٤ـ الإسلام والحضارة العربية، لجنة التأليف والترجمة، القاهرة، ط٢، ١٩٥٠م.

عمارة: محمد

٧٥ـ الإسلام وحقوق الإنسان ضرورات لاحقوق، سلسلة عالم المعارف، الكويت، العدد، ٨٩،

١٩٨٥م.

الفنمي: مصطفى عبدالعاطي

٧٦ـ السيرة النبوية، مكتبة الندبولي، القاهرة، ٢٠٠٥م.

قطب: سيد

٧٧ـ في ظلال القرآن، دار الشرق، مصر، ط٥، ١٩٨٨م.

فاخوري: حنا

٧٨ـ الحكم والأمثال، دار المعارف، القاهرة / د. ت.

٧٩ـ تاريخ الأدب العربي، المطبعة البوليسة، بيروت، د. ت

الفوال: صلاح مصطفى

٨٠ ـ البداوة العربية والتنمية، مكتبة القاهرة الحديثة س، ط١، ١٩٦٧م.

كاهن: كلود

٨١ ـ تاريخ الشعوب الإسلامية، ترجمة بدر الدين القاسم, دار الحقيقة، بيروت، ١٩٧٢م.

كستر: م. ج

٨٢ ـ الحيرة ومكة وصلتها بالقبائل العربية، ترجمة يحيى الجبوري، دار الحرية، بغداد،

١٩٧٦م.

الكعبي: عبدالحكيم

٨٣ ـ موسوعة التاريخ الإسلامي، عصر النبوة، دار السلام، الأردن،

٢٠٠٣م.

لوبون: غوستان

٨٤ ـ حضارة العرب، مطبعة الباب الحلبي، د. م، ط٤، ١٩٦٤م.

المباركفوري: صفي الدين

٨٥ ـ الرحيق المختوم، دار الإسراء، الأردن، عمان، ط٢، ٢٠٠٥م.

مذكور: محمد سلام

٨٦ ـ معالم الدولة الإسلامية، مكتبة الفلاح، د. م، ط١، ١٩٨٣م.

المعاضيدي، خاشع

٨٧ ـ دراسات في تاريخ الحضارة العربية، بغداد، ١٩٧٩م ـ١٩٨٠م.

معروف: ناجي

٨٨ ـ أصالة الحضارة العربية، بيروت، ١٩٧٥م.

المنصور: علي علي

٨٩ ـ نظام التحريم والعقاب في الإسلام ، مؤسسة الزهراء، المدينة المنورة، ط١، ١٩٧٦م.

المودودي، أبو علي

٩٠ـ كيف السبيل إلى الوحدة الإسلامية، مؤسسة الرسالة، بيروت، لبنان، د. ت.

الموسوي، هاشم

٩١ـ النظام الاجتماعي في الإسلام، د. م، ط١، ١٩٩١م.

الملاح: هاشم يحيى

٩٢ـ موقف اليهود من العروبة، الإسلام في عصر الرسالة، الموسوعة التاريخية الميسر، ط١، ١٩٨٨م.

٩٣ـ الوسيط في السيرة النبوية والخلافة الراشدية، جامعة الموصل، ١٩٩١م.

٩٤ـ الوسيط في تاريخ العرب قبل الإسلام، حقوق الطبع محفوظة، دار الكتب، الموصل، ١٩٩٤م.

٩٥ـ حكومة الرسول دراسة تاريخية دستورية مقارنة، مطبعة المجمع العلمي، العراق، ٢٠٠٢م.

النعيمات: سلامة وآخرون

٩٦ـ تاريخ الحضارة الإسلامية، جميع الحقوق محفوظة، ط١، د. م، د. ت.

النووي: مسعود غانم

٩٧ـ تاريخ الدعوة الإسلامية في الهند، د. م، ط١، د. ت.

الهاشمي: علي

٩٨ـ المرأة في العصر الجاهلي، طبعة المعارف، بغداد، ١٩٦٠م.

هل: ي

٩٩ـ الحضارة العربية، ترجمة أحمد العدوي، راجعه، حسين مؤنس، مكتبة الأنجلو المصرية،

مصر، د. ت.

هيكل: محمد

١٠٠ـ حياة محمد، القاهرة، ١٩٦٨م.

وات: مونتغمري

١٠١ـ محمد في مكة، ترجمة شعبان بركات، المكتبة العربية، د. م، ١٩٥٢م.

١٠٢ـ محمد في المدينة، ترجمة شعبان بركات، بيروت، د. ت.

وجدي: محمد فريد

١٠٣ـ دائرة المعارف الإسلامية في القرن العشرين، دار المعرفة، بيروت، ١٩٧١م.

[أسماء المقالات والدوريات والأبحاث]

الألوسي: محمود شكري

١ـ عقوبات العرب في جاهليتها وحدود المعاصي التي يرتكبها بعضهم، تحقيق محمد بهجت

آثري، مجلة المجمع العلمي العراقي، بغداد، مج٣٥، ١٩٨٤م.

خليل: عماد الدين

٢ـ الوحدة والتنوع في تاريخ المسلمين، إسلامية المعرفة، مجلة فكرية فصلية يصدرها المعهد

العلمي للفكر الإسلامي، السنة الثانية، ع٥، ١٤١٧هـ - ١٩٩٦م.

٣ـ الفعل الحضاري.

رودنسون: مكسيم

٤ـ حياة النبي والمشكلة الاجتماعية لأصول الحكم، ترجمة، زينب، رضوان، مجلة الاستشراق،

السنة الخامسة، ٣٢٤، بيروت، ١٩٨٣م.

٥ـ الإسلام والرأسمالية، ترجمة نزيه الحكيم، بيروت، ١٩٧٤م.

العسلي، خالد

٦ـ نظام المؤاخاة في عهد الرسول صلى الله عليه وسلم، مجلة دراسات للأجيال، ع٤ - ٥، بغداد، ١٩٨٣م.

الملاح: هاشم يحيى

٧ـ دور العقيدة الإسلامية في تحقيق وحدة العرب الأولى، مجلة آداب المستنصرية، ع٨، ١٩٨٨م.

٨ـ دولة المدنية بين أثينا ومكة دراسة المقارنة، مجلة آداب الرافدين، كلية الآداب، جامعة الموصل، ع٤، ١٩٧٢م.

٩ـ حكومة الملأ منذ ظهور الإسلام وحتى الفتح، مجلة المجمع العلمي، مج٥١، بغداد، ١٤٢٥هـ - ٢٠٠٤م.

١٠ـ الجذور التاريخية لبعض العقوبات الإسلامية، مجلة المجمع العلمي. ج٤، مج٤٧، بغداد، ١٤٢١هـ -٢٠٠٠م.

١١ـ الرسالة الإسلامية ودورها في نشأة الحضارة العربية الإسلامية، مجلة المجمع العلمي، ع٤، مج٢٨، بغداد، ١٤٢٢هـ - ٢٠٠١م.

١٢ـ الجهاد فكر وممارسة، أعمال الندوة العربية، بيت الحكمة، كانون الثاني، ٢٠٠٢هـ

١٣ـ الاجتهاد في أمور العقيدة، مجلة الآداب الرافدين، ع٦، الموصل، حزيران، ١٩٧٥م.

١٤ـ قراءة جديدة في طبيعة الهجرة في عصر الرسالة. مجلة مجمع العلمي، ج ٣، مج٤٣، بغداد، ١٩٩٩ م.

١٥ـ الواسطي: أحمد

الوضع الاجتماعي في الجزيرة العربية

Antar not, Http: www. Alshammasi come.

١٦ - البدو، لجنة دائرة المعارف الإسلامية، إبراهيم خورشيد، عبد الحميد يونس، حسن عثمان، دار الكتاب البناني، بيروت، ١٩٨١م.

[الرسائل الجامعية]

أكبر: فرهاد إبراهيم

١ـ الوحدة الإسلامية في المنظور القرآني، رسالة ماجستير، غير منشورة، أربيل، جامعه صلاح الدين ١٤٢٣هـ - ٢٠٠٢م.

عبدالرحمن: هاشم يونس

٢ـ المثل والقيم الخلقية عند العرب قبل الإسلام وعصر الرسالة رسالة ماجستير غير منشورة، الموصل، ١٩٧٧ - ١٩٧٨م.

العبيدي: محمد بن عبد الله بن إبراهيم

٣ـ فقه الدعوة في صحيح الإمام البخاري، رسالة دكتوراه منشورة، مؤسسة الرسالة، ١٤٢٣هـ - ٢٠٠٢م.

ميرزا: محمد ميرزا

٤ـ مكافحة الجريمة في المنظور الإسلامي، رسالة ماجستير غير منشورة، جامعة صلاح الدين، أربيل، ١٤٢٣هـ - ٢٠٠٢م.

فهرس المحتويات

Printed in the United States
By Bookmasters

T0113708